本书由上海文化发展基金会图书出版专项基金资助出版

武汉大学政治学一级学科“985”工程二期拓展项目成果

政治发展与民主译丛

多元社会中的民主

—项比较研究

[美] 阿伦·利普哈特 著

刘 伟 译

DEMOCRACY IN PLURAL SOCIETIES:

A COMPARATIVE EXPLORATION

AREND LIJPHART

上海人民出版社

总　　序

政治发展和民主政治建设是当今中国政治学研究的基本话题。

无论中国人还是外国人都承认，今日之中国，仍然是一个发展中国家。所谓“发展中国家”，英文译作 developing country，与之相对的“发达国家”则是 developed country，这意味着，发达国家已经完成了发展的过程，而发展中国家则还处在发展的过程中。通常，区别发展中国家与发达国家，主要是根据经济和社会的发展程度、人民生活水平来判断的，为此人们提出了包括人均 GDP(国内生产总值)、人均 GNI(国民总收入)、CDI(综合发展指数)以及国民幸福指数(NHI)在内的一系列经济发展指标。但是，如果进一步考究，汉语中的“发展”意味着事物由小到大、由简单到复杂、由低级到高级的变化；而 develop 一词在英文中的基本释义就是“(使)成长起来变得更大、更丰满，或者变得更成熟、组织化程度更高”。从这个意义上来阐释“发展中”和“发达”，就不能仅仅囿于经济和社会发展水平的判断，而应全面地、综合地从经济的、社会的、政治的发展水平来理解。或者从另一个角度来说，经济发展水平并不是孤立的，而是与政治发展水平密切相关的，是相互影响、相互促进又相互制约的。经济发展推动政治发展，政治发展必须适应经济发展。适时的政治发展将为经济发展提供动力和保证，而严重滞后的政治发展则可能拖延和阻碍经济发展。

中国经过三十多年的改革开放，无论经济上还是政治上都取得了伟大的进步，但相对说来，今日之中国面临着更为艰巨的政治发展的任务。

应该看到，今天中国的政治发展的程度，民主进程、法制化所达到的水平，民主所实现的范围和程度，公民权利实现的内容和公民参与公共事务的意识，等等，与六十多年前、三十多年前相比，已经有了很大发展，取得了不少进步，但同时也应该承认，离广大人民的期盼、离人民群众不断增长的对国家治理能力的需求和对民主权利的要求还有相当的距离。如果不体察这种距离，是很危险的。

和经济发展一样，政治发展同样意味着要完成现代化的进程，尽管这个进程在不同国家，由于不同的国情，会有不同的起点、不同的道路、不同的模式。不同的人对政治现代化的理解会有所不同，关注和研究的重点也不同，譬如，政治发展的目标和前景，政治发展的过程和形式，国家的治理水平和政治体系的综合能力，社会的组织化和政治的制度化水平，公民政治参与的扩大，现代政治意识的普及和政治文化的改造，等等。但是，人们对"政治现代化"这个总的发展趋向大概不应该有什么异议。而对政治现代化的基本表现，大概也没有什么可以置疑的，一般应包括民族国家的构建、民主化、法治化，尽管不同的国家会采用不同的形式，确定不同的具体指标。

不用讳言，关于政治现代化的种种概念，并不是产生自中国本土的，而是"舶来"的。中国的近代发展过程，就是先是落后挨打，然后学习欧美的过程，不仅学习欧美的船坚炮利，引进欧美的科学技术，也学习欧美的政治制度，引进欧美的社会、政治观念。随着世界历史的进程，中国人学习的对象也进一步扩展，不仅学习过欧美，也学习过苏俄，而后也学习其他新兴国家的经验。

学习外国，译书为先。从某种意义上说，中国近代的思想史、观念史、文化史就是从翻译开始的。翻译是不同国家、民族之间学习交流的必不可少的桥梁。中国是一个多民族国家，古代中原的汉族与周边的其他民族之间，中国古代的统治政权与其他国家之间都保持了频繁的往来，因此，远在商周时期就出现了语际的翻译活动，历朝历代都设有专人专职从事翻译工作。但据说，中国历史上大规模的对华夏之外的语言的翻译工作始于西汉哀帝时期，从那时起直至20世纪初，中国历史上出现过三次翻译高潮，即东汉至唐宋的佛经翻译、明末清初的科技翻译、鸦片战争至

“五四”的西学翻译。明代以前，中国人的翻译活动基本上限于佛经翻译，到了明代万历年间才出现了介绍西欧各国科学、文学、哲学的翻译作品，如徐光启和意大利人利马窦合作翻译了欧几里得的《几何原理》。鸦片战争前后，有了魏源等人介绍英、美、瑞士等国的议会制度，林则徐请人翻译了瑞士人瓦特尔编的《万国公法》，但大量翻译介绍西欧经济、政治学说则是戊戌变法之后，而其中最大贡献者当属清代“新学”的重要代表人物严复。严复先后翻译了赫胥黎的《天演论》、亚当·斯密的《原富》、约翰·密尔(旧译穆勒)的《群己权界论》、孟德斯鸠的《法意》等欧洲近代的经典著作，开启了引进现代政治观念的大门。严复在从事翻译实践的同时，总结了翻译的经验，提出了翻译的标准，这就是他在《天演论》卷首的《译例言》中提出的著名的“信、达、雅”。尽管今人对“信、达、雅”这三个字的理解比当初严复的解释已经有了很大发展，但“信、达、雅”作为对翻译水准的追求一直为负责任的译家所认同和坚守。人们接触域外的政治学原著先是阅读，但容易被忽视的是能阅读不等于能翻译，从阅读到翻译之间其实有相当的距离，要经过十分艰难的努力，要求译者的专业知识和双语语文都达到相当的水平。一般的阅读，可能并不一定要把每一句话都读懂，可以一目十行，明白其基本要义即可。翻译就不同了，必须句句到位，不仅字、词、句都得落实，疏通上下文，还要明白文字的语境，了解相关的知识和理论背景，在充分理解了原文后，要用自己的母语准确、顺达地表达出来，这就不容易了。不少人都有这样的感受：有时阅读一本译著，读了半天却读不大懂，文字别扭，语义不通，如果找来其原著看看，反而一读就懂了，这时就免不了会质疑译者的水平和责任心。因此，瞧不起翻译的想法当然是要不得的，而对于译者来说，忽视翻译的艰难，随意下手更是要不得的。

三十多年前，改革开放，迎来了中国历史上的第四次翻译高潮，翻译介绍的领域遍及科学技术、人文社会等各个领域，翻译出版空前繁荣。武汉大学的政治学同仁这些年来一直积极致力于介绍外国的政治制度和政治学说，翻译了一批有影响的外国学者的政治学著作，如《美国式民主》、《多头政体》、《比较政治：理性、文化和结构》、《财政危机、自由和代议制政府》、《预算民主，美国的国家建设和公民权(1890—1928)》、《权力与财富之间》等，同时，为了提高翻译质量，我们在研究生中开设了“政治学英文文献翻译技巧与实践”课程。“政治发展与民主译丛”就是武汉大学政治学同仁在多年努力的基础上推出的一个翻译系列。我们希望，这个系列的推出将为中国的政治发展和政治现代化、民主化的进程有所贡献，我们也希望，这个译丛能够为中国的政治学发展有所贡献，并得到学界的检验、批评和指教。

谭君久

2011 年 8 月于珞珈山麓

中文版序言

欣闻拙著《多元社会中的民主——一项比较研究》的中文译本即将出版，我感到非常高兴。对于该书最初的英文版，中国不少政治学者可能已经比较熟悉了。但是，这个新的中文版将会使更多的政治学者能够阅读到它；而且，或许更为重要的是，中国的决策者和有兴趣的普通读者也能因此而读到它。拙著初版于1977年，之后的25年里，它先后被译成日文、阿拉伯文、西班牙文、克罗地亚文、俄文和罗马尼亚文。我感到同样高兴的是，即使是35年后的今天，人们依然对该书兴趣不减，以至于又一个新译本出现。

在该书出版后的这35年中，我的思想获得了显著发展，但我并未改变该书的基本观点。在之后的论著中，我试图使这些看法变得更清晰也更精确，而不是改变它们。其中两个最重要的方面：一是构成协合民主的四个基本要件；二是对协合民主有利的相关条件。关于第一方面，我已经区分了协合民主的首要特征和次要特征。其中，首要特征是大联盟和区块自治，这两者是界定协合民主最为重要的因素。次要特征——当然也很重要——是指比例性和少数派的否决权。关于确立和维系协合民主的有利条件，我在该书中已经作了详细讨论。在后来的论著中，我所做的是更加清楚地列举了这些条件，我想这使我的观点变得更明晰了。有利条件主要有九个方面，包括：(1)没有固定的区块性多数；(2)区块之间没有大的社会—经济差异；(3)区块之间的规模大致相当；(4)区块的数量相对少；(5)人口规模小；(6)促进国内团结的外来威胁；(7)区块之间的横跨性忠诚;(8)区块在地理上的集中;(9)和解与妥协的传统。我在书中强调的这些都是有利条件,而非必要条件。也就是说,当这些条件出现,它们将有助于实现协合民主,但这些条件并不是绝对地必不可少。举例来说,在发表于《美国政治学评论》(1996 年 6 月)的一篇论文中,我就认为,印度显然已成为协合民主的又一例证。虽说印度人口众多,但这显然并未妨碍协合主义的基础和持续性。

在我的学术生涯中,关于民主政体,我一共写了四本书,《多元社会中的民主——一项比较研究》是这个系列中的第二本。第一本是《和解的政治:荷兰的多元主义与民主》(加利福尼亚大学出版社 1968 年版),这本书是个案研究,关注的是在荷兰这样一个被宗教和意识形态隔阂深度分化的社会,民主如何成功地应对了各种问题。在《多元社会中的民主——一项比较研究》之后,我接下来的努力主要集中在两个方面。其一是我想将协合民主与多数民主的对比作为一个通用框架,来分析所有的民主政体,而不是分不同的国家来研究民主政府;其二是我想更为精确地界定和测量协合民主的四个基本特征。在这方面,我主要是就行政机构的权力分享、比例性和少数派的否决权的程度,作操作化和量化的工作。在我关于民主的第三本书《民主政体:21 个国家的多数模式政府与共识模式政府》(耶鲁大学出版社 1984 年版)中,我最后总结出完全可以量化的八个新特征,这些新特征与协合民主的四个特征明显相近,但显然也与协合民主的四个特征不完全相同。我将具备这八个特征的民主称为“共识民主”。《民主政体:21 个国家的多数模式政府与共识模式政府》一书是对 1945 年至 1980 年间 21 个民主政体的系统比较。第四本也是最后一本关于民主的书,是《民主的模式:36 个国家的政府形式和政府绩效》(耶鲁大学出版社 1999 年初版;2012 年再版)。该书通过以下多种途径扩展了对民主政体的分析:比较的国家从 21 个增加到 36 个;分析截至 1996 年(再版的分析则截至 2010 年);共识民主和多数民主通过十个变量来界定;检视了不同形式民主的政策后果。

然而,我想强调的是,“共识民主”的定义并未替代“协合民主”的定义,我后面的两本书也不能替代《多元社会中的民主——一项比较研究》。对于深度分化的社会的民主稳定性,协合主义依然是解释的钥匙。

当然，经过这么多年的思考，有一点我的看法发生了改变。20世纪50年代末和60年代初，我在耶鲁大学读研究生，当时我认为威斯敏斯特的多数主义模式无论从哪个方面讲都是民主的最优形式，而拥有比例代表制和联盟内阁等要素的多党民主是等而下之的。这种对威斯敏斯特模式的推崇，代表了美国政治学界长久以来的牢固传统：英国的两党代议民主制被人们视作民主的理想形态。在第二个阶段，也即从20世纪60年代中期到80年代中期，我逐渐强烈地意识到，对宗教和种族分化的社会而言，多数主义民主是危险的。但是我依然相信，于更为同质的国家而言，多数主义民主仍是更好的选择。这种态度也体现在《多元社会中的民主——一项比较研究》一书中。只有到了20世纪80年代中期以后，我才越来越相信，同多数主义民主模式一样，协合民主模式和共识民主模式都是民主的——甚至在某些方面更为出色，比如说在政策制定中它们能够吸收更广泛的代表和参与。

在提供政策建议方面，政治学家往往显得非常谨慎——在我看来是过于谨慎了。经验性的建议将自变量和因变量，或者原因与结果关联起来。很多后果都可以被描述为理想或不理想。若如此，无论是行为方面的原因，还是制度方面的原因，从理论上讲都是可以改变的。因此，这也就暗含了关于这些原因的更加明确的建议。在我自己关于政府体制、政党和选举制度的众多作品中，关于我的发现所具有的政策意义，我都已经作了相应的讨论。在《多元社会中的民主——一项比较研究》一书中，我发现，分化社会中的民主稳定性可以通过协合民主的相关概念来解释，基于这一经验事实，我就为那些民主尚未确立或并不成功的分裂国家建议了协合式的方案。让我非常满意的是，协合式的解决方案在当今世界已经被广泛接受。比如，当伊拉克必须创设管理机构时，联合国的顾问们就非常明确地表示，这个国家需要的是三个主要的宗教—种族群体之间的权力分享，以及这些群体的文化自治。他们并未着意于威斯敏斯特式的多数主义体制。

目前世界上仍有很多深度分化的国家，所以协合民主模式依然是有意义的。而且，世界上很少有国家是完全同质的；即使是那些看起来大体同质的国家，通常也明显存在民族和宗教上的少数派。中国就是一个很好的例子。虽然按照我在该书中的界定，中国明显不是一个“多元社会”，但是她的确存在成规模的少数民族人口。因此，权力分享和文化自治的元素在维护国内和平方面，具有潜在的参考价值。中国庞大的人口规模也不应被视作严重的阻碍，因为我之前提到的印度，已经证明了协合民主模式对大国和小国都是适用的。

最后，让我再次对拙著中文译本的即将面世表示由衷的喜悦。我也想借此机会表达对上海人民出版社出版此译本，以及刘伟博士精湛翻译的诚挚谢意。

阿伦·利普哈特

2012年7月于美国加利福尼亚州旧金山

致　谢

比较政治学者以及那些从事区域或国别研究的专家们，也许并不属于彼此称赞的社会。但是，他们需要对方的作品以建构并积累社会科学的研究。在创作这本广泛比较（横跨六个大陆的政治体系）的著作过程中，我得以重新领会这些专家的研究成果，并广泛地运用了它们。在注释中我注明了出处，以说明我所引用的是哪位学者的观点。但是，我还是想在此强调我所受的恩惠，并表达我对他们的感激之情。我深深地感谢那些被汉斯·达尔德（Hans Daalder）称为协合民主分析的“开创学派”的比较政治学者。除达尔德本人，这个学派还包括：卢克·哈伊塞（Luc Huyse）、格哈德·莱姆布鲁克（Gerhard Lehmbruch）、瓦尔·R. 洛温（Val R. Lorwin）、肯尼思·D. 麦克雷（Kenneth D. McRae）、埃里克·A. 诺德林格（Eric A. Nordlinger）、小 G. 宾厄姆·鲍威尔（G. Bingham Powell, Jr.）和朱尔格·斯坦纳（Jurg Steiner）。他们的研究与我的研究是并行的，但是在解释和结论上经常与我分道扬镳。尽管如此，他们的研究还是经常给予我灵感并一直激励着我。我还要特别感谢那些阅读了本书草稿并提出批评意见的学者们，他们是：迈伦·J. 阿罗诺夫（Myron J. Aronoff）、赫尔曼·巴克维斯（Herman Bakvis）、科林·坎贝尔（Colin Campbell）、F. C. 恩格尔·古特曼（F. C. Engel Gutmann）、米尔顿·J. 易斯曼（Milton J. Esman）、赫尔曼·R. 范岗斯特伦（Herman R. van Gunsteren）、伊曼纽尔·古特曼（Emanuel Gutmann）、西奥多·汉夫（Theodor Hanf）、乌尔夫·希梅尔斯特兰德（Ulf Himmelstrand）、蒙特·A. 霍斯福德(Monte A. Horsford)、勒内·勒马钱德(Rene Lemarchand)、欣·西克·伦格(Hin Seak Leng)、R. 威廉·利德尔(R. William Liddle)、R. A. J. 范利尔(R. A. J. van Lier)、洛温、麦克雷、肯尼思·麦克罗伯茨(Kenneth McRoberts)、约翰·迈泽尔(John Meisel)、R. S. 米尔恩(R. S. Milne)、理查德·罗斯(Richard Rose)、乔瓦尼·萨托利(Giovanni Sartori)、J. H. 斯佩克曼(J. H. Speckmann)、约翰·E. 特伦特(John E. Trent)、R. K. 瓦西尔(R. K. Vasil)、道格拉斯·弗尼(Douglas Verney)、彼得·维顿(Peter Verton)、J. H. 怀特(J. H. Whyte)和史蒂文·B. 沃利尼茨(Steven B. Wolinetz)。

我还要进一步感谢加利福尼亚大学伯克利分校的国际研究院,它在这项研究的早期阶段给予我慷慨的资助。该书的部分手稿,写于 1972 年我在堪培拉(Canberra)的澳大利亚国立大学社会科学研究院政治学系做访问学者的时候,以及 1974 年至 1975 年我在瓦森纳(Wassenaar)的荷兰人文与社会科学高等研究院做研究员的时候。我非常感激这些学者身份能让我不受干扰地阅读、思考和写作。莱登(Leiden)大学法律系的资助,使我能够在 1975 年访问苏里南和荷属安的列斯群岛并作短期研究。

本书的部分章节,其早期版本曾在多个专业研讨会上发表,包括:1971 年 8 月于意大利的贝拉焦(Bellagio)召开的"高度工业化社会的比较分析研讨会",1972 年 6 月于堪培拉召开的澳大利亚国立大学高等研究院与通识学院政治系"共同合作进步研讨会",1973 年 8 月于蒙特利尔(Montreal)召开的"国际政治学会第九届大会",以及 1976 年 8 月于比利时鲁汶(Louvain)召开的欧洲政治研究联盟"多元文化的政治研讨会"。我从这些会议中得到很多极有帮助的评论和建议。最后,我要感谢相关杂志准许我重新刊出发表于以下论文中的若干段落:"Typologies of Democratic Systems," *Comparative Political Studies*, Vol. 1, No. 1, April 1968, pp. 3—44;"Consociational Democracy," *World Politics*, Vol. 21, No. 2, January 1969, pp. 207—225;"The Northern Ireland Problem: Cases, Theories, and Solution," *British Journal of Political Science*, Vol. 5, No. 1, January 1975: 83—106.

目录

第一章
多元社会与民主政体

政治学界普遍认为，在一个多元的社会中，建立和维持稳定的民主政府是困难的。这一看法可以追溯到亚里士多德(Aristotle)的箴言："国家是一个人人平等的社会，其目的在于实现可能最好的生活。"[1]社会同质和政治共识是稳态民主的前提，或是稳态民主重要的推动力。反之，多元社会中深刻的社会分化和政治差异，则会带来民主政权的动荡和崩溃。

本研究将检视一种特定的民主类型——协合民主(Consociational Democracy)。[2]它修正了上述观点。研究发现，在多元社会中，建立和维持稳定的民主政府也许是困难的，但并非完全没有可能。在协合民主国家，多元社会的离心倾向被各区块(segment)领袖合作的态度与行为抵消，精英的合作成为其首要特征。其他一些密切相关的特征将在下一章阐述。

"协合民主"既是经验的，也是规范的。首先，本书的第一部分(第二章和第三章)将集中探讨，协合民主作为对一些较小的欧洲国家(包括奥地利、比利时、荷兰和瑞士)政治稳定的一种解释。这些国家现在正从协合式发展的至高点往后退。在 20 世纪 50 年代末，它们不仅社会分化程度达到极致，其精英合作的密切程度也达到极致。在此之后，该状况开始缓和。这一点之所以值得强调，并非是它表明了协合民主的失败，而恰恰说明协合主义已经开始成功地变得过剩了。我们将关注这四个国家协合式发展的阶段。这就意味着，本书所讨论的奥地利，一般多是指在大联盟背景下天主教—社会主义精英合作的时期。荷兰在本书中则指协合主义时期的荷兰，而不是如今的该国。由于同样的原因，分析中所使用的统计和调查数据将尽可能地来自1960年前后而不是最近的资料。

一、对民主悲观论者的挑战

尽管协合民主在上述四个欧洲国家的发展进程中处在一个过渡时期，但这一现象绝不仅仅具有历史意味。在严重分裂的社会中，这四个国家成功地建立起稳固的民主政体。这不仅在欧洲政治中，甚至在世界范围都是背离常规的典型。罗伯特·A. 达尔（Robert A. Dahl）在对114个政体的研究中发现，在亚文化多元程度偏低的政体中，有58%属于多头政体或近于多头政体；亚文化多元程度适中的，仅有36%可归于多头政体或近于多头政体；而亚文化多元程度极高的，则仅有15%可归于此类。[3]许多非西方国家被两个相关的问题困扰：各种类型的严重分裂与政治不稳定。奥地利、比利时、荷兰和瑞士的协合民主经验提供了具体实例，证明民主政体已成为多元社会中的一个稳定而有效的政府系统。本书第二部分（第五、六、七章）将把协合民主作为一种规范模型来探讨，这对第三世界的多元社会具有特殊的重要性。

将协合民主视作一种规范模型的论点，对我们这个时代中弥漫的悲观情绪是一大挑战，而且是突破成见的精心设计。这根植于如下的论断：在经历了20世纪50年代与60年代早期对民主前景的极度乐观之后，到70年代，人们墨守陈规的智慧又显得过于悲观。当然，近年来，多元社会中出现了太多民主失败和暴力泛滥的状况，这已经无法保证人们对民主政治成功率的乐观期许。然而，完全的绝望同样也与事实不符。除非悲观论者完全相信，在第三世界的多元社会中，协合民主不仅不太可能而且完全不可能，他们或许可以心安理得地对本书所论的观点和建议加以排斥或置之不理。但是，如果审视了所有的证据，我们就会发现，他们的观点其实是不成立的。

我们还要对这些民主悲观论者提一个醒，他们的论调将带来一个自我实现的预言，即如果政治家和政治学家相信，民主无法在第三世界的多元社会中运转，他们也就不会尝试在这些社会引入民主或实行民主。这样一种消极态度实际上增加了非民主政府获得优势的可能性。

二、界　　定

迄今为止，我所运用的概念都是人们熟悉并广泛采用的，在很大程度上这些概念也是不言自明的。但是，对这些主要概念作出界定，仍将有助于最大限度地降低误解的可能性。首先，“多元社会”是指一个社会被哈里·埃克斯坦(Harry Eckstein)所言的“区块隔阂”(segmental cleavages)所分割。埃克斯坦写道：“政治分化紧沿着区块隔阂产生，而且特别关注社会分殊化的客观界限，尤其是那些在某一社会显得非常显著者。”[4]区块隔阂在性质上可能是宗教的、意识形态的、语言的、地域的、文化的或民族的。在埃克斯坦的界定中，还隐含着更进一步的特征：沿着区块隔阂而组织起来的，是政党、利益集团、传媒、学校和志愿性团体等。而被这些区块隔阂所划分开来的人口群体，也就是多元社会中的区块。

“民主”这一概念，实际上很难界定。在本书中，它是达尔所论的“多头政体”(Polyarchy)[5]的同义语，这样界定符合我们的用意。多头政体并非一个充分体现所有民主理想的政府体系，但却是在相当程度上接近这些理想的那一模式。

政治稳定性与民主几乎同样难以界定，其用意也模棱两可。本书将其视作一个多维度的概念，同时也结合了比较政治研究文献中频繁出现的理念，诸如体系维持(system maintenance)、国内秩序(civil order)、合法性(legitimacy)和有效性(effectiveness)。[6]稳定的民主政体，其首要特征在于它具有维系民主的高度可能性，以及低度的公民暴力(不管是实际存在的还是潜在的)。这两个维度紧密相连，后者也可被看作是前者的先决条件和指标。同样，一个政体所拥有的合法性水平和决策有效性也是相互关联的，而且与前两个要素有关。这四个维度也互相依赖地共同塑造了民主稳定性的特征。

协合民主这一关键概念，我们已对其作了暂时性界定。在下一章中，我们还要对其作详尽分析。在这里，重要的是强调，它是从多元社会中典型的区块隔阂与区块精英的政治合作的角度来界定的，而与被用在协合主义比较分析中的两个相近概念存在区别。这两个概念，一个是洛温的“区块多元主义”(Segmented Pluralism)，另一个是莱姆布鲁克的“协和民主”(Concordant Democracy)。洛温将问题聚焦于协合民主的第一项特征，对于精英回应和深度隔阂的后果，他并没有作出讨论；而且，他只将这一概念局限于宗教和意识形态性质的分裂上。莱姆布鲁克在定义“协和民主”时，将其理解为管理冲突的一种策略，它通过不同精英之间的合作与协商，而不是竞争和多数决定来实现；而这正是协合式政府的第二个特征。[7]换言之，如果将其指称的范围扩大到多元社会中所有的区块隔阂，协合民主就意味着区块多元主义，并结合了协和民主的要素。洛温和莱姆布鲁克提到的例子，以及诺德林格在比较研究深度分裂社会中的民主式冲突调节时所使用的例子，与本书第一部分所谈论的四个国家是一样的。[8]当然，这三位学者采用的个案还包括卢森堡、黎巴嫩和马来西亚。其中，卢森堡完全可以拿来与欧洲四大协合民主国家作比较，但本书从实际出发对此不得不作删除处理，因为它缺乏充分的资料以供分析之用。而黎巴嫩和马来西亚，我们将在第五章作出探讨，它们是第三世界中相对成功的协合民主案例。

三、第一世界的多元社会与民主

作为一种经验模型，协合民主的重要性来自于它对理解西方民主政治的贡献。协合民主受到关于民主稳定性的理论化体系(特别是加布里埃尔·A.阿尔蒙德对政治体系所作的经典分类)的激发。阿尔蒙德的这一分类最早于1956年提出，是当代对不同类型民主政体加以区分的重要尝试。[9]因为协合民主代表着一种积极的努力，它建立在阿尔蒙德颇有影响的类型学的基础上，而且力图使其更加精细化。所以，有必要对阿尔蒙德的思想作一仔细回顾。之所以这样做，还有一个重要理由，那就是阿尔蒙德不仅辨别了诸多直接用来界定民主类型的变量与关系，而且将若干相关理论和概念整合到他的类型学中。比如，重叠与横贯的成员身份（overlapping and crosscutting memberships）、政党体系（Party System）、分权（Separation of Powers）与政治发展（Political Development）。这些理论和概念在分析协合民主的过程中同样至关重要。

在阿尔蒙德最早的论述当中，政治体系被区分为四大基本类型：英美型（Anglo-America）、欧陆型（Continental European）、前工业化型（Pre-industrial）或部分工业化型（Partly Industrial）与极权主义类型（Totalitarian）。以政治文化和角色结构为分类标准，前两大类型即为民主政体。英美型政治体系的特征在于："同质而世俗的政治文化"和"高度分化"的角色结构。欧陆型政治体系的特征则在于："分裂的政治文化"——即存在互相分离的"政治亚文化"，角色结构方面存在"植根于政治亚文化并倾向于构成分离的亚角色系统"。[10]也就是说，欧陆型体系为多元社会。英国和美国是第一种非多元化的类型，而魏玛德国、法国与战后的意大利则属于第二种类型。这两种民主类型的划分，在之后的 1966 年由阿尔蒙德和鲍威尔所共同提出的更加细致的政治体系分类中得到了坚持。[11]

在进一步讨论阿尔蒙德的类型学之前，我们得首先注意到两点：其一，尽管阿尔蒙德的术语是以地域命名的，但他并不是以地理位置作为区分英美型和欧陆型民主的基本标准或补充标准。实际上，在阿尔蒙德作出这一分类的同一篇论文中，他就明确反对任何地域性分类，因为地域性分类"不是建立在政治体系的属性的基础上，而是依据空间上的接近作出的"。这是一种不太切题的分类法。[12]其二，阿尔蒙德在 1956 年的论文及其后的著作中用于分类的个案，都是运作于或延续到 20 世纪 50 年代与 60 年代早期的政治体系，并不必然能反映 70 年代的情形。在这里，尤其应该注意英国和美国的例子。此外，"法国"主要是指法兰西第三共和国和第四共和国。

在阿尔蒙德的两次论述中，政治文化模式和角色结构，是与他所讨论的国家的政治稳定性紧密联系在一起的。在英美型政治体系中，存在同质的政治文化，以及自主的政党、利益集团与传媒，因而与政治稳定相关。而在欧陆型政治体系中，则存在分离的政治文化，互相依赖的政党和集团，因此与政治不稳定相关。同样的相关性也隐含于阿尔蒙德提出的“比较政治的功能分析法”中。[13]威廉·T.布卢姆(William T. Bluhm)认为，阿尔蒙德的分类包含着“一个有关最有效(也即稳定)的政治体系的理论”；同时，他也评论说，“让人惊奇的是，最有效的秩序其特征……看起来与那些代议制民主特别是它在英国的具体呈现相像”，换言之，也就是英美型政治体系。[14]用阿尔蒙德自己的话讲，欧陆型政治体系与“僵化”以及“一直存在的通常被称为‘专制政治’复辟的威胁”紧密相连。这样的不稳定的政府类型，不能轻易地维系民主，并可能导致独裁统治。阿尔蒙德认为，这类政治体系甚至内含着“极权主义的潜在可能”。在最近的著作中，阿尔蒙德指出，欧陆型民主的僵化特征对其稳定和存续带来了显著的(大概是不利的)影响。与此形成对比的，英国政治体系则被描绘为“灵活的”，也就是它“比众多(可能是大多数)其他政治体系，更能够富有弹性地回应其内外需求”。[15]

四、分权与多重身份

阿尔蒙德的框架与分权原则相当接近，而分权原则与民主的稳定性也是相关的，特别是与一个草创的民主政体维系其真正的民主品质的可能性有关。阿尔蒙德于1966年就任美国政治学会会长，在就任演说中，他将分权理论与系统理论作了一个比较，并将前者描述为18、19世纪政治科学的“主导范式”，但现在，这一范式已被系统范式所取代。另一方面，他称《联邦党人文集》的作者为“系统论者”，以此强调这两者之间的紧密关联。[16]分权原则与阿尔蒙德的功能分析之间的联系，在整个分析当中特别重要。因为，区分英美型和欧陆型政治体系的标准之一，就是角色结构，也就是角色自主与分立的程度。

分权原则与阿尔蒙德的分析框架存在的主要区别是，阿尔蒙德将分权理念从政府的三个正式分支（立法、行政与司法）延伸到非正式的政治亚结构（政党、利益集团与传媒）；而且，阿尔蒙德对后者（输入结构）比对前者（输出结构）强调得更多。其他的差异则主要在术语方面。“权力”在阿尔蒙德那里被转换为“功能”，而“分立”则变成“边界维持”。按照《联邦党人文集》的说法，分权和各政治功能间适当的边界维持，都于民主体系的稳定性有利。在作为英美型的一个例子的英国，“其政体的亚系统之间”存在着“有效的边界维持”；但是在作为欧陆型代表的法国，我们则会发现“在政治体系的不同部分之间，边界维持是薄弱的”。法国的政党和利益集团“并不构成分殊而自治的政治亚系统，它们是互相渗透的”。特别是在天主教徒、社会主义者和共产主义者的亚文化系统中，就更是如此。同样，英美型与欧陆型在它们传媒的自主性上也是有区别的。美国、英国和前英联邦都拥有“自主性和分殊化程度最大的传媒”；而法国和意大利则有“一个容易被利益集团和政党左右的‘新闻界’”。[17]

就像分权原则要辅之以制衡的理念，边界维持也要有配套的一对孪生概念：“多功能性”与“规管角色”。依据阿尔蒙德的说法，完全的边界维持绝对不会出现。政府的正式分支机构、政党、利益集团等，从来都不只是承担着单一的功能：“所有的政治结构，不论其如何专业化……它们都是多功能性的。”因此，举例来说，重要的问题不在于强调政党是唯一的利益凝聚者，除了承担利益凝聚的功能，它别无其他功能；倒不如说，利益凝聚是政党专有的职责。在当代以英美型民主为原型的专门化政治体系中，存在若干特定结构，“这些结构在功能上有其特殊之处，同时，它们往往还承担着与整个政治体系范围内的功能相关的所谓规管角色。”[18]

在阿尔蒙德的类型学中，除其首要准则（即角色结构）与分权原则相一致外，其第二准则（即政治文化）也与集团理论家阿瑟·F.本特利（Arthur F. Bentley）和戴维·B.杜鲁门（David B. Truman）所阐明的“多重的成员资格”命题，以及西摩·马丁·李普塞特（Seymour Martin Lipset）所提出的极其类似的命题——横贯隔阂（crosscutting cleavages）——紧密相关。这些命题宣称，当个体同时隶属于若干个不同而且在利益和观念上存在分歧的有组织或无组织的团体时，因为心理上的交叉压力，他们将倾向于持温和的态度。另一方面，如果组织由异质成员构成，其领导人也将顺从于在此情况下的政治交叉压力，因而也倾向于采取温和而中间道路的立场。对政治稳定而言，这些温和的态度至为关键。相反，如果一个社会被尖锐的隔阂撕开，成员资格和忠诚对象不是多重的，而是排他性地集中于社会的各个分立区块，对政治态度上的温和取向与政治稳定至关重要的交叉压力将不复存在。就像杜鲁门所讲的，一个复杂的社会若想避免"革命、堕落与倾覆，并保持其稳定……它是很有可能做到的，因为这样的社会存在着多重的成员资格"[19]。李普塞特也认为"稳定的民主得以维系的机会，将取决于集团和个体拥有若干具有政治关联性的横贯联结的范围"[20]。而本特利也将政治妥协称为"交叉团体的运作过程"[21]。

用政治文化的术语讲，重叠的成员资格是同质性政治文化的特征；而在一个分裂的政治文化中，互异的亚文化之间，很少或根本不存在交叠的部分。在阿尔蒙德的分类框架中，稳定的英美型体系有一个同质性政治文化，不稳定的欧陆型体系则存在深刻的亚文化裂痕。在阿尔蒙德看来，欧陆型体系的僵化和不稳定，是"由其政治文化的状况造成的"。举例来说，阿尔蒙德与鲍威尔对第四共和国时期的法国政治体系作了这样的描述：分化为"三个主要的意识形态阵营或亚文化"，而主要的政党、利益集团与传媒则"被整合于相应的意识形态阵营"，结果就是，各种需求"堆积起来却又不能转换为政策方案或制定成法律"，以及"长期的僵化和短暂的危机清算"。阿尔蒙德与鲍威尔有时也会采用成员资格交叠理论的话语，运用到一个国家如法国身上："个体很少有机会置身于这种能够调和其刚性政治态度的'交叉压力'中。"[22]在《公民文化》一书中，阿尔蒙德与西德尼·维巴（Sidney Verba）则表明："成员资格的模式随国家而不同。举例说，欧陆型天主教国家中，这一模式往往由意识形态聚合而成。家庭、教会、利益集团和党员资格，往往与它们的意识形态特征以及政策特征相一致，在对观点的影响上也互相强化。而在美国和英国，交叠模式看起来就普遍得多。"[23]

五、多元社会与政党体系

阿尔蒙德的类型学，不仅与分权和成员资格交叠有着紧密的关联，而且与传统的民主政体二分法异曲同工。传统的二分法，即根据政治体系中运作的政党数量，将民主政体区分为两党制和多党制。有必要强调的是，这种分类法通常不只是用于区分不同的政党体系，而且用于区分整个政治体系。比如，西格蒙德·诺伊曼(Sigmund Neumann)就认为："这些不同的政党体系对选举过程有着深远的影响，对政府决策的影响甚至更大……故而，依此方法(即根据政党数量)所作的分类，被证明非常具有启发性，也是非常必要的。"[24]莫里斯·迪韦尔热(Maurice Duverger)也有总结："一党制、两党制与多党制的区分，将成为划分当代政体的基本模式。"[25]

迪韦尔热和诺伊曼也都强调，在政党数量和民主稳定性之间，存在着紧密的关系。迪韦尔热相信，两党制不仅因其能准确地反映民意的双重性而"看起来与事情的本质相呼应"，而且往往比多党制更稳定，因为它更具有调和性。在两党制中，我们发现"政治分化水平的降低"，而这一点能够限制政党的煽动行为；然而，在多党制下，"政治分化的加重和差异的强化"则伴随着"意见的普遍'极端化'"。[26]相近的，诺伊曼也认为多党制不像两党制，多党制没有"秩序的统一和集中"，因此，"不能够担当形成有效政策的重大承诺"。[27]

阿尔蒙德认为，在当代有着适当边界维持的发达政治体系(也就是英美型政治体系)中，利益凝聚是政党首要而特有的功能。这一功能处在"政治过程的中间阶段"，并被假定能将表达清楚的利益转化为"相对少的若干备选方案"。因而两党制看起来能理想地符合政党所具有的这一功能，而多党制似乎就不是那么有效的利益凝聚者。虽说如此，阿尔蒙德一开始就不主张将他的英美型体系与两党制划等号，或将欧陆型体系与多党制划等号。他曾指出："若将用于区分一党制、两党制和多党制的方法，套用于区分极权主义、英美型和欧陆型政治体系的本质属性，根本就不得要领。”[28]

然而，在后期的著述中，阿尔蒙德又隐含地接受了将他的类型学（至少是针对民主体系的那一部分）与基于政党数量的分类框架等而视之。他写道：“一些政党体系比其他政党体系在凝聚利益方面要有效得多。政党的数目是一个重要的因素。由于要对广大选民负责，两党制经常被迫趋向聚合性政策。”另一方面，“大量小型政党的出现，如下这种可能性将会增加：即每个政党基本上仅仅转化特殊亚文化和委托人的利益，却只有最低限度的整合。”两党制不仅是最好的凝聚者，而且有助于有效的边界维持。在阿尔蒙德看来，让凝聚结构不仅与决策结构，而且与利益表达结构区别开来，那将是值得追求的。“竞争性的两党制或许最容易确保和维系这种区别。”[29]不管是有效的凝聚，还是适当的边界维持，都直接地与民主稳定性有关；而且，这两个方面都是英美型民主的特征。

六、偏离的案例

阿尔蒙德的类型学虽说理论丰富、浑然一体、构架精简，但唯一的缺憾是，它未能令人信服地处理小型的欧洲民主政体。在他最先对英美型和欧陆型政治体系的不同性质作出阐释的论文中，斯堪的纳维亚国家和低地国家被明确地排除在欧陆型政治体系之外，而奥地利和瑞士则未被提及。有关斯堪的纳维亚国家和低地国家，阿尔蒙德单独划分了一个类型，但未在细节上予以充分说明。他只是讲：这些政治体系“兼有欧陆型和英美型的某些特征”，而且“介于欧陆型与英美型之间”。在他后来的著述中，关于这第三种政治体系到底在哪些方面有别于前两种类型，阿尔蒙德作出了详细的说明。在吸收了以政党数量作为分类标准的相关论说的前提下，他作了如下区分：危机和僵化的多党体系（法国和意大利），运转良好的多党体系（斯堪的纳维亚国家和低地国家）。在后一种多党体系国家中，至少存在某些政党是广泛的利益凝聚者，比如说斯堪的纳维亚国家的社会主义政党，以及比利时的社会主义政党和天主教政党。[30]这一标准尚未让人非常满意，因为它并不太适用于荷兰的政党，虽然意大利的基督教民主党好像很符合它。

第二个标准是将运转良好的多党体系与僵化的多党体系区分开来。这一标准让人满意多了，至少对斯堪的纳维亚国家来说是这样。在这些国家，“政治文化更为同质，而且融合了世俗和传统的元素。”实际上，在这一方面，斯堪的纳维亚国家同英美型政治体系并没有显著的差异。在《公民文化》一书中，阿尔蒙德和维巴就提到，斯堪的纳维亚国家与英国、前英联邦、美国都拥有“同质性的政治文化”。[31]

但是，瑞士与低地国家这些运转良好的多党体系，以及奥地利的两党体系，都不具备同质性政治文化这一特征。特别是，比利时与卢森堡的天主教、社会主义与自由主义等精神性派别，荷兰的天主教、加尔文教、社会主义与自由主义等柱状或垂直群聚，以及奥地利的天主教、社会主义与自由主义—民族主义阵营，所有这些亚文化，都相当接近于阿尔蒙德所论作为欧陆型政治体系特征的亚文化。实际上，这些国家在政治文化方面甚至比法国、意大利和魏玛德国分裂得更为彻底；在每一个亚文化中，都有一个互渗团体和传媒的牢固网络；在不同的亚文化之间，也比较缺乏弹性和交叠的成员资格。洛温依据区块多元化的程度对西方民主政体所作的归类，证明了如下描述：奥地利、比利时、卢森堡与荷兰属于区块化程度最高的一类；欧陆国家（在阿尔蒙德那里，指的是法国、意大利与德国）连同瑞士与美国，属于中度区块化的一类；英国、爱尔兰、斯堪的纳维亚国家、芬兰与冰岛，在区块多元化方面则属于低度的一类。[32]

协合民主的政治稳定性，必须以一个额外因素来解释。这个因素是，不同集团的领导人超越了区块和亚文化隔阂而在整体层次上合作。而不是依据用于解释政治文化的变量来将它们划归到中间位置。正是因为这样，欧洲协合民主的经验对第三世界的多元社会而言，具有如此重大的规范性意义：这些欧洲国家的稳定民主并非因为它们的社会是轻微多元化的，而是因为它们超越了社会中深刻的区块隔阂。

七、第三世界的多元社会与民主

大量的发展中国家,特别是那些亚洲和欧洲的国家,以及一些南美洲国家包括圭亚那(Guyana)、苏里南(Surinam)与特立尼达岛(Trinidad),因为人口区块间的深层分歧和统一性共识的缺乏,它们都被相应的政治问题困扰。有关政治发展、国族建构(Nation-Building)与新兴国家民主化的理论文献,都以一种自相矛盾的独特方式来对待该事实。一方面,诸多作者隐晦地拒绝承认其重要性。沃克·康纳(Walker Connor)甚至指责,大部分论述国族建构的一流理论家"就算没有完全地无视,也都倾向于轻视与种族分歧有关的问题"[33]。另一方面,那些认真对待民族分歧问题的作者,往往又赋予它压倒一切的重要性。比如,在卢西恩·W.派伊(Lucian W. Pye)* 著名的关于非西方国家政治过程十七大特征的综合诊断中,民族分歧就首当其冲。他认为,在非西方社会,政治领域与社会和私人关系领域之间并未有清晰的分殊化,"非西方政治的基本框架是共同体式(Communal)的,即所有的政治行为都会因为考虑到对共同体的认同而深受影响"[34]。

这样的共同体依附,正是克利福德·格尔茨(Clifford Geertz)所讲的"原初"忠诚。这种忠诚可以建立在语言、宗教、风俗、地域、种族或认定的血缘纽带的基础上。[35]欧洲协合民主国的亚文化,就其本质而言是宗教性的和意识形态化的。而且,其中两国在宗教和意识形态的分歧外,还有语言上的分歧。如果人们愿意将意识形态看作是一种信仰,这些亚文化团体也可以被看作是原初团体。不论是否为西方的,所有这些社会在这里都是指多元社会。此外,这个概念的界定——本章开头曾经提到,相当接近于J.S.弗尼瓦尔(J. S. Furnivall)运用它时所讲的意思。值得一提的是,阿尔蒙德和弗尼瓦尔的概念框架是充分兼容的。因为,弗尼瓦尔曾明

* 也译白鲁恂。——译者注

确地将文化差异概括为多元社会的一大特征："每个群体都持有自己的宗教，自己的文化和语言，自己的观念和习惯。"他将多元社会界定为，一个社会中"不同部分的社群在同一政治单位中相互毗邻，但又彼此独立"。这一界定较之于格尔茨的界定多少要狭窄一些，因为它并不涵盖地方性分殊化。弗尼瓦尔的多元社会是地理上混合但社会上互相回避的，"就最严格的意义讲，它是人群的混合，因为彼此并没有结合在一起"[36]。后文中我将提出一个更为宽泛的多元社会界定，这一界定与本研究所作广义比较研究的目的最为吻合，尽管时常有人批评这种界定过于宽泛，而且包含了太多内容。[37]同时必要的是，我们应该在多元社会的广义范畴内，留意质与量的差异：不同类型的区块隔阂之间的差别，以及社会多元化程度的差异。

非西方政治的第二大显著表征，就是民主塌陷。晚近独立的国家，主要是在其政治领袖对民主表达的热望之下，起初关于民主的前景均保持着乐观主义，但之后，一种幻灭感就随之而来。而且，在很多观察家看来，非西方政治的这两大基本表征之间，存在着直接的关联：一个多元的社会不堪维持一个民主政府。这种关联在弗尼瓦尔的著作中已有隐含。他将多元社会的概念用于殖民依赖，并认为殖民地的统一是通过殖民支配的非民主手段维持的。这一观点，与约翰·斯图亚特·密尔（John Stuart Mill）对多元社会实行代议民主的机会的评估是一致的："在一个由不同民族构成的国家中，独立的制度建构近乎于不可能。如果人们中间缺乏伙伴情感，特别是，如果他们操持不同的语言，对代议制政府运转必要的统一民意就难以存在。"[38]

这种论断在 M. G. 史密斯（M. G. Smith）那里也有最明确的表述。某一区块具有支配性，这是史密斯界定的多元社会的一部分。但这不只是一个界定的问题。按照史密斯的说法，多元性必然引发由支配和强制维持的政治秩序："文化多样性或多元性会自动带来一种结构上的必要，使某一文化区块处于支配地位。它……使在集团关系上加以非民主的规管成为必要。"这一观念内含着一种与阿尔蒙德区分欧陆政治体系时相近的二分法类型学。一种类型是由"以共识和文化同质为特征的整合型社会"构成，另一种类型则由"以分歧和文化多元为特征的规管型社会"构成。

这种观点隐含着一种理念，即文化同质性是建立民主政府的先决条件，而且包含着"许多晚近独立的国家，要么解体为文化上分离的不同区块，要么维持着他们的认同；但这种认同只会出现在不同集团间存在支配或依从关系的情况下"[39]的具体预测。

在政治发展的相关文献中，这些理念也显得非常突出。"政治发展"概念很不定型，它被不同的内涵界定着。但是，除了分殊化功能和专业有效的结构的发展外，它通常包括两个维度（至少在当前的民主悲观情绪盛行之前），其一是民主化，其二是国族整合（National Integration）或国族建构。同时应该提及的是，有关政治发展的观念中，有三个重要的方面。首先，民主化和发展的其他维度通常被认为是依赖国族整合的。比如，派伊就认为，在对整个政治体系没有深刻认同的情况下，政治发展通常不能得到长远的推进。在发展进程中，国族整合的重要性有时使如下两个概念完全等同：政治发展也就是国族整合。[40]其次，紧随着这种命题的是对政策制定的要求：国族建构必须被提到优先位置，并成为发展中国家领导人的首要任务。最后，通常的观点是国族建构要求根除那些原初的次国族纽带，并由国族忠诚来取代它们。伦纳德·宾德（Leonard Binder）就主张，"国族整合要求创造出具有广泛包容性的文化—意识形态共识，而这种共识尚未在广大的发展中国家出现。"[41]在塞缪尔·P. 亨廷顿（Samuel P. Huntington）的断言中也隐含了这一观点，政治现代化即意味着国族整合，它还包括"大量传统的、宗教的、家庭的和种族的政治权威，被一个世俗而单一的全国性政治权威取代"[42]。

政治发展研究的一个替代路径是"中心—外围"范式（Center-Periphery Framework），但这一范式没有提供一个关于国族建构进程的替代性解释。其创新性贡献在于，它强调了精英的关键角色。在爱德华·希尔斯（Edward Shils）关于"中心—外围"分析路径的经典表述中，"中心"是指社会中拥有权威的那一部分，而"外围"则是权威实践于其中的腹地。"中心"同时是价值和信仰领域的现象。依照循环式界定，中心价值体系是中心的，因为"它被社会的统治权威所支持"。这一价值体系在中心位置具有共识性，但在外围，对此价值体系的依附就越发地薄弱——外围的价值观念多被认为是异质而分化的。这一模型对多元社会意味着，必须存在由某一区块构成的中心的政治支配，或者，作为替代，若要避免支配，则要在“将大量人口凝聚到中心制度和中心价值体系中”这个意义上创造全国性共识。[43]这些结论与政治发展其他理论的结论也是一致的。

另一方面，如果“中心—外围”范式并不隐含这些结论，它对多元社会的适用性将面临一系列麻烦。在 1970 年联合国教科文组织召开的国族建构会议上，与会者普遍赞同该范式作为描述性和启发性的分析工具是有用的。但他们也批评道：它在应对区域与文化分歧的社会时缺乏清晰感。大会总结了这些要点：

> 这一模型中的“领域”到底指什么？若“中心”是一个领域概念，则存在一个中心还是可能有多个中心？……社会与文化同质性达到何种程度，“中心”才会被接受为权威和忠诚的合法所在？若这一同质性不存在，或者存在来自地区性中心对支配性中心的拒斥（这些地区性中心可能将自己视为支配性中心的竞争者，甚至是后者的对立面），那么，支配性中心还能被当作“中心”吗？[44]

如果“中心—外围”路径的确不能回答上述问题，它就必然被判定为与多元社会研究无关。然而，希尔斯明白无误地表明，他的“中心”概念排除了任何类型的独断式精英联盟。中心价值体系并不必然具有彻底而纯粹的共识性，统治阶级甚至也可能是“相对区块化”的，但是一直存在基于“围绕中心价值体系的共同关系”的亲合感，正是这种亲合感统一了不同部分，而不仅仅是“联盟利益的感知”[45]。这样一来，上述诸问题无法通过协合民主而获得解释。

八、第一世界与第三世界的鲜明对比

大量关于政治发展的理论文献所犯的根本性错误在于，它们夸大了西方民主国家的同质性程度。人们通常将“发展”视作从非西方国家的当前状况或它们独立时的状况向一个可欲或可能的目标迈进。而这一目标，正是同质性较高的西方社会的理想类型。弗尼瓦尔对多元社会的分析,就受制于西方社会与非西方社会的二分法。在早期针对荷属西印度群岛的研究中,他认为多元社会并不局限于热带地区。他还举出了诸多例子,包括存在种族隔阂的美国,文化上分歧的加拿大,以及信仰上分化的爱尔兰。[46]但在后期的著作中,他就将"热带属地的多元社会与西方人视为理所当然的统一社会"作了一个鲜明对比。[47]然而,他关于"标准的同质性西方国家"的模型并不能普遍适用于西方社会。这一模型接近于阿尔蒙德的英美型政治体系,更明确地讲,就是英国社会的理想范本。詹姆斯·S.科尔曼(James S. Coleman)也批评政治发展的通行看法,因为这一看法假定:发展的最终结果就是一个"现代"政体。在他看来,这种看法散发着一种"种族中心主义的、西方狭隘的规范主义偏见"[48]。更加致命的是,这并非真的是西方式的狭隘假定,而仅仅是英式的狭隘假定。

阿尔蒙德的政治发展概念,连同他对西方民主的二分法类型学,使他避免了这一错误。他认为政治发展的水平应该通过角色分殊化、亚体系自主性以及世俗化的程度衡量。[49]这些方面都是角色结构和政治文化的属性。实际上,这与用来界定两种西方民主的概念是一样的。欧陆型政治体系有着分裂的政治文化(也即非同质、非世俗化)及低自主性的亚体系,相比于英美型,则应该被视为发展得相对不足。

弗尼瓦尔及其后的学者,都认同阿尔蒙德有关文化同质或多元造成的政治后果的论述。但是他们却忽视了一个事实:许多西方社会(即阿尔蒙德所讲的欧陆型政治体系)正属于多元类型。至少已有一位观察家强烈地指出了这个错误。艾尔弗雷德·迪亚曼特(Alfred Diamant)反驳派伊将政体分作西方与非西方两类,他说,在派伊所论非西方政治的十七个特征中,诸多特征"可以原封不动地用于描述两次世界大战期间的奥地利"。他还认为,更为普遍地看,主要建立在英国共识政治基础上的西方理想类型应该被放弃:"我们可以更加成功地从阿尔蒙德称之为包含若干亚文化的欧陆型政治体系中,推论出这样的理想类型。如果我们运用基于多种族(多民族)社会、缺少强大共识的欧陆型,非西方政治体系将更具包容性,而且不再遥远。"[50]但是,迪亚曼特的告诫还是大大地被忽视了。

自弗尼瓦尔以来的政治发展理论家所犯的第二个严重错误是,他们忽略了众多欧洲多元社会已经通过协合方式实现了稳定的民主。弗尼瓦尔主张，西方经验不能为多元社会提供规范性模式，多元社会的问题“需要西方政治科学之外的适当工具。在西方，政治科学运用的基本问题是，怎样最佳地确认并实践社会公意”。他并不相信引入新的政府形式就能够促使多元社会实现并维系民主，而且他特别反对作为共同体代表议程的协合民主，因为“它倾向于削弱而不是强化社会意志，同时引发局部间分化而不是促成社会统一”。这种悲观的论调不可避免地使他得出结论，该结论在政治发展文献中依然流行，即创造全国性共识不仅是民主的先决条件，而且是非西方政治领导人应当完成的首要任务。“仅仅确立基本的机构是不够的。首先，必须转变社会。政府的作用是创造一个社会公意以作为把人民当作整体来代表的政府的基础……社会转型是政府转型的先决条件。”[51]

在应对政治发展问题的流行办法中，上述药方构成了第三个严重错误，而且是带来最严重政治后果的错误。虽然全国性忠诚替代区块忠诚，看起来是对多元社会的问题合乎逻辑的解决方法，但试图这样做却是异常危险的。因为原初忠诚的坚韧性，试图根除它们的任何努力，不仅很难成功（特别是在短期之内）；而且，完全可能适得其反，不是带来全国的整合，而是刺激区块内的凝聚力以及区块间的暴力。[52]协合民主避免了这一危险，而且提供了一个更有前景的途径去实现民主和相当程度的政治统一。

注　释

1. Aristotle, *Politics*, Ernest Barker(trans.), New York: Oxford University Press, 1958, p.181.

2. “协合式的”这一概念来自于约翰尼斯·埃尔图修斯（Johannes Althusius）的协合体（consociatio）概念，参见其 *Politica Methodice Digesta*（1603）一书。

3. Robert A. Dahl, *Polyarchy: Participation and Opposition*, New Haven: Yale University Press, 1971, pp.110—111.

4. Harry Eckstein, *Division and Cohesion in Democracy: A Study of Norway*, Princeton: Princeton University Press, 1966, p. 34. 另参见 Alan Zuckerman, “Political Cleavage: A Conceptual and Theoretical Analysis,” *British Journal of Political Science*, Vol. 5, No. 2, April 1975, pp. 231—248; 及 R. A. Schermerhorn, *Comparative Ethic Relations: A Framework for Theory and*

Research, New York: Random House, 1970, pp.123—127。

5. Robert A. Dahl, *Polyarchy: Participation and Opposition*, New Haven: Yale University Press, 1971, pp.1—9, 231—249.

6. 参见 Harry Echstein, *The Evaluation of Political Performance: Problems and Dimensions*, Sage Professional Papers in Comparative Politics, No.01—017, Beverly Hill: SAGE, 1971;以及 Leon Hurwitz, "Contemporary Approaches to Political Stability," *Comparative Politics*, Vol.5, No.3, April 1973, pp.449—463。

7. Val R. Lorwin, "Segmented Pluralism: Ideological Cleavages and Political Cohesion in the Smaller European Democracies," *Comparative Politics*, Vol.3, No.2, January 1971, pp.141—144; Gerhard Lehmbruch, "Segmented Pluralism and Political Strategies in Continental Europe: Internal and External Conditions of 'Concordant Democracy'," 论文宣读于 the Round Table of the International Political Science Association, Turin, September 1969, pp.1—2。另参见 Gerhard Lehmbruch, *Proporzdemokratie: Politisches System and politische Kultur in der Schweiz und in Österreich*, Tübingen: Mohr, 1967。

8. Eric A. Nordlinger, *Conflict Regulation in Divided Societies*, Occasional Papers in International Affairs, No.29, Cambridge, Mass.: Center for International Affairs, Harvard University, 1972.

9. Gabriel A. Almond, "Comparative Political Systems," *Journal of Politics*, Vol.18, No.3, August 1956, pp.391—409;这篇文章被原封不动地收录于 Gabriel A. Almond, *Political Development: Essays in Heuristic Theory*, Boston: Little, Brown, 1970, ch.1。

10. Ibid., pp.398—399, 407.

11. Gabriel A. Almond, and G. Bingham Powell, Jr., *Comparative Politics: A Developmental Approach*, Boston: Little, Brown, 1966, pp.217, 259—266.

12. Gabriel A. Almond, "Comparative Political Systems," *Journal of Politics*, Vol.18, No.3, August 1956, p.392.

13. Gabriel A. Almond, "Introduction: A Functional Approach to Comparative Politics," in *The Politics of the Developing Areas*, Gabriel A. Almond, and James S. Coleman(eds.), Princeton: Princeton University Press, 1960, pp.3—64.

14. William T. Bluhm, *Theories of the Political System: Classics of Political Thought and Modern Political Analysis*, Englewood Cliffs, N.J.: Prentice-Hall, 1965, p.150. 也可参见 Stanley Rothman, "Functionalism and Its Critics: An Analysis of the Writings of Gabriel Almond," *Political Science Reviewer*, Vol.1, Fall 1971, pp.242—243, 246—247。

15. Gabriel A. Almond, "Comparative Political System," *Journal of Politics*, Vol.18, No.3, August 1956, p.408; Gabriel A. Almond, and G. Bingham

Powell, Jr., *Comparative Politics: A Developmental Approach*, Boston: Little, Brown, 1966, pp.106, 262.

16. Gabriel A. Almond, "Political Theory and Political Science," *American Political Science Review*, Vol.60, No.4, December 1966, pp.875—876; Gabriel A. Almond, and G. Bingham Powell, Jr., *Comparative Politics: A Developmental Approach*, Boston: Little, Brown, 1966, p.11.

17. Gabriel A. Almond, "Introduction: A Functional Approach to Comparative Politics," in Gabriel A. Almond, and James S. Coleman(eds.), *The Politics of the Developing Areas*, Princeton: Princeton University Press, 1960, pp. 37—38, 46.

18. Ibid., pp.11, 18.

19. David B. Truman, *The Governmental Process: Political Interests and Public Opinion*, New York: Knopf, 1951, p.168.

20. Seymour Martin Lipset, *Political Man: The Social Bases of Politics*, Garden City, N.Y.: Doubleday, 1960, pp.88—89.

21. Arthur F. Bentley, *The Process of Government: A Study of Social Pressures*(4th ed.), Evanston: Principia Press of Illinois, 1955, p.208.

22. Gabriel A. Almond, "Comparative Political Systems," *Journal of Politics*, Vol.18, No.3, August 1956, p.408; Gabriel A. Almond, and G. Bingham Powell, Jr., *Comparative Politics: A Developmental Approach*, Boston: Little, Brown, 1966, pp.122, 263—265.

23. Gabriel A. Almond, and Sidney Verba, *The Civic Culture: Political Attitudes and Democracy in Five Nations*, Princeton: Princeton University Press, 1963, pp.133—134.

24. Sigmund Neumann, "Toward a Comparative Study of Political Parties," in Sigmund Neumann(ed.), *Modern Political Parties: Approaches to Comparative Politics*, Chicago: University of Chicago Press, 1965, pp.402—403.

25. Maurice Duverger, *Political Parties: Their Organization and Activity in the Modern State*, Barbara and Robert North(trans.), London: Methuen, 1959, p.393.

26. Ibid., pp.215, 387—388.

27. Sigmund Neumann, "Toward a Comparative Study of Political Parties," in Sigmund Neumann(ed.), *Modern Political Parties: Approaches to Comparative Politics*, Chicago: University of Chicago Press, 1965, p.402.

28. Gabriel A. Almond, "Introduction: A Functional Approach to Comparative Politics," in Gabriel A. Almond, and James S. Coleman(eds.), *The Politics of the Developing Areas*, Princeton: Princeton University Press, 1960, pp. 39—40; Gabriel A. Almond, "Comparative Political Systems," *Journal of Politics*,

Vol. 18, No. 3, August 1956, p. 397.

29. Gabriel A. Almond, and G. Bingham Powell, Jr., *Comparative Politics: A Developmental Approach*, Boston: Little, Brown, 1966, pp. 102—103, 107.

30. Gabriel A. Almond, "Comparative Political Systems," *Journal of Politics*, Vol. 18, No. 3, August 1956, pp. 392—393, 405; Gabriel A. Almond, "Introduction: A Functional Approach to Comparative Politics," in Gabriel A. Almond, and James S. Coleman (eds.), *The Politics of the Developing Areas*, Princeton: Princeton University Press, 1960, p. 42.

31. Gabriel A. Almond, and Sidney Verba, *The Civic Culture: Political Attitudes and Democracy in Five Nations*, Princeton: Princeton University Press, 1963, pp. 28—29.

32. Val R. Lorwin, "Segmented Pluralism: Ideological Cleavages and Political Cohesion in the Smaller European Democracies," *Comparative Politics*, Vol. 3, No. 2, January 1971, p. 148.

33. Walker Connor, "Nation-Building or Nation-Destroying?" *World Politics*, Vol. 24, No. 3, April 1972, p. 319.

34. Lucian W. Pye, "The Non-Western Political Process," *Journal of Politics*, Vol. 20, No. 3, August 1958, p. 469.

35. Clifford Geertz, "The Integrative Revolution: Primordial Sentiments and Civic Politics in the New States," in Clifford Geertz (ed.), *Old Societies and New States: The Quest for Modernity in Asia and Africa*, New York: Free Press, 1963, pp. 109—113.

36. J. S. Furnivall, *Colonial Policy and Practice: A Comparative Study of Burma and Netherlands India*, Cambridge: Cambridge University Press, 1948, p. 304.

37. 参见如 O. D. van den Muijzenberg, *De "Plural society": Een onderzoek naar gebruik en bruikbaarheid als sociologisch begrip*, Amsterdam: Sociologisch-Historisch Seminarium voor Zuidoost Azië, 1965, pp. 114—116；及 Ira Katznelson, "Comparative Studies of Race and Ethnicity: Plural Analysis and Beyond," *Comparative Politics*, Vol. 5, No. 1, October 1972, pp. 135—154。有关不同的观点，可参见 Michael F. Lofchie, "Political Theory and African Politics," *Journal of Modern African Studies*, Vol. 6, No. 1, May 1968, pp. 10—15。

38. John Stuart Mill, *Consideration on Representative Government*, New York: Liberal Arts Press, 1985, p. 230.

39. 这是利奥·库珀(Leo Kuper)对史密斯理论的总结，见 Leo Kuper, "Plural Societies: Perspectives and Problems," in Leo Kuper, and M. G. Smith (eds.), *Pluralism in Africa*, Berkeley: University of California Press, 1969, p. 14。

40. Lucian W. Pye, "Identity and the Political Culture," in Lenard Binder et al., *Crises and Sequences in Political Development*, Princeton: Princeton University Press, 1971, p. 117; Lucian W. Pye, *Aspects of Political Development*, Boston: Little, Brown, 1966, p. 38. 关于国族建构方面的研究文献,有一个总体性评论,参见 Stein Rokkan, *Citizens, Elections, Parties: Approaches to the Comparative Study of the Processes of Development*, Oslo: Universitesforlaget, 1970, pp. 46—71。

41. Leonard Binder, "National Integration and Political Development," *American Political Science Review*, Vol. 58, No. 3, September 1964, p. 630.

42. Samuel P. Huntington, *Political Order in Changing Societies*, New Haven: Yale University Press, 1968, p. 34.

43. Edward Shils, "Centre and Periphery," in Paul Ignotus et al., *Personal Knowledge: Essays Presented to Michael Polanyi on His Seventieth Birthday*, London: Routledge and Kegan Paul, 11th March 1961, pp. 117, 118, 124, 128.

44. Rajni Kothari, "Introduction: Variations and Uniformities in Nation-Building," *International Social Science Journal*, Vol. 23, No. 3, 1971, p. 342.

45. Edward Shils, "Centre and Periphery," in Paul Ignotus et al., *Personal Knowledge: Essays Presented to Michael Polanyi on His Seventieth Birthday*, London: Routledge and Kegan Paul, 11th March 1961, p. 126.

46. J. S. Furnivall, *Netherlands India: A Study of Plural Economy*, Cambridge: Cambridge University Press, 1939, p. 446.

47. J. S. Furnivall, *Colonial Policy and Practice: A Comparative Study of Burma and Netherlands India*, Cambridge: Cambridge University Press, 1948, p. 307. 在该书中,弗尼瓦尔将美国和加拿大这类国家描述为具有"多元特征"的社会,但还并不是多元社会(p. 305)。但是,奥利弗·C. 考克斯(Oliver C. Cox)则声称,出版于 1948 年的这本书,其内容的写作肯定早于 1939 年出版的《荷属印度》(*Netherlands India*)。参见 Oliver C. Cox, "The Question of Pluralism," *Race*, Vol. 12, No. 4, April 1971, pp. 392, 400。弗尼瓦尔对多元社会与具有多元特征的社会的区别,类似于史密斯对多元社会与异质社会所作的区分。参见 M. G. Smith, "Institutional and Political Conditions of Pluralism," in Leo Kuper, and M. G. Smith (eds.), *Pluralism in Africa*, Berkeley: University of California Press, 1969, pp. 28—29。

48. James S. Coleman, "The Development Syndrome: Differentiation-Equality-Capacity," in Lenard Binder et al., *Crises and Sequences in Political Development*, Princeton: Princeton University Press, 1971, p. 74. 也可参见 Ali A. Mazrui, "From Social Darwinism to Current Theories of Modernization," *World Politics*, Vol. 21, No. 1, October 1968, pp. 70—75。

49. Gabriel A. Almond, and G. Bingham Powell, Jr., *Comparative Politics*:

A Developmental Approach, Boston: Little, Brown, 1966, pp. 105, 306.

50. Alfred Diamant, "Is There a Non-Western Political Process? Comments on Lucian W. Pye's 'The Non-Western Political Process'," *Journal of Politics*, Vol. 21, No. 1, February 1959, pp. 125, 126.

51. J. S. Furnivall, *Colonial Policy and Practice: A Comparative Study of Burma and Netherlands India*, Cambridge: Cambridge University Press, 1948, pp. 489—490, 503, 546.

52. Eric A. Nordlinger, Conflict Regulation in Divided Societies, Occasional Papers in International Affairs, No. 29, Cambridge, Mass.: Center for International Affairs, Harvard University, 1972, pp. 36—39.

第二章
协 合 民 主

协合民主可以通过四个特征来界定。首先,也是最为重要的,由多元社会各重要区块的政治领导人组成大联盟(Grand Coalition)政府。这一点可以采取不同的形式,比如议会制中的大联盟内阁,具有重要咨询功能的"大"国会或"大"委员会,或总统制下首脑与其他高层政府官员的大联盟。协合民主的其他三个基本特征分别是:(1)相互否决(mutual veto)或协同多数(concurrent majority)原则,这可以额外保障关键少数的利益;(2)在政治代表、公职任命和公共财政配置方面,主要坚持比例性原则;(3)每一区块在处理其内部事务上高度自治。

一、大 联 盟

协合民主的首要特征,是多元社会所有重要区块的政治领导人在大联盟中合作,进而治理国家。这可能与下述民主类型形成对比:领导人在政府中分为支持执政者的微弱多数派和庞大的反对派。英国式民主就是这种类型的鲜明例证;"执政—反对"(government-versus-opposition)模式也因此被用来指称英国模式。协合模式的领导方式是联合;在英国模式中就是竞争,如马丁·O.海斯勒(Martin O. Heisler)所讲,是"对抗性的"。[1]

大联盟违背了这一法则：在议会制中，内阁应该得到多数的支持（通常也的确如此），但并非压倒性多数的支持。一个小联盟不仅允许存在有效的民主反对派，而且小联盟的形成也要容易得多，因为需要调和的意见和利益比较少。这一常识性看法与威廉·H.赖克（William H. Riker）基于博弈论假定所提出的“规模原则”（size principle）相一致。这一原则宣称：“在n人参加的零和博弈中，如果利益均沾（关于利益分配的私下协议）被允许，参与者是理性的，而且他们的信息充分，则只会出现最小获胜的联盟。”若将这一原则运用于类似博弈的社会情境中，就意味着“参与者创造他们相信可以保证胜算的联盟规模，而不是更大的联盟”。[2]

规模原则在阐明大联盟的性质时最为有用，因为它保证了最小获胜联盟将会出现的条件，并因而暗含着其他类型联盟比如大联盟出现的条件。例如赖克就认为，规模原则必须通过“信息效应”加以修正：最小获胜联盟只有在参与者拥有充分信息时才能期待出现，而大联盟在信息不充分的情况下就显得必要。甚至更为重要的是零和条件：“只包括参与者之间的直接冲突，而共同利益则被忽略。”当共同利益确实起作用，零和条件就不适用，规模原则也不适用。这不仅在逻辑上成立，在经验证据上也得到小集团研究的支持。赖克发现，规模原则在由亲密朋友参与的游戏中是有效的，因为他们会将游戏纯粹当作游戏，而毫无障碍地接受零和条件；但是，成员不那么熟悉的集团就不大倾向接受零和博弈，相反，“对保持集团团结和成员忠诚的考量”将具有优先性，因此也倾向于形成大于最小获胜联盟的规模。零和条件“意味着一大限制，即没有结果可以破坏整体。也就是说，不能在失利者宁愿放弃而不是默许的情况下通过任何决定”[3]。

在真实的政治生活中，零和条件限制了“规模原则”适用于以下两种社会的联盟形成：(1)具有高度共识的同质性社会，共同利益被视作理所当然；(2)另一个极端，内部极度对抗和充满敌意的社会。换言之，当政治过程的参与者将政治要么当作游戏要么当作全力以赴的战争，规模原则是适用的。在中间状态下，至少存在扩大联盟的压力，甚至可能创造出一个大联盟。[4]

阿尔蒙德将博弈的比喻适当地用来形容英美型民主的特征：“由于政

治文化倾向于同质和实用,(政治过程)呈现出一定的博弈色彩。当结果不确定而赌注不太大,就是个好的博弈。"这就意味着对抗模式非常适合同质社会。但是,阿尔蒙德也补充道:"当赌注太大,博弈的气氛就从兴奋转变为焦虑。"[5]因为多元社会的政治赌注通常大,因此应该建议的是不将政治当作博弈:大联盟因而就比"执政—反对"模式更为适当。

大联盟的功能,也可以通过将它置于规范民主理论中共识决定与多数决定的竞争原则的脉络中而加以说明。一方面,所有公民间的广泛一致,看起来比简单的多数决定要民主得多。但另一方面,真正作为多数统治的唯一替代方案就是少数统治——或至少是少数否决。大多数民主宪法都试图解决这一困境:赌注估计不太高的正常交易就采用多数决定;而在大多数紧要决定的时候(如制定或修改宪法),就采用额外多数或多个多数。在这里,他们遵照了卢梭的建议:"讨论的问题越重大和越重要,意见就越应该接近于普遍的全体一致。"[6]实际上,当意见分布得集中以及分布的面相对窄时,换言之,当存在相当的共识因而多数和少数事实上差异不太大时,多数决定可以很好运作。当人民"基本上是一致的",鲍尔弗勋爵(Lord Balfour)曾经就讲,他们"可以放心地去争吵"。[7]但如果在一个人口区块明显分裂且潜存敌意的政治体系中,所有的决策实质上都被看作伴随着大赌注,因此严格的多数决定将对系统的统一与和平带来压力。

即使在既不多元亦非协合而成的国家,大联盟也可能被作为处理国内或外交重大危机的权宜之计。举例来说,英国和瑞典都属于同质社会,也都是共识民主,但在第二次世界大战期间,它们都采用了大联盟内阁。这也是达尔在美国水门危机最为严重时的构想方案。他主张从尼克松总统离职到经大选产生的新行政负责人就职这段时间,成立一个两党政府;而过渡时期的这个总统应该"超越狭隘的政党归属",而内阁职位也应该"或多或少在民主党和共和党之间公平分配……白宫班底的高级官员,也应该多少公平地从两党中选拔出来"。如果我们注意达尔为他的主张所作的辩护,那就特别有趣,他说:"尽管对美国人而言,这个主张显得新鲜而陌生,但其中的每一点,与美国人熟悉的美国宪法文本及宪法精神完全一致。在诸多其他国家,在关键性的过渡时期,都是通过大联盟平息党派情绪并加强共识，从而实现国家的统一与稳定。”[8]朱利叶斯·奈瑞尔(Julius Nyerere)也主张，在危机时期政治反对党可能是有害的，他同时用如下的表述恰当地总结了西方民主实践：“互相敌对的党派，在危机时刻摒弃彼此的区别，并团结起来形成全民政府，这一做法在西方国家是被接受的。”[9]当然，在多元社会中，“危机”因为这种社会的性质而存在着，所以它不只是一种暂时性状况，因此需要诉诸长久的大联盟。

这一观点可以得到进一步的讨论。规范民主理论所要求的“执政—反对”模式，看起来是一种排除原则：政府应该排除一个大的少数。但是，相对于原则而言，它在事实上远不是这样具有排斥性。因为，它以这样的假定为基础：少数会成为多数，执政方和反对方会轮替。从长期看，每一重要的区块都将有机会参与政府。影响少数向多数的转换有两种机制：(1)一个相当规模的游动选民可能会改变他们对执政党的支持，转而支持反对党，这样就给予了反对党组成新政府所需的多数；(2)可能存在一种“转换式政府联盟”(shifting government coalition)的体制，在若干年里，每个政党都可能进出政府。第一种机制在多元社会中无法运作得让人满意，因为区块隔阂可能在政治上是明显的，而且与政党体系的分裂相一致。第二种机制，只有在如下情况下才能运作：存在三个或三个以上的少数政党，而且各政党对特定的联盟伙伴并无明确偏好。在洛温称其为“全联盟体系”(Allgemeinkoalitionsfähigkeit)的情形下，转换式联盟可以是大联盟的一个替代方案，也可以被视作阶段性大联盟。[10]但是当存在两个主要的区块性政党，或存在两个稳定的政党联盟，或者一个多数政党面对两个或两个以上的小党，大联盟则提供了避免将少数永远排除在政府之外的唯一可能。

支持在两党体系或更为复杂的政党体系(以全联盟体系为特征)中建立大联盟的最后一个论点，回应了布赖恩·巴里(Brian Barry)反对“大联盟是多元社会实现政治稳定的主要手段”这一信条的态度。巴里认为，大联盟只是一种偶然现象，政治稳定的关键因素是妥协的愿望，这一点并不必然以大联盟的制度化协作形式表达出来：

> 在1945年，奥地利人民党的领袖表达了组成一个“大联盟”的愿望，社会党的领袖也表达出接受这一提议的愿望。这一情况具有深

刻的意义。因为它表明,这些政党领袖准备以一种和解的方式行动。但是,如果由人民党建立一个温和政府,而社会党充当温和的反对党,同样的态度也可以用来创建一个稳定的政体。[11]

事实上,几乎是同义反复,这一点是真的:温和的态度与妥协的愿望是形成大联盟的先决条件。但另一方面,参与政府的预期是温和与妥协的有力刺激,因为它可以使某一政党受到其他政党或自己过度乐观的想法(有关他们和解的愿望)的欺骗的风险最小化。不大信任对方的政党,结合在一个政府内,可以得到政治安全的重要保证。因此,让各政党同时处在一个联盟内,而不是处在一个阶段性大联盟中,当然是必要的。

二、大联盟的不同形态

到目前为止,大联盟的观念都是在一般性意义上被讨论,其确切的制度形式尚未得到详尽的解释。大联盟内阁是协合民主类型的原型,但其他诸多形式也能够承担同样的功能。大联盟的主要特征,并不像我们强调的所有重要区块的领袖都参与到一个多元社会的治理中那样,偏重于任何特定的制度安排。

瑞士和奥地利提供了大联盟原型的最好例证。在近些年,瑞士的七人联邦执行班子——联邦委员会,一直是由四个主要政党的成员依照选举得票比例构成:激进党两人,社会党两人,天主教党两人,加上农民党成员一人。这七名委员同时代表了不同的语言和宗教群体。然而,直到1959年,这一"魔术规则"才得以实现;当时,社会党代表不足的状况,通过增加第二名代表进入联邦委员会而得到矫正。在1891年以前,联邦委员会都由激进党人独享;但就在这一年,第一位天主教党人被选入委员会,接下来,在1919年,天主教党的第二位代表也进入委员会。农民党的一位成员于1929年进入委员会,社会党进入委员会的第一位代表则直到1943年才被选举出来。[12]

奥地利的例子,非常接近于精英联盟的理想类型。自1945年至1966年,统治奥地利的大联盟内阁,谨慎地平衡着来自两个具有压倒性优势的政党的代表,这两个政党分别代表天主教区块和社会主义区块,只有自由主义—民族主义这个小区块没有代表。[13]在比利时和荷兰,大联盟的观念还没有制度化地体现在国家执行上,但是这两个国家的所有内阁实际上都是联合内阁,而且若干主要政党在不同时期都曾经是反对党。自1918年至1963年间,包括三个主要政党成员的比利时大联盟内阁,管理了这个国家近1/4的时间。其他时间的内阁是转换式联盟的类型。其中,天主教政党充任了一个主要角色,它们只在1918年至1963年这段时期14%的时间里充当反对党。自由党和社会党较不常成为联盟伙伴,不过它们都曾在这段时期进入政府,分别达四分之三和二分之一的时间。[14]自1917年至1967年,是荷兰的协合民主时期。在此期间,代表荷兰四个垂直群聚的政党,从未结合在一个大联盟中。但是,所有内阁都是转换式联盟,关键的天主教党几乎总是有代表进入内阁。而且,虽然这些内阁大多不是大联盟,但都拥有一个广泛的政治基础;也就是说,它们的规模比最小获胜内阁要大。荷兰模式的唯一一次主要偏离,就是直到1939年,社会党成员一直被排除在内阁之外。

在比利时和荷兰,转换式联盟内阁同时辅之以其他政府机构中的大联盟;如常设或特设的联合咨议会和委员会,在正式机构上只不过承担咨询职能,但实际上经常有着决定性的影响。一个显著的例子就是荷兰的社会经济咨议会,它是少见的具有效力和权力的经济议会之一。此外,由政党领袖组成暂时性大联盟,议定出“学校协定”也是一个例子。“学校协定”旨在解决具有深刻分歧的“国家对宗教学校的补助”这一议题,相关争议发生于1917年的荷兰和1958年的比利时。就算内阁本身就是一个大联盟,它也可能不是唯一的或最重要的协合民主机关。在奥地利,关键的决定不是由大联盟内阁作出,而是由制度外的一个小型“联合委员会”(Koalitionsausschuss; Coalition Committee)作出的;在该委员会,天主教党和社会党的高层领袖都得到平等的代表。还有一个相似的体制外指导委员会(高于内阁和议会)是捷克内战时期形成的“培特卡”(Petka)。“培特卡”开始是由捷克五个主要政党的领袖组成联盟,后来演变成一个“核心内阁”(inner cabinet)。[15]

上述这些例子表明,大联盟并非必须具备议会制中的内阁形式。另一方面,这一点并不是说,所有正式的制度安排都轻易地推进大联盟的形成。在这里,有必要检视两种传统的民主政体分类法:议会制相对于总统制,共和制相对于君主制。由于总统制由单一领导人掌控权力,相比于议会制,它更不适合由不同区块的代表协议组成一个内阁的协合民主式政府。但是总统制与协合民主制并非完全不相容,众所周知的一个解决办法就是阶段性大联盟。虽然哥伦比亚还不能被看作一个多元社会,但在十六年间(1958—1974 年),自由党与保守党协议轮流担任总统职位,这就提供了一个例证。此种轮流执政同时辅之以所有较低层次政府的平等代表权。另一种可能的办法是由各政党达成一个协定,总统职位与若干其他行政首长职位(如总理、副总理、国会主席等)绑在一起。这些职位结合起来就构成一个大联盟。黎巴嫩就是这样的。达尔提议由一个无党派性的总统和一个两党内阁来应对“水门危机”及其后续事宜,这也提供了一个额外的(假定的)例子。

虽然将权力集中于一人之手对引入大联盟构成障碍,但总统制政府的一个特征即分权原则,可能有利于大联盟。欧洲的三个协合民主国家——奥地利、比利时和荷兰,都有定期的议会改选,内阁取决于议会的信任,而议会则可以倒阁。然而,瑞士却结合了分权原则和协同式“总统职位”:联邦七人委员会由议会选举产生,任期四年,但是,一旦当选,这七名委员就不能被议会解职。[16]分权原则可能对瑞士协合民主政府的发展和维系,产生了有利(尽管有限)的影响。由此达尔认为,一般来说,体制内的分权原则往往激发合作和结盟策略:分权原则与联邦制“降低了反对派的差异性,也降低了执政者与反对派之间发生完全竞争性的争执的可能”[17]。

这一观点是有道理的,因为它得到如下事实的支持:荷兰采用一系列的非正式实践软化了严格的议会制,并将其变成某种半分权制(semiseparation of power),这一点积极地影响了荷兰的精英合作。尽管自 1968 年以来的所有内阁都是议会制内阁,但它们半独立的地位,由于一个流行观念(即内阁是国王或女王的内阁)而被强调。此外,虽说阁员有权在议会上发言，但他们却可能不是议会成员，也不拥有投票权。部会首长们最初也是征召自议会之外；从 1848 年到 1858 年，所有的首长中，只有近三分之一在入阁前拥有议员身份。[18]

荷兰和瑞士的内阁具有自主与独立的地位。因此，这两个国家的政府执行机关能够在协合民主中承担双重功能。由于其构成的广泛性——尽管如前所述荷兰内阁从来都不是完整的大联盟，内阁提供了精英合作的场所。由于内阁具有高于议会和政党的特殊地位，它们也可以在敌对群体间扮演公正的调解角色。[19]

一个国家是拥有共和式政府还是君主式政府，也会影响其形成大联盟的可能性。在一个多元社会中，君主最重要的方面是其作为国家统一象征的程度，以及相应地抗衡区块隔阂造成的离心后果的程度。君主的第二大功能是：它可以为国家提供一个中立的领袖，而且排除了为此职位而寻找广泛接受的人选的必要（这个问题类似于在总统制政体中寻找一位超党派的总统）。达尔德总结道，总体上说，荷兰君主"往往发挥了实质性整合的功能"。[20]同样的情况也适用于比利时君主，君主在该国是"全国顶礼膜拜的中心"，而且还是"唯一的既非佛兰芒人（Fleming），也非瓦龙人（Walloon）或布鲁塞尔人（Bruxellois）的比利时人"。[21]另一方面，虽说君主制在这两个国家都曾发挥强大的统一力量，特别是在阿尔贝（Albert）王时期的比利时和威廉明娜（Wilhelmina）女王时期的荷兰，但也并非总是这样。王室问题导致了 1950 年的比利时大罢工，甚至几乎引发内战。荷兰王室一直作为国家统一的象征，但传统上它一直与加尔文教派区块保持着密切的关系。

尽管奥地利和瑞士都缺乏作为积极的统一力量的全民君主，但它们找到了巧妙的机制以发挥君主的第二大功能。在奥地利实行大联盟的整个时期，总统职位始终由社会主义者把持，而总理的职位则始终由天主教徒把持。然而，这并不是一个由精英们深思熟虑地设计的协合民主。因为，除了 1945 年，总统都是通过普选产生的，而且两大主要政党都积极参与了竞选。[22]瑞士的总统职位由联邦委员会成员每年轮流担任，这是阶段性大联盟的另一例证。

三、相 互 否 决

协合民主式政府最为重要的机制，就是不同形式的大联盟。除此之外，还要辅之以三个次要机制：相互否决、比例性，以及区块自治。这四个方面彼此密切相关，而且都是对纯粹多数决原则的偏离。我们首先讨论的相互否决，意味着消极少数决原则。

参与大联盟为少数区块提供了重要的政治保护，但也不是绝对且十分安全的保护。决定必须由大联盟作出，如果这些决定是由多数决实现的，尽管少数参加联盟给予其尽可能有力地对其他盟友提出主张的机会，但无论如何还是由多数在投票中胜出。如果这些决定关系到少数区块的关键利益，这种失利会被看作是不可接受的，也将威胁到区块间的精英合作。因此，大联盟原则必须附带少数否决，只有这种否决权，才能完全保证给予每一区块以政治保护。少数否决权与约翰·C.卡尔霍恩(John C. Calhoun)的协同多数(concurrent majority)是一个意思；协同多数也是以保护少数的利益为其主要目标：它赋予每一区块“自我保护的力量，而且还将每一区块的权利与安全置于可以放心的地方，也就是置于它自己的护卫之下。若不这样，将不能系统、和平而有效地抵挡使每个区块走向彼此冲突的天然倾向。”[23]

少数否决的最大危险，在于它会导致少数暴政。少数暴政对大联盟中的合作所产生的挤压程度，就同少数通过票数胜出差不多。当然，也有三个理由可以证明，这种危险并不像它表面上看起来的那样可怕。首先，此种否决权为一种相互的否决，所有少数区块都拥有而且能够使用它。卡尔霍恩使用“相互否定”(mutual negative)的概念作为协同多数的同义语。一个少数过于频繁地运用否决权是不大可能的，因为其他少数同样也可以运用否决权来反对它的利益。其次，否决权可被用来作为一种潜在武器的事实，提供了一种安全感，使它不可能实际使用：“通过给予每一利益或每一部分自我保护的力量，它们之间为取得优势所展开的所有冲突和斗争都被阻止了，也因此……力图降低依赖整体的每一种情绪都被压制。”相应地，卡尔霍恩认为，每一区块“都注意并感受到，它可以通过获得他人的善意并推动他人达到目的，而使自己的利益获得最好的提升”。再次，每一区块都会认识到，无限制地使用否决权，可能会带来僵局与瘫痪的危险：“受到防止政府延宕行动的绝对必要性的推动……每一少数都会认同，它可能必须作出牺牲，也就是放弃它的个别利益以确保整体（包括它自己）的共同利益和安全，同因顽固地坚持不同的行动路线以致影响整体（包括它自己）利益的恶行，是不能相提并论的。”[24]

相互否决可以是一种非正式和不成文的理解，也可以是一种正式同意并可能由宪法确定的规则。荷兰和瑞士就是非正式应用否决权的例子。在奥地利，社会党和天主教党的领袖在每一次联合政府组成之前，都正式地确认否决权：在“联合委员会”，所有决定的通过必须是无异议的。在比利时，相互否决一直不过是天主教、社会主义和自由主义等精神派别间的一种非正式原则；但是，该原则在处理不同语言群体的问题上，已经得到宪法的正式承认。洛德·克拉斯（Lode Claes）在20世纪60年代早期就曾写道：“在议会和其他集会上，当支持与反对的投票记录显示出它们未能在国家的两个部分平等分配，多数决就越来越不被看作具有充分的代表性。”[25]在20世纪70年代，这一看法转变为一条宪法修正案：影响语言群体的文化和教育利益的法律，只有说荷语和说法语的国会代表同时拥有多数支持，才能够获得通过。这一条款赋予两个语言区块正式的否决权。

四、比　例　性

比例原则也代表着对多数决定原则的一个显著偏离，就像相互否决，它同大联盟原则也是紧密结合在一起的。比例原则承载着两个主要功能。其一，它是在不同区块中分配公职以及通过政府补充形式分配稀缺财政资源的一种方法。它可以同无限制的多数决原则——胜者全胜

(winner-take-all)——形成对比。因为在最小获胜联盟的背后潜藏着一个动机,即在尽可能少的参与者中间进行政府分赃;如果按照比例分配的原则,最小获胜联盟就相对无利可图,因而其接受的可能性也较小。

比例性作为一个中立而无偏狭的分配标准,排除了决策过程中大量潜在的分歧问题,因此也减轻了协合政府的负担。比例原则一个更为重要的功能,甚至与决策过程有关。斯坦纳这样界定比例模型:"所有群体依照各自数量上的力量比影响决策。"在这方面,比例原则和大联盟也是联系在一起的:"在政策问题上,一个大致按比例分配影响力的模式,往往只有该决策被所有群体的参与者交涉时,才能得到保证。"[26]然而,比例原则为大联盟概念增加了一个限制:不仅所有的重要区块在决策机构中都应该有其代表,而且代表须按比例分配。比如,瑞士的"神奇公式"对联邦委员会的构成而言,就是一个比例公式。此外,在意大利,大联盟内阁也是通过尽可能忠实地反映两大盟友的选举实力而构成。

如果某个决策在性质上基本是二元的,如决定是否应该采取某项行动。内阁和其他决策机构依比例构成,也无法解决如何达到按比例分配影响力的问题。在这种情况下,即最终必须在多数决定或少数否决之间取其一,除非能够有自发性的一致同意,否则必然出现赢家和输家。此种两难境况没有解决办法,但有两种途径可以缓解这种状况,也可以看作是局部的解决办法。一种途径是,将若干议题结合起来,并通过互利的让步一起解决。这种途径通常被称为互利共赢(logrolling)或打包交易(package deal)。在奥地利,则被称为包裹提案(Junktim)。[27]

另一种途径是,将最困难和最攸关的决策,交付各区块最高领导层。比例原则在这个过程中是一个关键设置。依据英国模式的理想类型,多数决原则同时被运用到选民的决定和内阁的构成上。当每个选区的选民选出一名获胜者,从理论上讲,他们同时也就选择了一套明确的政策。接下来,由这些获胜者中的多数派支持的内阁,就开始执行获胜的政纲。在这个模式中,基本决策是根据多数决原则在选区层次作出的。与此构成鲜明对比的是,在比例代表模式中,则是尽可能拖延由多数决(或少数否决)作出决策。比例代表制作为一种选举制度,只是尽可能地让议会席位忠实地对应选票实力,而不是要求表决出一套政策。通过建立一个按比例构成的大联合内阁，或是更高级的机构如“联合委员会”或“培特卡”，决策问题再度被往后拖延。这种将政策决定推到最高层的办法，导致将决策权向一小群高层领袖手里集中。这样安排的优势在于，通过密切而秘密地协商，使实现“打包交易”的可能趋于最大，而强制否决的可能则趋于最小。

严格地讲，这种拖延与委托决策的比例代表制，其相反的那一极，不是英国模式的多数决，而是那种没有选举产生代表进行介入的多数决，如公民投票，特别是在此种公民投票具有创制权的时候。在这方面，瑞士就体现了一种奇特的混合：在国家行政层次采用比例委托制，有时则走向相反的极端，即直接民主和多数决。这一混合只在如下情况下才略作调整：与宪法相关的议题，必须同时获得全国和各州的多数决。

比例原则有两种变体，带来它对多数决的更大偏离：特意给予小区块超额代表，及代表权平等。后者也可被视为前者最大程度的扩展，即让少数或若干少数拥有超额代表，从而使它们的代表权与多数或最大群体的代表权相当。英国模型中的多数决，其实际后果就在于扩大了多数的代表权和影响。代表权平等和少数超额代表，都是为小区块提供保护和安全的安排，它们拥有相反的效应。当一个多元社会分化为两个规模不等的区块，在保护小区块方面，代表权平等可以作为比例原则的一个非常有用的替代方式。在区块规模不等的情况下，比例代表制只是反映了各区块的力量，却无法消除决策机构中多数与少数的对抗。比利时的内阁就是代表权平等的一个例子。依据1970年比利时的新宪法条文，内阁须由同等数量的说荷语和说法语的各部首长（不包括总理）构成。因而，说法语的少数族群得到了超额代表。

五、区块自治与联邦制

对多数决原则最后的偏离是区块自治。区块自治带来少数统治：在少数专属的事务领域，由少数自己来统治。这是大联盟原则在逻辑上的必然。与共同利益相关的一切事务,都应该由所有区块根据各自大致的影响力比例作决定。而其他的所有事务,一切决策及其执行都可以交由各区块去做。

将规则制定与规则适用的权力交付区块,政府财政也按比例配置给各区块,这对各种区块组织来说是一个强有力的推动。在多元社会的界定中有一个方面,就是社会的代表性组织随区块隔阂而建立。这就意味着,区块自治将强化一个本来多元的社会的多元性质。荷兰通过政党领袖根据比例原则组成临时大联盟,完成了 1917 年的学校协定并解决了投票权问题。有人将此解释为对亚文化间在这些议题上紧张关系的一个解决方案。但达尔德批评了这一点:“1917 年制定的重大‘协定’并不是对荷兰的区块隔阂的一种解决,相反,从很多方面看倒是其前奏。只有到 1917 年以后,荷兰的各不同集团才发展起强大的亚文化利益组织网。”[28]实际上,这里并不存在矛盾。在 1917 年以前,荷兰的柱状群聚就经常表现出利益分歧的个别亚文化,但从 1917 年起,由于采用了亚文化自治和按比例补助的政策,它们的组织网络被难以计量地加强了。至少在起初,正是协合民主的本质才使得多元社会更加彻底地多元化。其中的路径,不是取消或弱化区块隔阂,而是明确地承认它们,并将各区块转变为稳定民主的建设性要素。

区块自治的一种特殊形式是联邦制,虽然联邦制可以理所当然地适用于非多元社会。作为一种理论,联邦制与协合民主理论存在若干重要的相近之处:两者都不仅授予构成国家的各部分自治权(这是联邦制最重要的特征),而且都让较小的次级单位在“联邦”议院中获得超额代表。因而,联邦理论可以被当作协合民主理论一种有限和特殊的类型。同样,当多元社会是一个“联邦社会”(federal society,即每一区块在领土上集中并与其他区块相分离;或者换一种方式讲,区块隔阂与地域界限一致[29]),联邦制可以被用作一种协合民主的方法。由于低于国家层次的政府在实践中经常沿着领土界限而组织,因此,联邦制提供了落实区块自治理念的一个特别具有吸引力的方式。

相反,区块自治也可以被视为联邦理念的一般化。事实上,奥托·鲍尔(Otto Bauer)和卡尔·伦纳(Karl Renner)曾试图提出发展非领土联邦制，以作为奥匈帝国解决其民族问题的办法。他们指出，他们的提议是以“人身原则”为基础的联邦制，与通常的领土原则不同。每一个体都应该能够声明获得他希望隶属的民族，这些民族将成为自治的文化社群（Kuturgeneinschafte）。鲍尔明确地将这些文化社群，同经常并存且自主处理其宗教事务的天主教徒、新教徒与犹太教徒等宗教社群作了一个对比。[30]

在欧洲协合民主国家中，领土型联邦与非领土型联邦都扮演了重要角色。前一种类型在瑞士（下一章将对此作更具体的讨论）特别重要，自1970年以来在比利时也越发重要。在区块于地理上过于离散的地方，区块自治建立在人身原则上，例如荷兰和奥地利；并且，只要我们这里关注的是宗教—意识形态亚文化而不是语言共同体，比利时也是如此。奥地利是一个正式的联邦共和国，但是其区块自治体系主要是非领土型。应该指出的是，尽管将统治与管理的责任委托给领土上集中的区块，相比于委托给非领土性区块要容易，但是，实践证明这两种区块自治是可以并行不悖的。特别是在文化事务（教育与传媒）领域，荷兰、奥地利和比利时都已经广泛采用区块自治的方式。

六、分裂与国土分割

诺德林格之所以将联邦制与一般意义上的区块自治，排除在其多元社会的冲突调节方式之外，有一点就在于，这样做会使国家崩溃：“领土上分立的区块，加上联邦制授予的部分自治权，有时会进一步激发对更大自治权的要求。”而且，当这些要求不能得到满足，“分离与内战也就可能接踵而来”。[31]对这一观点的一个回答是，类似的反驳也可以针对协合民主的其他要素。比如，某一区块可能会过于频繁或坚决地使用（或威胁使用）相互否决权，以利于它从其他区块获得额外让步，而这种否决权滥用可能会引致暴力冲突。另一危险则在于，即使客观条件并不能使其要求合理化，某一区块依然坚持改变比例代表制，以得到于自己有利的超额代表。简而言之，协合民主的所有方式都必须谨慎而有节制地使用。其次，如果分离主义者根本性的情绪成分是强烈的，我们就很难想象，强制采用一个统一而集权的民主体系可以防止分裂。

针对诺德林格的意见，一个更为根本的反驳是：在任何情况下，都不应将分离看作多元社会中紧张关系的一种不可欲的后果。有三种类型的方法，可以用来应对多元社会中的政治问题，同时又保持民主社会的民主性。第一种，是通过同化消除或实质性地减少社会的多元性质，但这种方法（特别是在短期内）其成功的可能性较低。第二种，是协合民主的方法，这种方法接受多元分化作为稳定民主政体的基石。特别是，当第二种方法万一不可能成功，或者在尝试之后失败，逻辑上剩余的替代方案就是，将一个国家分为两个以上更为分离且同质的国家。

协合民主模型是介于统一的英国模型与国际外交的模型之间的一种类型。特别是就相互否决权的运用及其构成单位的行动自由看，它更接近于后者。当然，分离为主权独立的国家相比于区块自治是跨越了重要一步，但是，与协合民主隐含的基本假设并不矛盾。这一模型支持了弗尼瓦尔的评论：一个在地理上互相混合的多元社会，并不具备构成联邦的优势。“如果结合在一起的束缚变得难以忍受，以分离作为补救办法将随时发生。”[32]对于多元社会中区块在地理上的集中，与其消极地将其看作麻烦之源，不如将其视为具有积极的优势。比如，它容许采用联邦制作为协合民主的机制，或者以分裂作为最后的解决方案。区块在地理上互相混合才会产生真正的问题。因为这一状况排除了领土型联邦制作为区块自治的一种形式的可能性，因而限制了该社会选择采用影响不太深远的自治形式的机会。而且，只有伴随着少数人口的迁移，人们才能以国土分割的方式造就同质性的分立国家。

也有学者主张，即使在这些不利情况下也应该进行国土分割。一个显著的例子就是，在第二次世界大战结束时路易斯·沃思（Louis Wirth）就曾提出建议，“在即将展开的和平安置中，明智的做法将是：认识到民族分布在国界划定中的重要性；另一点，一旦民族的边界必将被破坏，就应该准备将人群迁移到与其性质更为接近的国家中。”为加强其观点的说服力，沃思举了一个“宝贵的先例”，即“1919 年至 1923 年的希腊—土耳其战争后，土耳其、保加利亚与希腊之间让人甚感满意的人口互换”。他同时总结说:“鉴于这些事件,人们不再认为少数族群的问题无法解决。”[33]另外一个更晚近的例子是诺曼·庞兹(Norman Pounds)围绕国土分割所作的讨论,尽管他认识到人口互换是棘手的,小国林立繁衍也并不值得追求,但他依然坚持认为,“国土分割及其后果,相对于(避免)国内冲突和内战来说,其代价可能是小的。”[34]

国土分割与人口迁移的代价问题(不仅应从必要的物质资源的角度看,也尤其应从其中涉及的人道苦难的角度看)是相对的,而且应该根据收益来衡量。但是有一点很清楚,相关的代价不应被低估。另一方面,国土分割值得被看作是一个严肃的可能性,且至少值得认真倾听。但在当前政治家和学者大多反对国土分割的氛围中,这一点不太可能实现。正如亨廷顿评论的:“20世纪对政治脱离(也就是分离主义)的偏见,其强度正如19世纪对离婚的偏见。只要一个地方存在分离的可能,当代政治家最好能以更多的宽容看待它。”[35]在学者当中,存在着反对政治脱离的偏见,这一点主要得到国际关系理论中的传统观点(即认为国家之间发生冲突的根源在于缺乏一个共同政府)的支持。赫德利·布尔(Hedley Bull)是少有的明确反对这一普遍假设的理论家之一。他认为:“对多数主权国家来说,这一传统危险的确不可抗拒,但这一威胁应被看作试图在单一政府框架内容纳不同社群的尝试中所固有的问题。”[36]在和平研究的领域,也存在类似的倾向,即反对以分离潜在敌人的方式来实现和平(这种和平被贴上了“消极”和平的标签)。人们致力于追求在一个整合而正义的社会中,以兄弟般的感情为基础的和平,也就是“积极”和平。[37]

七、协合民主的劣势

由于协合民主模型不仅可以用来经验性地解释一系列欧洲小国民主政治的稳定性,而且可以作为世界上其他地方多元社会的一个规范性实例。因此,有必要对其真实的与人们声言的劣势作出评估。这些劣势大致说来有两类:一是批评协合民主不够民主;二是批评其不足以实现一个稳定而有效率的政府。

如果有人认为，存在一个有力的反对派乃民主的基本要素，那么协合民主就其定义看，是不如英国的“执政—反对”模式民主。大联盟政府必然带来立法机关中一个相对弱小的反对派，或者缺乏任何正式的反对派。这样的反对意见并非全然公平：在同质社会中，存在一个有力的政治反对派可以在很大程度上实现，但是，这一标准并不能用来评估多元社会的政治表现。在区块隔阂的不利环境中，协合民主虽然离抽象的理想很遥远，但却是能够现实期待的民主政体中最好的类型。上述反对意见还犯了一个错误，即它假定政党会在执政与反对之间轮替。正如前面讨论的，区块隔阂往往缺乏弹性，且不允许政党间大量的选票流动。一直排斥少数区块参与政府，这不能被认为很民主。应该指出的是，大联盟并不完全否定反对派。只要存在大联盟必须对其负责的议会或其他机构，则批评意见不只指向整个联盟，甚至更多地是指向联盟中他党支持的成员。这就是奥地利在天主教党—社会党大联合期间所讲的“反对另一政党同意管辖下的事”(Bereichsopposition)[38]。

针对协合民主模式的民主性，另一批评意见则认为，民主无法实现其三位一体，即自由、平等和博爱。个体所属的区块，横亘在个体与全国性社会及政府中间，而该区块的同质化可能是压迫性的。协合民主模式，类似于威廉·科恩豪泽(William Kornhauser)所作分类中的“部落社会”(communal society)。在这类社会，就中间团体通常“涵盖其成员生活的方方面面”而言，它们是“无所不包”的。[39]但是，一个高度同质而一致的社会，对个体的自由可能具有同样的抑制效应。协合民主使多元社会的分化转化为更加同质而自足的各个部分，这并不矛盾。

不同区块的分立与自治，即它们必须自我管理自身事务。这至少在如下两个方面影响了平等理念。其一，协合民主关注各群体受到平等与按比例的对待，甚至关注个体平等。其二，区块分离与自治对实现全社会的平等，可能构成障碍。在区域性不平等方面，联邦式民主国家往往比单一制民主国家严重，在主权国家之间也比在联邦国家内严重。[40]就这个方面看，协合民主模式也是介于英国模式与国际政治模式之间的。另一方面，区块分离并非与区块平等根本上不相容。事实上，荷兰的天主教、加尔文教派与社会主义等亚文化及其组织，通常被描述为解放运动；在协合民主的框架下，它们也多少实现了它们的目标：在荷兰的全国性政治生活中获得完全而平等的角色。分离或许倾向于不平等，但并不内在地导致不平等。

以民主三位一体中的第三要素看，协合民主不是一个理想的政体。博爱意味着“积极”和平，而只具有“消极”和平的协合民主相比之下就黯淡得多。但是，和平共存的意义也不应被小视。相应的问题不在于从抽象意义上讲两者中的哪一个更值得追求，而在于哪一个目标可以现实地达成。积极而博爱的和平，显然比仅仅是和平共存更值得追求。但是，在一个多元社会，民主地和平共存，比之于非民主的和平以及因区块冲突引发的不稳定民主，都要大为可取。

对协合民主的民主性，最后一种反对意见则认为，协合民主要求了诺德林格所讲的“结构化的精英支配”；反过来讲，就是所有的非精英群体都要充当被动和顺从的角色。一方面，区块领袖背负着实现政治和解并向其他区块的领袖作出让步的艰难任务，另一方面，又要保持对他们身份和地位的信心。因此，如果让他们拥有相当独立的权力和安全的领导地位，将是有益的。但这并不会带来半独裁的形势。诺德林格指出，结构化的精英支配并不“必然或甚至经常产生对非精英的压制。（它）往往通过大幅度地回应非精英的愿望和需求而得到调节。在开放的政体中，非精英一般都会对他们领袖的要求和控制设定外部限制”[41]。协合民主与下面的情况也不是不相容的：由区块的非精英成员相当程度地参与区块组织。实际上，洛温就讨论过五个欧陆小型民主国中的区块多元化，他分析道：“整体来看，参加志愿性组织的情况不是变少而是变多了。”一个显而易见的理由是，“在所有其他方面都平等的情况下，社会经济结社的领域越多元化，所有层次上可供给的位置也就越多。”[42]此外，我们不应拿协合民主的精英主义与“所有公民权利平等并参与”这一理论上的（也是天真的）理想作比较，而应该拿它与所有类型民主政体中常态的精英支配程度作比较。当然，就算这样比较，也不过揭示了两者的差异，而不是显著的对比。

或许对协合民主最严肃和最根本的批评，关注的并不是其不民主的特征，而是它在带来并维系政治稳定上可能会失败。协合民主的若干特征可能导致无决断力和无效率:(1)由大联盟组成的政府,意味着决策将是迟缓的。在一个政策范围相对窄的小联盟内实现一致意见,比在一个涵盖多元社会所有范围的大联盟内要容易得多。在其他条件都一样的情况下,最小获胜联盟于一开始就比大联盟容易形成,其中的一个理由就在这里;(2)互相否决暗含着进一步的危机,即决策可能完全瘫痪。这可能导致停滞和动荡,而这恰恰是协合民主本来就想避免的;(3)比例原则作为招募公职的一个标准,导致隶属特定区块的成员身份相比于个人的特长具有更大的优先性,并且可能因此牺牲行政效率;(4)从字面意思看,区块自治的花费不小。它要求增加政府和行政单位的数量,并为不同区块分别设立为数众多的机构,这都使协合民主成为一种代价高昂的政府形式。

最大的问题还是瘫痪这一点。相比之下,行政无效率和成本高都是比较次要的。但是,必须指出一点,造成这些次要缺点的协合民主特征,或许在决策步调和效果上发挥积极作用。比如,斯坦纳就认为,在瑞士"依靠联邦结构,各种要求在不同政治层次分解",这就使在国家层次"输入的要求相对地少",相应地,就减轻了国家层次的决策负担并减少了瘫痪的可能。[43]相近地,比例原则对于资源和职位分配来说也是一个方便而省时的办法。

还有,必须区分短期效应与长期效应。从短期看,在多元社会,一个对抗的体系比协合民主更有决断力和效能。但是,这些有利的结果可能要付出代价。即,那些被排斥在政府之外的区块,以及那些感到(不管应当与否)不公正对待的区块,它们的对抗和怀疑情绪上升。因此,短期的效率从长期来看,可能会导致国家的崩溃。相反,从短期来看,协合民主可能显得迟缓而笨重,但是随着时间的推移,它却更有可能出台有效的决策,特别是在政治领袖们学会了适度使用相互否决权的时候。欧陆协合民主的经验表明,僵局和动力瘫痪并非完全不可避免。

对协合民主的最后一种批评,既涉及民主的性质也涉及民主的稳定性。"执政—反对"模式具有的优点在于,不满意的公民可以对政府投反对票,而无需反对这个政体本身。在协合民主中,政府与政体是一致的。因此,对政府的表现不满,很快就会转变为对政体的不满。尽管这的确是一个严重的缺点,但还不必然是致命的。如果选民的不满情绪是被新兴政党调动起来的,这些政党可能是反体制、反政体的,但未必是反民主的。而且,协合民主的典型选举制度是比例代表制,因此新兴政党能够轻易地在政治过程中获得发言权。这就是荷兰的协合民主在 20 世纪 60 年代晚期开始崩溃时发生的情况。摒弃协合民主相对容易这一点,使民主政体更有可能得到存续。针对"协合民主的民主性不充分"的各种指责,这个观点也可以作为最后驳斥:当人们感到协合民主的这些缺点日益成为一种负累,尤其当社会变得较不多元,而让人们越来越觉得协合民主不再必要时,要从协合民主转变为更具竞争性的民主政体,这并不太困难。

注　释

1. Martin O. Heisler(ed.), *Politics in Europe: Structures and Processes in Some Postindustrial Democracies*, New York: McKay, 1974, p.52.

2. William H. Riker, *The Theory of Political Coalitions*, New Haven: Yale University Press, 1962, pp.32—33.

3. Ibid., pp.29, 51, 88—89, 103.关于多数决原则在多元社会中的不适应性,也可参见 Ronald Rogowski, *Rational Legitimacy: A Theory of Political Support*, Princeton: Princeton University Press, 1974, pp.77—142。

4. 即使是在非协合式的议会体系中,内阁联盟也经常偏离最小获胜的常规。参见 Hans Daalder, "Cabinets and Party Systems in Ten Smaller European Democracies," *Acta Politica*, Vol.6, No.3, July 1971, pp.282—303;以及 Michael Taylor, and Michael Laver, "Government Coalitions in Western Europe," *European Journal of Political Research*, Vol.1, No.3, September 1973, pp.205—248。

5. Gabriel A. Almond, "Comparative Political Systems," *Journal of Politics*, Vol.18, No.3, August 1956, pp.398—399.

6. Jean Jacques Rousseau, *The Social Contract*, G.D.H.Cole(trans.), New York: Dutton, 1950, p.107.

7. 引自 Carl J. Friedrich, *Constitutional Government and Democracy: Theory and Practice in Europe and America* (rev. ed.), Waltham, Mass.: Blaisdell, 1950, p.422。

8. Robert A. Dahl, "A Bipartisan Administration," *New York Times*, November 14, 1973.

9. Julius Nyerere, "One-Party Rule," in Paul E. Sigmund, Jr.(ed.), *The Ideologies of the Developing Nations*, New York: Praeger, 1963, p.199.

10. Val R. Lorwin, "Belgium: Religion, Class, and Language in National

Politics," in Robert A. Dahl(ed.), *Political Oppositions in Western Democracies*, New Haven: Yale University Press, 1966, p.178.

11. Brian Barry, "The Consociational Model and Its Dangers," *European Journal of Political Research*, Vol.3, No.4, December 1975, p.405.

12. Christopher Hughes, *The Parliament of Switzerland*, London: Cassell, 1962, pp.69—83. 也可参见 Max Petitpierre, "De quelques problèmes concernant le Conseil fédéral, " in *Annuaire suisse de science politique*, Vol.7, Lausanne: Association Suisse de Science Politique, 1967, pp.7—16。

13. 自1945年至1947年,有一位共产党员被吸纳到联盟中;参见 Karl-Heinz Nassmacher, *Das österreichische Regierungssystem: Grosse Koalition oder alternierende Regierung?*, Cologne: Westdeutscher Verlag, 1968, pp.98—99。

14. Val R. Lorwin, "Belgium: Religion, Class, and Language in National Politics," in Robert A. Dahl(ed.), *Political Oppositions in Western Democracies*, New Haven: Yale University Press, 1966, pp.414—415.

15. Rudolf Schlesinger, *Central European Democracy and Its Background: Economic and Political Group Organization*, London: Routledge and Kegan Paul, 1953, pp.268—269. 培特卡并非真正的大联盟,因为它将少数民族排除在外。

16. 参见 Christian Dominicé, "Le Système gouvernemental suisse comparé à d'autres types de gouvernements," in *Annuaire suisse*, Vol.7, pp.39—67。

17. Robert A. Dahl(ed.), *Political Oppositions in Western Democracies*, New Haven: Yale University Press, 1966, p.351.

18. Mattei Dogan, and Maria Scheffer-Van der Veen, "Le personnel ministérial hollandaise(1848—1958)," in *L'année sociologique* (3d ser.), Paris: Presses Universitaires de France, 1958, p.100.

19. 参见 Arend Lijphart, *The Politics of Accommodation: Pluralism and Democracy in the Netherlands*, Berkeley: University of California Press, 1968, pp.134—137。

20. Hans Daalder, "The Netherlands: Opposition in a Segmented Society," in Robert A. Dahl(ed.), *Political Oppositions in Western Democracies*, New Haven: Yale University Press, 1966, p.218.

21. Val R. Lorwin, and Marc Vermang, "Conflict and Compromise in Belgian Politics," *De Christelijke Werkgever*, No.12, December 1964, p.13.

22. Alexander Vodopivec, *Wer regiert in Österreich?* Vienna: Verlag für Geschichte und Politik, 1962, pp.25—32.

23. John C. Calhoun, *A Disquisition on Government*, C. Gordon Post(ed.), New York: Liberal Arts Press, 1953, p.28.

24. Ibid., pp.37—38, 52. 也可参见 George Kateb, "The Majority Principle: Calhoun and His Antecedents," *Political Science Quarterly*, Vol.84, No.4,

December 1969, pp. 583—605；以及 Giuseppe Di Palma, *The Study of Conflict in Western Society*：*A Critique of the End of Ideology*, Morristown, N. J.: General Learning Press, 1973, pp. 10—13。

25. Lode Claes, "The Process of Federalization in Belgium," *Delta*, Vol. 6, No. 4, Winter 1963—1964, p. 45.

26. Jürg Steiner, "The Principles of Majority and Proportionality," *British Journal of Political Science*, Vol. 1, No. 1, January 1971, p. 63.

27. Gerhard Lehmbruch, *Proporzdemokratie*：*Politisches System und politische Kultur in der Schweiz und Österreich*, Tübingen：Mohr, 1967, pp. 26—29.

28. Hans Daalder, "The Consociational Democracy Theme," *World Politics*, Vol. 26, No. 4, July 1974, p. 616.

29. 参见 Michael B. Stein, "Federal Political Systems and Federal Societies," *World Politics*, Vol. 20, No. 4, July 1968, pp. 721—747。

30. Otto Bauer, *Die Nationaltätenfrage und die Sozialdemokratie*, Vienna：Wiener Volksbuchhandlung, 1907, pp. 353—363. 也可参见 Karl Renner, *Das Selbstbestimmungsrecht der Nationen in besonderer Anwendung auf Österreich*, Leipzig：Deuticke, 1918；Carl J. Friedrich, "Corporate Federalism and Linguistic Politics,"论文宣读于 the Ninth World Congress of the International Political Science Association, Montreal, 1973；以及 Karl Aun, "Culture Autonomy of Ethnic Minorities in Estonia：A Model for Multicultural Society?"论文宣读于 the Third Conference of Baltic Studies in Scandinavia, Stockholm, 1975。

31. Eric A. Norlinger, *Conflict Regulation in Divided Societies*, Occasional Papers in International Affairs, No. 29, Cambridge, Mass.: Center for International Affairs, Harvard University, 1972, p. 32. 也可参见 Charles D. Tarlton, "Symmetry and Asymmetry as Elements of Federalism：A Theoretical Speculation," *Journal of Politics*, Vol. 27, No. 4, November 1965, pp. 861—874。

32. J. S. Furnivall, *Netherlands India*：*A Study of Plural Economy*, Cambridge：Cambridge University Press, 1939, p. 447.

33. Louis Wirth, "The Problem of Minority Groups," in Ralph Linton (ed.), *The Science of Man in the World Crisis*, New York：Columbia University Press, 1945, p. 372.

34. Norman J. G. Pounds, "History and Geography：A Perspective on Partition," *Journal of International Affairs*, Vol. 18, No. 2, 1964, p. 172.

35. Samuel P. Huntington, "Foreword", in Eric A. Nordlinger, *Conflict Regulation in Divided Societies*, Occasional Papers in International Affairs, No. 29, Cambridge, Mass.: Center for International Affairs, Harvard University, 1972, p. vii. 此外，经常被归因于国家规模过小的缺点也不应被夸大。达尔和爱德华·R.塔夫特(Edward R. Tufte)就曾断言："一个国家生存下来的几率，并不

显著地取决于它的大小。"参见 Robert A. Dahl, and Edward R. Tufte, *Size and Democracy*, Stanford: Stanford University Press, 1973, p.122。此外,针对82个国家的236个变量所作的分析也表明,国家规模(以人口而论)与其财富(人均国民生产总值)实际上并不相关,参见 Jack Sawyer, "Dimensions of Nations: Size, Wealth, and Politics," *American Journal of Sociology*, Vol.73, No.2, September 1967, pp.145—172。

36. Hedley Bull, "Society and Anarchy in International Relations," in Herbert Butterfield, and Martin Wight(eds.), *Diplomatic Investigations: Essays in The Theory of International Politics*, London: Allen and Unwin, 1966, p.50.也可参见 Arend Lijphart, "The Structure of the Theoretical Revolution in International Relations," *International Studies Quarterly*, Vol.18, No.1, March 1974, pp.41—74。

37. 参见 Johan Galtung, "Violence, Peace, and Peace Research," *Journal of Peace Research*, Vol.6, No.3, 1969, pp.183—186。

38. Otto Kirchheimer, "The Waning of Opposition in Parliamentary Regimes," *Social Research*, Vol.24, No.2, Summer 1957, pp.127—156.

39. William Kornhauser, *The Politics of Mass Society*, New York: Free Press of Glencoe, 1959, pp.83—84.

40. 参见 David R. Cameron, and Richard I. Hofferbert, "The Impact of Federalism on Education Finance: A Comparative Analysis," *European Journal of Political Research*, Vol.2, No.3, September 1974, pp.225—258。

41. Eric A. Norlinger, *Conflict Regulation in Divided Societies*, Occasional Papers in International Affairs, No.29, Cambridge, Mass.: Center for International Affairs, Harvard University, 1972, pp.73—74.

42. Val R. Lorwin, "Segmented Pluralism: Ideological Cleavages and Political Cohesion in the Smaller European Democracies," *Comparative Politics*, Vol.3, No.2, January 1971, pp.157—158.

43. Jürg Steiner, "The Principles of Majority and Proportionality," *British Journal of Political Science*, Vol.1, No.1, January 1971, p.69.

第三章
实行协合民主的有利条件

尽管各个区块被深刻的隔阂分开了，但协合民主需要区块领袖展开合作。因此，领导人必须至少对民主实践和保持国家统一有着某种使命感。他们也必须基本上愿意以温和的态度和妥协的精神与其他区块领袖一道努力。同时，他们又必须保持追随者对自己的支持和忠诚。因此，精英必须持续在艰难的平衡中行动。这里有两个关键，当然不仅仅是这两者。用达尔德的话讲，一是“政党领袖比其追随者更具包容性的程度”，以及他们“能够带领其追随者向前走的程度”。[1]这里所讲的“追随者”，主要不是指一般大众，而是更明确地指涉中间层次的群体，我们也可以将其描述为政治的次精英行动者。因为一般大众往往更被动也不关心政治，因而对精英和解的可能性不会构成大的威胁。[2]

领导的角色显然是协合民主中的关键要素。斯坦利·霍夫曼（Stanley Hoffmann）就批评说：“理论上的努力已经产生了太多的政治体系类型和模式，这些类型和模式又处在脱离政治领袖角色及其影响的抽象层面。”[3]但是，这一看法显然不适用于协合民主模式。强调精英的角色具有理论优势，它有利于解释被预期为不稳定政治体系的政治稳定性。因此，这一模式的解释力值得认真对待。但基于同样的理由，其预测力也相当有限。相对于一般大众，精英的行为好像更难捉摸，也更难作经验性概括。如果某个协合民主已然运转一段时间，通过分析其制度上的机制和精英操作的方法，我们就可以取得预测其能否成功存续的依据。但是，预测一个不稳定的民主能否或是否将因采用协合民主模式而变得稳定，这要困难得多。因为,这一点受制于精英行为的蓄意变动。

然而,通过辨析有利于形成精英合作并促使非精英稳定地支持的条件,我们可以提高协合民主的解释力和预测力。通过对欧陆四个协合民主国与西方其他民主政体的比较研究,如下要素在这方面看起来非常重要:权力多重平衡,国家规模小,横跨性忠诚(overarching loyalty),区块分离,已有的精英合作传统,以及横贯隔阂的存在(尽管这一点比较薄弱和模糊)。这些要素推动了区块领袖之间的合作,以及追随者的忠实支持。就此而言,它们不仅有利于在多元社会建立协合民主,而且有利于在协合民主建立后维系并强化它。

同时值得强调的是,本章即将讨论的实行协合民主的有利条件,虽然有助于解释协合民主何以成功,但它们既不是必要条件也不是充分条件。即使当所有的条件都不利,要实行协合民主或许困难,但不应被视为不可能。相反,一个完全有利的背景条件形成,虽然将大大推动,但并不保证协合民主的成功实践。就像阿尔蒙德在他最近的著作中总结的,"政治中的选择是受限的,但却是不确定的。"这一结论对"政治科学"来说可能是让人失望的,"但是对解决政治问题来说,或许有让人满意的理由"。协合民主理论符合阿尔蒙德所讲的"强调机动余地、自由范围和冒险空间的政治科学文献"[4]。

一、权力平衡

相比较权力的二元平衡或某一区块的霸权,多元社会区块间权力的多重平衡更加有利于实行协合民主。因为,如果某一区块拥有明显的多数,其领袖可能会试图支配敌对的少数,而不是与后者合作。如果一个社会有两个规模大致相当的区块,这两个区块的领袖或许都希望赢得多数,并通过支配而不是合作来实现他们的目标。达尔在讨论权力的二元平衡时就总结道:"即使一个政治体系有着两个统一的政党……激烈的竞争并非不可避免。然而,从联盟转向竞争的诱惑必将非常强烈,特别是对那些相信可以赢得多数票的政党而言,就更是如此。因此,在一个两党体系中,联盟本身就带有严峻的压力,而且可能倾向于一种不稳定的解决方案。"[5]莱姆布鲁克根据奥地利的大联盟必须在权力二元平衡中运作的例子,证实了这一判断:"联盟的两极结构强化了彼此之间的敌意。"[6]相反,达尔德将荷兰协合民主的成功,部分归因于所有亚文化都处在少数的地位:"区块化的分歧后果,受到如下情况的缓和:所有亚文化都没有很大机会获得独立的多数。"[7]这里的"权力"(可能是也可能不是处在均衡状态),主要意味着各区块的数字化实力。在民主政体中,此种实力可以通过选举实力来体现,并同时转化为议会席位。尽管,不平等的经济力量和文化优势的影响可能也是一个重要的因素。

权力多重平衡的概念,包含两个独立的元素:(1)区块间的均衡或大致的均衡;(2)至少存在三个不同区块。这两个元素结合在一起,就意味着所有区块都是少数。然而,一旦其中某个元素被孤立地看待,就会招致两种针对它们的反对意见。首先,"至少"三个区块的"多重"权力架构,这一要求意味着:群体越是尽可能地多,也就越为可取。实际上,比之于一个有着相对多的区块的社会,一个拥有相对少(比如三个或四个)的区块的社会,对协合民主构成了更加有利的基础;比之于一个高度分化的社会,区块相对少的社会也大大有利于实行协合民主。其中的原因在于,随着参与协商的群体数量的增加,它们之间的合作也就变得更加困难。然而,根据同样的观点,一个二元分化的社会,应该比三元分化的社会要好。但是,就像前面已经提到的,二元化社会的问题在于它会导致霸权或不稳定的平衡。适中的多元结构比二元结构可取,其中的原因在于,它不会轻易地导致将政治诠释为一场零和游戏。斯坦纳写道,如果只存在两个区块或亚文化:"一方的所得很容易被感知为另一方的所失。但是,在存在众多亚文化的情况下,若某一亚文化改善了它的处境,谁受到了损失就不是非常清楚。因此,这种情况可能导致互相合作的情境:在此情境中,每一亚文化主要关注的是它自己的所得,而没有人会考虑一个决策的代价。"[8]

但斯坦纳的观点也不应被过分放大,因为它好像暗含着一个判断:一个社会区块越多,其状况也就越好。事实上,有几位学者也这样认为。比如唐纳德·L.霍罗威茨(Donald L. Horowitz)就对比了两种状况。一种状况是存在几个大群体,“一个群体的要求往往意味着另一个群体付出代价”;另一种状况是存在分崩离析的诸多小群体,“中央拥有一定的弹性,有时也能够以不必然损害其他群体利益的方式,答应某一群体的要求”。他进一步表明,群体的大量增加会接纳中央以“中立裁判者”的角色施加干预。[9]如果这个“中央”是大联盟,它在完成协商和交涉任务外,若还能充当不偏不倚的仲裁者,这的确将提高其效能。但是,协商和交涉的任务毕竟更为根本,而且可能会因太多区块的参与而受阻。所以,最理想的区块数目仍然是三到四个。

对多重权力架构理念的第二种反对意见认为,它仅仅是以间接的方式表明,多数或近于多数(near-majority)的区块是一个不利因素。的确,区块的数目越大,某一区块取得多数地位的机会也就越小。但是,这并非必然意味着区块数目越大就越不会出现一个主导性群体。只有加上权力平衡的因素,才能保证所有群体都是少数的状况。然而令人遗憾的是,当这两个条件结合在一起时,它们就显得非常严苛。举例说,在各区块分别占总人口 40%、25%、25%、10%的四元权力结构中,分别来看,它是一个所有区块都为少数但并非多元平衡的情况。解决办法就是,以最大区块的大小(多数、少数或近于 50%)作为一个单独的指标,并将最大权重赋予它。其他两个要素(平衡或不平衡,以及两个、若干或众多)作为从属指标。

表 3.1 显示了这三个要素的不同组合,并按其对协合民主的潜在推力作了递减排列。由于该表共包含三个变量,其中两个变量均有三类情况,第三个变量有两类情况,因此理论上就有十八种不同的组合。但由于这三个变量彼此之间并非不相关,所以会出现若干组合之间的矛盾。比如,若存在一个多数区块,就不会有权力均衡;若最大区块是少数,则须至少存在三个区块;如此等等。排序建立在如下假设之上:最大区块的大小是最重要的变量,区块数目次之,权力分配最不重要。但是在有一些案例中,后两个变量的相对重要性需要调换一下,特别是当其中一个变量属于极端情形的时候。比如,在组合 4 中如果没有太过严重的不平衡,而组合 3 的权力分配虽然平衡但其群体数目却非常庞大,那么组合 4 可能就比组合 3 更为适宜。又如,组合 5 的权力分配是二元平衡的,而组合 4 的群体数目非常庞大且权力分配极不平衡,组合 5 则比组合 4 更为适宜。

表 3.1　有利于协合民主的区块数目与相对大小的递减排列

	最大区块的大小	区块数目	区块的相对大小	假设性例子(%)	分化指数(F)
1	少数	若干	平衡	33-33-33	0.67
2	少数	若干	不平衡	45-30-25	0.64
3	少数	众多	平衡	20-20-20-20-20	0.80
4	少数	众多	不平衡	45-15-15-15-10	0.72
5	50%	两个	平衡	50-50	0.50
6	50%	若干	不平衡	50-30-20	0.62
7	50%	众多	不平衡	50-15-15-10-10	0.68
8	多数	两个	不平衡	60-40	0.48
9	多数	若干	不平衡	60-20-20	0.56
10	多数	众多	不平衡	60-10-10-10-10	0.60

这里并非试图建立一个量化指标,来衡量这三个变量的组合影响。但此表的确展示了一系列假设性例证,以及它在道格拉斯·W.雷(Douglas W. Rae)和迈克尔·泰勒(Michael Taylor)的分化指数(F)中的对应值。雷和泰勒对“分化程度”是这样界定的:在一个社会中随机抽取两个个体,看他们隶属于不同群体的概率。指数从0变化到1。完全同质的一个社会,其指数为0,因为在这种社会任何两个个体隶属于不同群体的概率显然为0。另一极端是一个假设性情形,即在这种社会,每一个体都隶属于一个不同的群体,在此情况下所得指数为1。[10]随后,这一指数将会频繁用于测量不同的多元社会的同质程度与异质程度。在这里,应该注意的是,从这一指数还无法获知权力平衡三个方面的组合性影响。当区块的大小越发平衡,指数就会上升;而当区块数目减少,指数就会下降。

奥地利与荷兰相当符合表3.1的分类。奥地利的三个亚文化中,自由主义—民族主义政党在规模上可以忽略,而天主教和社会主义这两大政党的实力大致旗鼓相当:也就是组合5中的两极平衡。荷兰四大柱状群聚的相对大小,被估算为天主教占34%,社会主义占32%,新教徒占21%,自由主义占13%。[11]因此,可将荷兰归入组合2。瑞士不能被轻易地归类。前面已经谈到,瑞士的区块多元化程度低于其他协合民主国。在瑞士,有个明显的迹象,即人们不能像在其他三个国家那样,敏锐而轻易地将其区块辨别出来。瑞士有天主教、社会主义以及激进主义(也就是自由主义)政党等,但是这些政党并未明确地代表各个亚文化。当斯坦纳谈到瑞士的政治亚文化时,他所指的是小得多的群体。语言与宗教群体的横切造成了分离的亚文化,而这些亚文化又进一步分化为“片区亚文化”。斯坦纳强调,这些群体为“真正的亚文化而不仅仅是统计意义上的群体”[12]。每一片区都有其独特的亚文化,瑞士相应地也就拥有超过二十五个亚文化,这种看法可能是夸张了,但瑞士无论如何也应归于有“众多”而不是“若干”区块的社会,因此可以归入组合 4。

比利时是最难归类的国家。比利时的天主教、社会主义与自由主义等精神性派别都是少数,它们的大小又是递减的。因此,归入组合 2 好像最为合适。但是,天主教亚文化接近于多数地位,因此,比利时又近于组合 6。这在比利时的政治生活中是非常重要的因素。就像卢西恩·哈伊塞(Lucien Huyse)指出的,有一点非常显著,在忠诚问题和学校冲突的发展中,最狂暴的事件发生在天主教政党选举获胜以后。[13]比利时更为复杂的情况在于,它在语言上两极分化。这两个语言社群都担心被对方支配:说法语的比利时人担心说佛兰芒语的比利时人在人数上占优势;而说佛兰芒语的比利时人又忧虑并怨恨说法语的区块在经济和文化上居支配地位。在这个意义上,比利时符合组合 5。但由于其语言隔阂与亚文化分歧并不一致,因此,或许最好将比利时看作组合 4 的一个例子,也就是有着相对众多的少数区块的那一类。

重要的是,所有这四个协合民主国家,都属于表 3.1 的前五类。而且,它们都没有一个支配性的多数。不过,证据并不是十分明确。在奥地利,尽管天主教政党选举获胜,但在 1945 年大联盟还是开始了。必须承认的是,天主教政党之所以获胜,更多的不在于它固有的实力,而在于大量的奥地利人被暂时剥夺了选举权。而在瑞士,天主教政党在九个片区都拥有绝对多数,但这些片区的行政机构不过和其他没有多数政党的片区一样,都采用了大联盟的形式。[14]这样一来,人们就不能总结说,多数区块的存在是协合民主的绝对障碍。

二、多党体系

在实行自由选举的多元社会,明显的社会区分往往转化为政党体系的隔阂。政党可能是区块组织化的政治呈现。存在这样的区块政党,对协合民主是有利的。它们能够充当相应区块的政治代表,并提供一个遴选即将参与大联盟的区块领袖的好办法。当然,政党不是能够承担这一功能的唯一结构。在区块于区域上集中的多元社会以及实行联邦体制的多元社会,代表的功能可能是由州政府或在全国性立法和执行机构中的州代表行使,或是由其承担另外的代表功能。

若给定区块型政党的可能性与好处,从表3.1我们就可以推论出,政党相对少的多党体系对多元社会是最优的。这一主张,挑战了两党制比多党制优越的传统看法。[15]举例来说,当分化出来的两个主要区块,像在奥地利那样于政治上体现为两党体系时,此二元模式比多党体系更不利于协合民主的形成与运作。阿尔蒙德和鲍威尔认为,奥地利的两党体系(不像意大利的多党体系)一直设法相当有效地聚集利益,这一点"减轻了……对奥地利政治体系带来的相对压力"[16]。然而,如果用协合民主的模式来解释奥地利民主的稳定性,得出的结论却恰恰相反:奥地利民主的稳定性,在很大程度上归因于敌对精英在大联盟中的合作;而两党体系,特别是在早些年,对这种横跨性合作是一种压力而非推力。

另一方面,上述主张与萨托利详细陈述的政党数目类型是一致的。萨托利将多党体系分为"适中"与"极端"两种类型。如果只计算主要政党(即那些具有"结盟潜力"或"勒索潜力"的政党,如法国和意大利的共产党),而忽略那些小型和边缘的政党,在适中的多党体系中,"三个或四个政党是最标准的"。而极端的多党体系,"至少需要五个政党"。萨托利还补充了一个脚注:"四个以上政党的相互作用,有助于说明离心模式的发展。"按照萨托利的说法,四党体系与五党体系的界分,比两党体系与多党体系的区别更为本质。然而,萨托利也赞成迪韦尔热和诺伊曼有关政党数目与民主稳定间关系的论断(参见第一章)。两党体系与适中的多党体系是向心的,而极端的多党体系则是离心的。按照萨托利的说法,“当一个政治体系的驱动力是向心的,人们就可以发现一个温和的政治;而不温和与极端的政治,正映射了普遍的离心驱动力。”极端的多党体系,比如战后意大利、法国(特别是在第四共和国期间)、魏玛德国,以及 1931 年至 1936 年的西班牙,就“导致了政府僵局和政府瘫痪”。[17]

在后来的著作中,萨托利不再在四党体系过渡到五党体系这个节点上,划清适中的多党体系与极端的多党体系的分界线。比如,他就将适中的政党体系界定为“相关政党为三个、四个或至多五个”。他还在其他地方表示,要求是“五个左右”但不必须或精确地“就是五个。”[18]迪韦尔热也在多党体系的类型间作过相似的区分:三党体系、四党体系,以及五个或五个以上政党的多元政党体系——这相当于萨托利所讲的极端多党体系。[19]

因此,在一个有着区块型政党的多元社会,适中的多党体系为协合民主提供了最为有利的条件,这一点与萨托利的理念一致。但是,对于这一明显的集中,还必须附加若干条件。首先,支持适中的多党体系的观点,只限于多元社会。在同质性国家,两党体系将比多党体系更稳定也更有效能;而且,就民主品质而言,两党体系也具有相当的优势。单独来看,两党体系能够建立一种纯粹的“执政—反对”模式,也有利于建立责任清晰的政府——如果下面的条件成立的话:取决于立法机构多数支持的内阁制政府,两党均为具有凝聚力的实体,以及内阁由一个政党组成而不是联合内阁。

其次,只有在所有政党都为少数政党的情况下,适中的多党体系才是一个有利因素;而且,这些政党在大小上不至于相差悬殊。在这方面,它与阿尔蒙德有关政党体系的理念形成另一对照。在政党体系中,阿尔蒙德最偏爱两党体系,其次是多党体系,在这个多党体系中,至少有一个政党是大型政党并能够广泛地凝聚利益。他所举出的例子之一,就是比利时的天主教政党。但正如本章之前提出的,该政党接近于多数地位,事实上具有一种分裂后果。[20]最后,在一个未适度区块化的社会,也就是那些只有两个显著区块的社会,或有五个以上区块的社会,相比于适中的多党体系，两党体系或极端的多党体系则更为可取。最为重要的准则是，每个政党必须清晰而独立地代表所有相应区块。比例代表制额外的一个优点是，它容许形成区块型政党，同时，它也不会刻意地强行组建规模更大但代表性更差的政党。

三、国家规模与协合民主

欧陆协合民主国家有一个显著特征，即它们都是小国。其中的最大国家荷兰，在 1960 年拥有的人口尚不到 1 200 万。事实上，在洛温归类到高度或中度区块多元化的九个国家当中，就有五个国家（低地国、奥地利与瑞士）是小国，其他四个国家（法国、意大利、德国与美国）则比较大；而且，所有小国都是协合民主国家，这与所有大国形成对照。[21]对于这一经验上的强关联性，应该怎样解释呢？小的国家规模，对协合民主的建立及其成功实践的可能性，同时有着直接和间接的影响。一方面，它有助于直接增强合作与和解的精神；另一方面，基于决策负担的减轻，国家变得容易治理，从而间接地增加了采用协合民主的机会。国家规模小的直接间接影响，同时源于小国的内在属性，以及它们与其他国家（特别是强权大国）在国际舞台上相对的外在地位。

国家规模小直接而内在的影响就是，政治精英更有可能认识对方并经常碰面。这一点，将更可能使他们不至于将政治看作一场零和游戏。也因如此，就像前面第二章讨论的，他们将选择合作而不是对抗的决策方式。斯坦纳对这一观点作了清晰的阐述："在小国，政治精英的数量与大国相比要少，因此政治精英之间频繁互动的可能性就相对增加。"这带来了相对高的彼此善意，而彼此善意高，则又使政治领袖们"不主张将政治感知为一场零和游戏（其中采用的是'全输全赢'的策略），因为在此类零和游戏中，赢方将失去输方的善意，这就使赢方必将为其所得而付出高昂代价"[22]。应当注意的是，这一观点与之前的观点不同。之前我们认为，往往会导致小国林立的国土分割，也可以作为特定条件下多元社会问题的解决办法。这种分割的结果是诸国家更为稳定，因为它们内部更加同质。但是，诸多小型多元社会有实现政治稳定的更好机会，不是因为它们的社会更加同质，而是因为它们的精英联系得更为紧密，以及马上就要讨论的国家规模小的其他后果。此外，国家规模对实现协合民主的可能性的直接内在影响并非线性的。当一个国家很小时，其政治人才的储备也将非常少。由于协合民主还需要既谨慎又有才能的领导，国家规模小只有在特定限制下才是一个积极因素。

国家规模因素的直接外部影响是，相比于大一些的国家，小国更有可能被其他权力威胁，并感受到这种威胁。这种脆弱和不安全的感受，提供了维系内部整合的强大动力。在面临巨大的外部威胁时，政治领袖将倾向于走到一起，而他们的追随者也更有可能支持区块间的合作。非常显著的是，在所有协合民主国家，走向这种政体的关键步骤，都是在发生国际危机或国家存亡受到特定威胁的时刻采取的。在奥地利和荷兰，协合民主的发端，可以明确地追溯到两国政治史特定的一个短暂时期，而协合民主没有例外地全都发生在国际危机之时，甚至是部分地由于这一危机而引发了协合民主的建立。奥地利的大联盟政府，主要是对第一共和国时期发生的国内冲突的回应；但重要的是，奥地利的协合民主，却启动于第二次世界大战之后它被盟军占领的时期。在荷兰，其内部分歧终于在1917年获得全面和平解决，并且为协合民主铺平了道路；但是，当时正值第一次世界大战向其边境逼来。在比利时和瑞士，采用协合民主是一个比较渐进的过程，但也部分地实现于外来威胁的阴影之下。比利时的结盟机制(unionism)(即天主教政党和自由主义政党的大联盟)开始于它为独立而斗争之时，但是当国家的生存看起来已得到保障的时候，这一机制就不再经常被运用。比如，在第一次世界大战期间，这一模式就再度被运用，之后不久，比利时向协合民主又迈进了重要一步——接纳社会主义者加入联合政府。而在瑞士，直到晚得多的时候，才走到接纳社会主义者加入大联盟这最后一步，而这同样发生在1943年的世界大战之时。[23]

不过，“外国威胁往往迫使争吵不休的精英们产生团结一致的需求”这一主张，还需要附加一个重要的限定条件，即：为产生一致的效果，此种威胁必须是所有区块都感知到的一大共同危险。特别是如莱姆布鲁克所指出的，当区块间的内在分歧与国际冲突相呼应时，“这将导致国际冲突在国内复制，尤其是在宗教性与民族性冲突的情况下”[24]。国内与国外裂痕相一致的情况，对两次世界大战中的比利时而言，都是一个比较重要的因素：佛兰芒人与德国在语言文化上的亲和性，以及瓦龙人与法国在语言文化上的亲和性，都加剧了该国的语言—区域冲突。而在瑞士，法语—德语裂痕也受到影响，不过并不太严重，而且仅仅发生在第一次世界大战期间。外国威胁对欧陆小型多元社会造成的唯一一次真正悲惨的后果，就是德国向奥地利施压要求与其进行国土合并，此举导致奥地利第一共和国“在新国家不稳定的政治结构下错误地划定边界后，被外部压力撕裂”[25]。然而，就总体而言，外部威胁还是增强了协合民主的稳固性。

国家规模小的间接影响，涉及决策问题。任何政体的稳定性，都可以从其能力与其承载的要求间平衡的角度来考虑。如果无需承载太过沉重的负担，任何一个政府都更有可能是稳定的。这一点对协合民主来说特别重要，因为管理区块分歧是一个缓慢而棘手的过程，这其中需要领导人相当的精力和技巧。国家规模小减轻了决策体系的负担。这里再度表明，必须区分内部与外部两方面，即制定国内政策的负担与制定外交政策的负担。

就间接内在的方面看，小国比大国更容易治理。因为，小国往往较为不复杂，即必须对其利益与态度予以考虑的群体与个体，在数量和种类上都要少。这也是欧内斯特·S.格里菲思（Ernest S. Griffith）在主张“在其他条件相同时，民主在小型国家更容易生存”[26]时所考虑的问题。就各个国家的复杂程度以及由此而来的决策负担，我们很难作精确的比较。但是，可以获得的理论和数据，都支持格里菲思的论断。达尔与塔夫特在全面评估了这些证据后，得出如下结论：“当其他条件都相同，特别是社会经济水平一致时，国家越大，其包含的组织与次级单元的数量就越大，而其容纳的组织化利益或利益集团的数量也将越大。”这就意味着，在民主国家之间，当所有其他情况都一样，“国家越大，其决策过程也就越复杂”。[27]

一个小国其决策负担的减轻，更重要的一点来自国家规模小的间接外在效应：小国在国际舞台上实力有限，它就不倾向于采取积极的外交政策，作为结果，在国际舞台上它也就更有可能避免面临艰难的抉择。当小国遵照一种中立政策时，特别是它采用中立政策并非出于自己的选择（自行选择外交政策将带来潜在的麻烦），而是来自国际上的要求，小国的优势就最大化了。本书讨论的所有这四个欧陆型协合民主国，都曾经在某一时期采取中立立场，其原因就在于主要强国明示或暗示的协议。[28] 如果一个小国为一多元社会，其规模和多元性，将使其内部冲突溢出而蔓延到国际空间；因此，当这两个因素相结合，将增加国际社会强迫其采取中立立场的可能性。

莱姆布鲁克则走得更远。他认为，因为"内部均衡的保持，是减轻施加在政治体系上的外部要求的前提"，决策的协合类型"看起来只能在小国运作"。[29] 达尔德批评了这一结论。他认为，在将国家规模小看作协合民主成功的绝对前提之前，必须研究一个问题。这个问题是，"大国在国际政治中采取积极立场，以及其所有的国内政治后果，是不是一个无法逃避的宿命？抑或是一个政治选择问题？"[30] 国家规模的大小与外交政策是否积极，这两者之间的确不存在必然的关系，但总体倾向还是相当明显的。举例言之，最近一项关于国际事务中大国与小国参与情况的系统研究表明，"大国确实比小国表现出更高的国际活跃度。"与预期的一致，社会经济的发展水平也是一个重要因素。但是，"在解释国际活跃度的差别时，国家规模要比发展水平更重要"。[31] 同一倾向的又一指标，是达尔和塔夫特的发现："一个国家在人口上越多，其用于国防的人均开支也就越大。这种相关性在民主国家体现得特别强。而且，我们会再次发现，尽管发展水平也和国防开支水平相关，至今为止最强有力的预测指标依然是国家规模。"[32]

针对命题"外交事务负担轻是实行协合民主的有利条件"，最后一个批评来自巴里，他论述道："好像没有理由可以表明，'协合民主'何以会使外交事务上的举措变得异常困难；而且，很明显的是，在战争期间，大多数非协合民主国都有包含所有政党的联盟存在，或许这更有利于应对外部威胁。"[33] 这一看法的弱点在于，它未能区分国家规模小的直接与间接的外部效应，也未能区分严重危机及战争处理与外交事务的常规举措。当然，战争要求作出最为攸关的决定，但是战争的有利效应是其直接性——将一国的政治领袖与其追随者团结到一起。同时，战争也会带来决策过程负担过重的潜在损害，但这一间接效应并非严重风险，因为战争的处理可能被置于首要地位，而其他问题则可能被忽略或拖延。

四、隔阂结构

当我们分析社会隔阂对政府表现与政治稳定的影响时，必须注意的第一个(同时也是最重要的)问题是：区分不存在重大隔阂的同质社会与显著的多元社会。但是，多元社会还必须根据其隔阂结构的诸面向作进一步区分。其中包括：隔阂的数量及其造成的分化度，不同隔贯横切或吻合的程度，隔阂的类型与强度，横跨性忠诚的消解效应，以及最后一点：区块隔阂与政党体系隔阂产生关联的方式。

让我们首先看一下四个协合民主国家中基本隔阂的数量、类型与分化度。这四个国家的主要隔阂在阶级、宗教以及语言(在比利时和瑞士)方面。因为这四个国家都是高度工业化社会，它们的阶级结构可以被视作基本相似。[34]但涉及其他两个变量，则存在重要的差异。表 3.2 显示了这四个社会在宗教与语言方面的分化度。这里采用的测量标准是雷与泰勒的分化(F)指数。[35]搜集宗教与语言分化的数据并非易事。表 3.2 中比利时的语言分化度，是以 1947 年的人口普查数据为基础算出的。其中，人口的 60.1%说荷兰语，其余的大多数则说法语。但是，这些数据普遍被

表 3.2　四个协合民主国家的宗教与语言分化度(约于 1960 年)

	宗教分化度	语言分化度
奥地利	.19	.03
比利时	.06	.48
荷　兰	.64	.02
瑞　士	.50	.04

资料来源：摘自 Bruce M. Russett et al.，*World Handbook of political and social indicators*(New Haven Yale University Press, 1964)，pp. 134—135，249—254；数据由伯恩联邦统计局提供，并加入了作者的估算。

认为不可靠。由于语言问题具有政治敏感性，因此，与语言相关的问题在1961年的人口普查中就没有被再次提及。然而，还是可以以不同区域的人口为基础估算出相关语言群体的实力。1961年，佛兰芒人占比利时人口的51.3%，瓦龙人占33.1%，说双语的布鲁塞尔人占15.6%。由于近80%的布鲁塞尔人说法语，佛兰芒人与说法语人群的比例约为54.4%比45.6%（不考虑大约占0.5%、人数极少的说德语人群）。[36]这一估算产生一个0.5%的分化指数，非常接近于表3.2中的指数。

瑞士的语言普查数据是完整而可靠的。但这里又存在另一问题：分化指数应该以居住人口总数为基础，还是仅仅以瑞士公民人数为基础？在大多数国家，这种差异不会太大，但生活在瑞士的外国人口数量非常庞大：依据1960年的普查，外国人占到了人口的10.8%。在语言上，瑞士的公民人口比总人口更为同质，这主要是因为有大量的意大利人生活在瑞士，而在所有说意大利语的瑞士居民中，只有38.6%的为瑞士公民。总人口的语言分化指数是0.47，而公民人口的语言分化指数则只有0.40。表3.2中呈现的是后一个数据（在后面的表格中，也将遵照将分析限定于公民的原则），因为它是与隔阂的政治影响更具相关性的数据。应当强调的是，虽然瑞士的语言种类多于比利时，但其仅计算公民以及计算总体人口的两项语言分化指数，都低于比利时。比利时的两大语言群体，比瑞士的语言群体更接近于势均力敌；在瑞士，说法语的人几乎占到人口的四分之三——在公民中占74.4%，在总人口中占69.4%。[37]

就语言看，奥地利与荷兰两国几乎都是完全同质的。奥地利1951年的普查表明，98.7%的奥地利人说德语。而在荷兰的普查中，还没有一项关于语言的问题。尽管在荷兰的一个北部省区，有一个说弗里斯兰(Frisian)语的少数人口，但荷兰语也几乎同时为每人所使用。因此，荷兰估计至少99%在语言上同质。

表3.2中的宗教分化指数，依据的是一种三分法：罗马天主教信徒，其他基督教信徒，以及信奉其他宗教或不属于教会的人们。荷兰和瑞士在这方面高度分化，而奥地利与比利时却更接近同质。如果把外来人口计算进去，瑞士的宗教分化度将略微提高——即0.52而非0.50。然而，当这一宗教三分法被运用到荷兰，就不让人满意了。因为，在荷兰的新教

徒中,普遍倾向自由主义的荷兰革新派(Dutch Reformed Church)与正统革新派(Orthodox Reformed Church)之间,存在着显著差异。在荷兰,宗教分类的五分法(即分为天主教信徒、荷兰革新派信徒、正统革新派信徒、其他新教徒以及无宗教信仰者)使其宗教分化指数高达0.71。然而,这仍然不是一个让人完全满意的分类法。因为,除了所从属的教会,也应该把信徒的虔诚程度考虑进去。有一种三分法,它部分地基于对出席教会的规律性的估算,与政治的相关性最大:恪守戒律的天主教信徒(34%)、正统的加尔文派信徒(21%)和无宗教信仰者(45%)。[38]这种分类法会产生一个0.64的分化度,与表3.2中所列的指数相同。

奥地利和比利时表面上的宗教同质性,强于事实上的宗教同质性。奥地利的天主教徒占89.4%,比利时的天主教徒占96.8%。但是,事实上这两个国家在恪守戒律的天主教信徒与未恪守戒律的天主教信徒之间,都存在着尖锐的宗教隔阂。在这两个国家,至多有近半数的人口是定期出席教会的。如果同时考虑虔诚程度与所属教会的情况,其宗教分化度则介于0.45与0.50之间。未能将虔诚程度考虑进去,导致奥地利与比利时在马里·R.豪格(Marie R. Haug)创建的"多元化指数"中评估偏低。这一"多元化指数"建立在"跨政体调查"(Cross-Polity Survey)中五个变量的基础上。这五个变量分别是:语言、宗教、人种、地方主义以及无组织群体的利益表达。奥地利可能在所有评估项目中都是最低的,也可以归入"可以忽略的多元化"范畴;荷兰次之,归入"适度的多元化"范畴;比利时再次之,归入"显著的多元化"范畴;最后是瑞士,即第四位,归入"极端的多元化"范畴。[39]由于语言分化,在多元化指数的总体评估上,比利时和瑞士的确应该高于奥地利与荷兰。但是,这四个国家的差异,还不足以让它们按照这一指数的整个间距依次排列。

五、横贯隔阂

当存在两个或两个以上的隔阂时,就必须检视这些隔阂之间如何相关。特别是，要看它们是否倾向于横贯或一致。在实践中，完全横贯和一致的隔阂鲜有发生，但隔阂横贯程度上的差异，基于两个原因而至关重要。其一，隔阂彼此横贯的方式会影响建立协合民主的机会，因为，它影响到区块的数量与相对大小，因此也就影响到区块间的权力平衡。其二，隔阂横贯对隔阂引致的感情强度有重要影响。前面已简要说明，阿尔蒙德分类法的理论基础之一，就是隔阂横贯或成员资格重叠；依据这一理论，隔阂横贯将引致温和的态度与行动的交叉压力。[40]考虑到另一多少有些不同的理由，不同隔阂横贯社会经济隔阂的程度非常重要。举例来说，如果宗教隔阂与社会阶级隔阂彼此横贯的程度高，不同宗教群体往往也会感觉到平等。另一方面，如果这两个隔阂相一致，其中一个群体就会对其地位的低下以及物质回报的不公分配感到怨恨。

四个协合民主国家的隔阂横贯程度，是以如下数据为基础测算的：1960 年在瑞士搜集的普查数据，以及 1956 年在比利时与荷兰，1963 年在瑞士，1967 年在奥地利搜集的相关民意调查数据。[41]这里使用了两个标准，用以测量隔阂横贯的程度。第一个是横贯的角度，从 90°(以直角完全横贯)到 0°(隔阂完全一致)。举例来说，当中产阶级新教徒与下层阶级新教徒的比率，同中产阶级天主教徒与下层阶级天主教徒的比率相同，这时，宗教与阶级隔阂就是直角横贯。当所有的新教徒都属于中产阶级，而所有的天主教徒都属于下层阶级，横贯角度就是 0°。[42]

在图 3.1 中，对主要隔阂的横贯情况有一个图形展示。职业，区分为体力与非体力两种，被用来作为衡量社会阶级地位的指标。[43]奥地利的回答者，则依据他们是否定期、偶尔或很少去教会作进一步区分。由于横贯角度只能以二分法的隔阂计算，宗教隔阂的第一条线依据定期去教会者与其他人的对比，第二条线则依据定期及偶然去教会者与很少或不曾上教会者的对比。在荷兰的例子中，仍遵循类似的计算程序。在这两个国家，宗教隔阂与阶级隔阂彼此横贯的角度几乎都是直角。[44]这一结果也适用于比利时和瑞士的情况。在比利时和瑞士，角度分别是 78°和 80°。为呈现语言隔阂与其他两种隔阂之间的关系，可能应该在三维空间中划出一个三平面彼此横贯的图，但这也可能带来更多的混淆而不是更多的启示。作为替代，阶级隔阂与宗教隔阂相互横贯形成的四个角度，再基于语

A. 奥地利

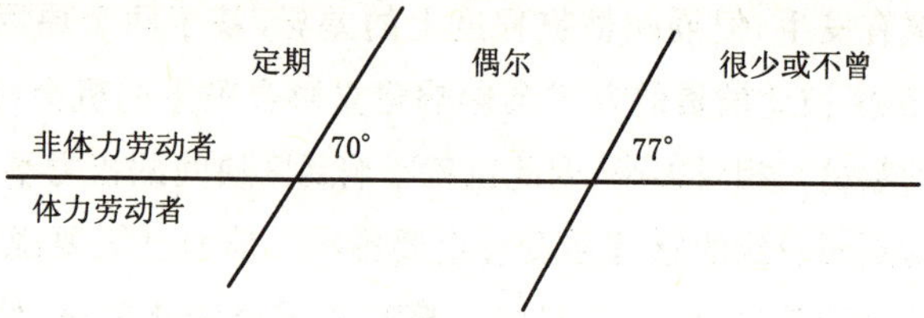

B. 比利时

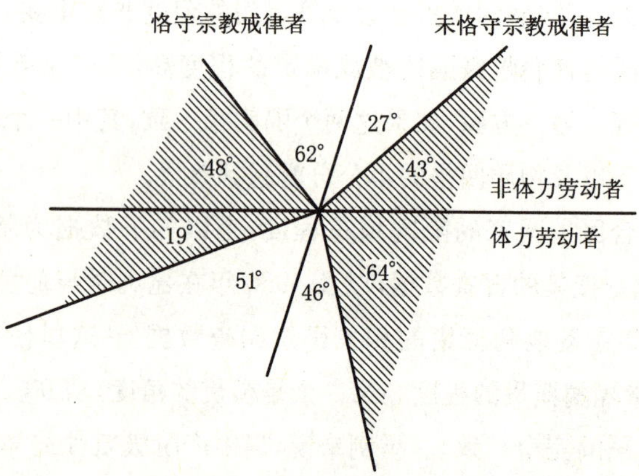

C. 荷兰

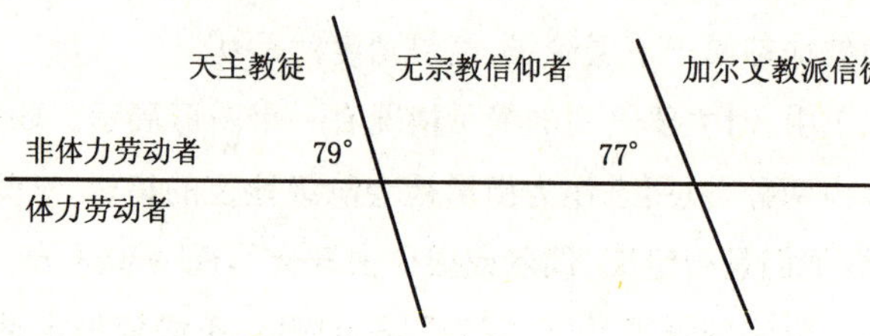

D. 瑞士

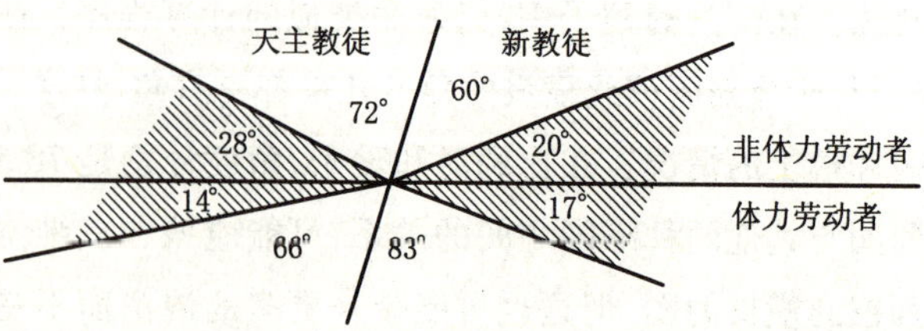

言群体的实力加以划分。说法语者处在阴影地带。显然，语言隔阂看起来以很大的角度横贯了其他两个隔阂。

所有成对的二分隔阂之间横贯的确切角度，列在了表 3.3 中。就奥地利而言，宗教虔诚程度被二分为定期去教会者与其他。就荷兰而言，二分法为无宗教信仰者相对于天主教信徒与加尔文教派信徒，这样就产生一个完全的直角(90°)。而在瑞士，语言二分法是德语相对于其他三种官方语言。表 3.3 印证了图 3.1 给人的印象，即在比利时和瑞士，语言隔阂同时横贯了宗教隔阂与阶级隔阂。但需要补充三个限定条件。首先，在比利时，语言隔阂与阶级隔阂 75°的横贯角度，并不能充分反映佛兰芒人 19 世纪的卑贱社会地位所遗留的影响。这一点在洛温引用的一段话中有很好的表述："在客厅说的是法语，在厨房说的却是佛兰芒语。"其次，在比利时，宗教隔阂与语言隔阂横贯的 55°角为表 3.3 中的最低值，这反映的是佛兰芒人更高的宗教虔诚度。但根据洛温的评论，应考虑如下的研究发现："在比利时人的自我形象中，瓦龙人已经去基督教化了，而佛兰德斯人依然是天主教信徒。尽管这种自我形象是现实的一种形式，但现实还是有更细微的差别。这种对比主要是在工业化—城市化人口与乡村—小镇人口之间。瓦龙乡村地区依然保留着它们的天主教信仰，但是在大型的佛兰芒人城市，大多数工业劳动者已经不再去教堂了。"[45] 即使这样，如果表示在比利时"宗教分歧强化了，而且往往沿着与语言分化一样的界

表 3.3　四个协合民主国家中的横贯隔阂(约于 1960 年)

	横贯指数(XC)			横贯角度		
	宗教与阶级	宗教与语言	语言与阶级	宗教与阶级	宗教与语言	语言与阶级
奥地利	.50	—	—	70°	—	—
比利时	.49	.48	.50	70°	55°	75°
荷　兰	.51	—	—	90°	—	—
瑞　士	.50	.48	.50	83°	61°	71°

资料来源：计算自伯恩联邦统计局提供的普查数据(1960)，联合国教科文组织在比利时与荷兰从事的民意调查数据(1956)，维也纳经验社会学研究院提供的奥地利民意调查数据(1967)，以及洛桑瑞士民意研究院提供的瑞士民意调查数据(1963)。

限展开”,并将比利时与瑞士作对比,认为它们的“宗教隔阂与语言边界并非一致而是横贯的”,则是一个夸大。[46]最后,说意大利语的瑞士公民,属于相对小的群体,其地位既未体现到图3.1中(因为其人数太少以至于无法呈现),也未体现到表3.3中(他们与说法语者及说现代拉丁语者是混合的)。瑞士绝大多数说意大利语的人口为天主教信徒,因而其语言隔阂与宗教隔阂彼此横贯的角度只是6°。

体现在表3.3中的另一种横贯测量法,是雷和泰勒提出的横贯指数(XC)。他们将横贯指数界定为:“所有成对的个体,成员身份在一种隔阂中属于同一个群体,而在另一种隔阂中属于不同群体的比例。”这种测量方法的一个优点在于,隔阂不必被二分。其度量可以从0(两种隔阂完全一致)到一个最大值(以一种复杂的方式随横贯隔阂的分化程度而定),但一般都不会超过0.50太多。[47]表3.3中所有的横贯指数都相当高,而且彼此在所得值上也非常接近。

根据横贯隔阂的理论,这种分化的缓和效应,首先取决于它们彼此横贯的程度,而不是彼此一致的程度,但也取决于隔阂强度,更准确地说,取决于它们的差异强度。强度相同的隔阂的彼此横贯,可能仅仅导致敌对群体的形成,在这些敌对群体之间,合作是异常困难的。达尔就指出,在这样的情况下,横贯具有分裂效应:“如果所有隔阂的强度都相当,就无法产生统一效应。只有当某些隔阂没有其他隔阂显著的时候,隔阂横贯才会促进和解。”[48]这也是E.E.沙特施奈德(E.E.Schattschneider)的观点:冲突和强度不同的各种隔阂,导致“一个由各种冲突造成的支配和从属体系”,而且导致一个过程,“该过程并非分化、分化、再分化直至无限,而是分化与统一作为同一过程的一部分”。[49]

协合民主理论并不依赖横贯隔阂的存在,以作为解释多元社会政治稳定性的首要理由。但强度相等或不等的横贯分化,却是一个补充性的重要因素,它们可能会有利于也可能不利于协合民主。当隔阂强度相等,它们就会造成内部同质并各自分立的区块,这种区块不会强烈地屈从交叉压力的影响。这种类型的分化对实行协合民主的机会的唯一影响就是,它创造了一个有着很多区块的社会,如果这意味着所有区块都是少数但区块的数量不至于太多(也就是非极化的情况),那就是一个有利条件;

但若它意味着一个高度分化的社会，那就不是一个有利的条件。隔阂强度不平等带来较少的区块，其内部也较不具有同质性，因此，区块内的交叉压力会促成适中的态度。但就像我们将要看到的，这里产生了一个问题：强度较弱的隔阂如何在政治上取得代表权，以及如何解决影响强度较弱的隔阂的那些议题？

六、横跨性忠诚

隔阂之间潜在的冲突，还取决于它们的内在强度被横跨性忠诚缓和的程度。就如埃克斯坦指出的："如果分化与凝聚的总和为零……凝聚的数量就能够从分化中推论出来。"[50]但是，分化和凝聚的力量——隔阂和横跨性忠诚——会同时运行，而隔阂的潜在冲突，则取决于这两股力量的混合效应。横跨性忠诚会为整个社会或特定区块创造凝聚力。后者的一个例证就是，荷兰的天主教亚文化与加尔文教派亚文化的一致。尽管如我们之前了解的，荷兰的宗教和阶级隔阂以直角横贯，但是，其阶级隔阂尚未分化天主教区块和加尔文教派区块。其中的解释变量在于宗教联系的凝聚力，而不是阶级隔阂的虚弱。在世俗（非宗教信仰者）区块，并不存在这样的凝聚力，阶级隔阂在分立的社会主义与自由主义亚文化之间形成分界线。相似地，比利时天主教的整合力，已经强过恪守戒律的天主教徒之间的阶级隔阂。但是，阶级差异分化了社会主义者与自由主义者。这样，隔阂间的互动和横跨性忠诚，就决定了一个多元社会中区块的数量和性质。

如果横跨性忠诚为整个社会供给了凝聚力，并进而缓和了所有隔阂的强度，它就更加重要。民族主义就潜在地属于这样一种凝聚力。不仅民族主义的力量是重要的，如下问题也是重要的：民族主义是否真正地统一了社会，或者相反，通过向一个与"国家"不相连的"民族"提供忠诚，而成为一个额外的隔阂？在这四个协合民主国家，民族主义都不强烈。民族主义在荷兰可能是最强烈的，因为荷兰以接近于现在的地理轮廓而作为独立民族国家存在,已经有很长的历史了。而在瑞士,地方性依从往往强于民族忠诚。

根据洛温的研究,在比利时,民族情感比任何其他欧洲国家都要薄弱。[51]不过,在这个方面,奥地利与比利时不存在太大差异。于1950年进行的一项民意调查表明,奥地利人在民族认同上存在极大的混乱:有将近半数的回答者相信奥地利人构成了一个民族,但另一半人却视自己为日耳曼民族的一部分。[52]在一个显著的程度上,这些不同的倾向与主要的区块隔阂是一致的。布卢姆就认为,在1945年天主教徒与社会主义者"对于奥地利作为一个共同体的含义和价值,有着不同的概念;对于奥地利的认同也有不同看法"。主要的天主教领袖深深地热爱古老帝国的价值,他们"以全然的文化意义对待奥地利,而不只是将其视作政治共同体。与此形成对照,大多数社会主义者在政治和文化上都是泛日耳曼人"[53]。民族主义现象的另一例证,是佛兰芒民族主义,它聚焦于非民族国家的民族。在佛兰德斯,相比于比利时的民族象征,佛兰芒的民族象征能够激发更多的热情。而对于许多佛兰芒人而言,这种热情甚至可能具有负面意义。[54]

七、代议式政党体系

政党是将区块隔阂转化为政治版图的首要制度化途径。因此,政党体系隔阂与社会中其他主要隔阂之间的关系就非常重要。表3.4呈现的是,政党体系隔阂与宗教、阶级和语言隔阂相横贯的程度。由于只考虑主要政党,就仅仅涉及所有四个国家中的天主教政党、社会主义政党、自由主义政党或激进主义政党,荷兰的两个新教政党,以及瑞士的农民党。[55]横贯再次以(XC)指数和角度的形式呈现。为计算横贯的角度,用两分法将政党分成两组对应群体:宗教政党对应世俗政党,社会主义政党对应非社会主义政党,并各自计算这两组群体的横贯角度。[56]

表 3.4　政党体系隔阂与宗教、阶级与语言隔阂的横贯角度(约于 1960 年)

	横贯指数(XC)	横贯角度	
		宗教政党对世俗政党	社会党对非社会党
奥地利			
政党与宗教	.41	18°	18°
政党与阶级	.45	39°	38°
比利时			
政党与宗教	.26	4°	7°
政党与阶级	.47	60°	41°
政党与语言	.49	72°	71°
荷兰			
政党与宗教	.22	4°	8°
政党与阶级	.52	89°	62°
瑞士			
政党与宗教	.37	2°	44°
政党与阶级	.56	84°	50°
政党与语言	.62	74°	89°

资料来源:见表 3.3。

在所有这四个国家中,政党倾向与宗教信仰之间,都存在着非常强烈的关联。在比利时和荷兰,恪守戒律的天主教信徒跨越了阶级和语言隔阂,给予天主教政党以压倒性支持。在奥地利和瑞士,虽然没有如此强烈,但也存在同样的模式。在荷兰,新教徒给予新教反革命政党和基督教历史联盟以强大支持。对社会主义和自由主义政党的支持,往往沿着阶级隔阂展开。比利时的不去教堂者,荷兰的世俗团体,以及瑞士的新教徒,他们中间的体力劳动者普遍支持社会主义,而非体力岗位的从业者,则普遍支持自由主义。在比利时和瑞士,语言差异对政党选择几乎没有什么影响。[57]

在所有这四个国家,政党与宗教的横贯指数和横贯角度都是最低的。阶级与政党的横贯度次之。语言与政党的横贯接近直角:比利时和瑞士最接近直角,只有奥地利略有例外。因而,一般来说,政党体系隔阂往往与宗教隔阂一致,与阶级隔阂部分一致、部分横贯,而与语言隔阂则完全横贯。哪一种模式对协合民主最为有利呢?李普塞特认为:“一个稳定的民主需要一种境遇,即所有主要政党,包含了来自众多区块人口的支持者。在一个政治体系中,如果不同政党的支持与社会基本分化太接近,该政治体系就不能持续在民主的基础上运行。因为，这反映出一个国家强烈而清晰的冲突，以至于排除了妥协的可能。"[58]这一观点已被证明，举例来说，荷兰宗教政党的横贯特征就可以证明该观点。这些政党在阶级方面不同类，该情况对社会经济冲突及其潜在冲突的强度，有着强大的缓和效应。另一方面，荷兰没有一个政党在宗教上是异质的，但这并未阻碍它以协合民主的方式解决宗教议题。

比利时案例提供了一个最佳机会，以比较不同形式政党凝聚的后果。因为，在政党隔阂与社会隔阂的关系上，比利时有三种清楚明确的不同模式：制度化的隔阂（宗教）、半制度化的隔阂（阶级）以及非制度化的隔阂（语言）。德里克·W.厄温（Derek W. Urwin）比较了学校议题（一种宗教冲突）的解决与语言议题的未获解决，并总结道，比利时的政党领袖之所以在学校议题上能够达成妥协，是因为"强大的政党组织将社会分化制度化了"；也就是说，其政党隔阂与宗教隔阂几乎完全一致。另一方面，语言议题的制度性对话还没有发展出来，因为"语言隔阂在历史上还未转化为政党体系"[59]。洛温甚至更强有力地提出下面的观点，比利时的语言议题为何如此难以处理，第一个理由就在于"两大语言社群的情感利益与实际利益，都没有被有效地组织起来……缺乏具有表达要求、进行协商和履行承诺资格的公认代表"[60]。比利时的社会学家 A.范德布兰德（A. van den Brande）也支持这一观点，并提出语言议题制度化的缺失，是此类冲突有时走向暴力化（"政治的途径行不通就转而寻求其他办法"[61]）的一个原因。

政党隔阂与语言隔阂的横贯，为何一直构成比利时解决语言冲突的障碍，还有一个原因。就像个体选民在感受到交叉压力时，可能会作出温和的选择，或放弃共同投票；一个感受到交叉压力的政党，对于争议中的问题，既可能采取温和的立场，也可能无所行动。因此，横贯能够导致动力停止。埃克斯坦认为，一般来说，这是具有横贯隔阂特征的政治体系的一个弱点。他说，这样一种体系"通常会比较持久，但效能较差"，因为隔阂横贯的结果通常是"使体系免于作出任何决定，这正是因为缺乏从事选择的压力，或者是因为压力彼此抵消了"。[62]同样，沙特施奈德也认为，"为数众多的潜在冲突……不能展开，是因为它们被更加强大的对抗体系掩盖。”[63]

从总体上看，证据表明横贯可能会有益于协合民主。但是，这一影响并不十分强烈，甚至也不总是积极的。唯一明确有利于协合民主的横贯类型，是阶级隔阂与各种区块隔阂的横贯——这种横贯产生了经济上近于平等的若干区块——以及全社会范围横跨性忠诚的横贯甚至是重叠。下一节将要讨论的联邦制，会提供又一个机会来评估隔阂横贯的角色，但这并不导致“隔阂横贯只具有边缘重要性”结论的改变。

八、区块分离与联邦制

本书第一章已经表明，这四个欧洲协合民主国家，比阿尔蒙德所讲的欧陆型政治体系，都具有更加明显的分化型政治文化特征。这看起来荒谬，因为人们往往认为，随着分化程度的提高，政治体系的不稳定性也将增加。另一方面，在多元社会中，区块之间的清晰边界具有一个优势：限制彼此接触，因此抑制了无时不在的潜在敌意爆发为真实的敌对行为。昆西·赖特(Quincy Wright)认为：“一个社会内部不同群体接受的意识形态，可能不一致，但并不会制造紧张关系。”强烈的紧张关系，其危险只有在这些群体“密切接触时”才会发生。[64]在类似的理论脉络上，戴维·伊斯顿(David Easton)也论证道，试图同质化一个分化的体系，可能不是实现一个稳定而整合的体系的最佳方式：“通过有利于在封闭的文化单位之间，发展出更深的彼此感知和回应性的诸多步骤，可能会取得更大成功。”[65]而洛温则对比利时作出了如下评论：“若与其他亚文化中的人们缺少有意义的个人接触，产生个人敌意的机会也将同样变少。”[66]这一评论对其他协合民主国家同样适用。

上述观点好像与人们普遍持有的观念相矛盾。成员资格重叠理论的基础之一就是认为，不同人群和团体之间的相互接触，会增进彼此的理解。这一矛盾，可以通过区分本质上的同质社会与多元社会来解决。在本质上的同质社会，相互接触的增加，可能会导致相互理解的增加，以及进一步的同质化。就多元社会来说,紧密的接触可能会导致紧张和敌意。康纳在发表如下看法时,就作了这一区分:"彼此接触的增加,有助于消解诸如美国这种国家内部的区域性文化差异。但是,如果面对的并非同一文化的诸多次要形式,而是两个相当独特且自我分殊的文化,增加这两个文化的接触,难道不容易导致彼此敌意的增加吗?"[67]这一命题可以作进一步提炼,即通过连续谱而非二分法,来表述区块多元化的程度以及相互接触的范围:相互接触的次数与强度,不得超过与同质性相称的程度。用卡尔·W.多伊奇(Karl W. Deutsch)的话说,一个交涉—整合的平衡是必要的,因为"可能发生暴力性冲突的机会,随彼此交涉的数量与范围而增加"[68]。

一个多元社会往往沿着区块隔阂而组织,而这些分立的组织则引致一定程度的区块隔离,这对协合民主是有利的。另一方面,我们已经看到,区块自治的协合民主方法,充分地促进了每一区块内组织网络的发展。因而,将源自分立的政治社会组织的区块隔离,视为实行协合民主的一种方法,而非其前提条件,或许更加合适。然而,还存在一种特别重要的区块隔离类型,即沿着地理界线形成的区块隔离,它绝对不是由协合民主"创造"出来的。同时,协合主义能够通过设置领土型区块自治而提高区块分立的程度,这也就是联邦制。四个协合民主国家中,有两个为联邦制。这一事实可以让我们去探究,它们在多大程度上从联邦方式中获益。

瑞士被分成二十五个州(canton),或者严格地说,是十九个州加上六个"半州"(half-canton);而奥地利则被分为九个州(Lander)。特别是瑞士,我们在分析全国层次的同时,分析州层次也是重要的。因为,瑞士是高度分权化的国家。衡量全国性政府相对于较低层次政府的重要性,一个有用的指标就是,在所有的政府收入(包括社会保障和公共事业)中,全国性政府花掉的百分比。依据1959年的数据看,瑞士为61%,奥地利为84%。西方其他联邦制国家的百分比介于这两者之间,加拿大为65%,联邦德国为74%,美国则为77%。瑞士的百分比最低,但是奥地利的百分比却接近西欧诸多单一制国家。[69]分权化政府同时意味着分权的政治:就像罗杰·吉诺德(Roger Girod)讲的,"总体上看,瑞士的政治生活主要以州为基础。"[70]

分为省或州，对主要隔阂的分化与横贯有什么影响呢？全国性的隔阂结构，相比于省和州的隔阂结构又会怎样？让我们首先看一下瑞士的情况。表3.5根据1960年的普查数据，列举了瑞士二十五个州（根据人口规模作递减排列）和整个国家的分化度与横贯度。其中，所有非公民被排除在外；同时，说四种官方语言之外的语言，以及不能归于新教或天主教的人，也都被排除在外。[71]分化度的衡量标准是雷和泰勒的分化指数（F），以及一个非常简单的分化指标（甚至就是同质性指标）：最大群体的规模。新教徒是瑞士的最大宗教群体，占到了人口的58.1%。在这方面，几乎所有的州都更加同质；只有在日内瓦（Geneva）、索洛图恩（Solothurn）、格劳宾登（Graubunden）这几个州，其最大群体所占的百分比低于其在全国的百分比。以宗教分化指数这一维度测量，则只有格劳宾登州的分化度高于全国的分化度。[72]在语言分化度方面，瓦莱（Valais）、弗里堡（Fribourg）、格劳宾登这三个州的分化度高于全国的分化度，所有其他州在这方面都比较同质。

表3.5　瑞士各州宗教和语言的分化度与横贯度（只计算公民）（1960年）

	宗教分化度		语言分化度		宗教和语言的分化度		宗教与语言的横贯度	
	最大群体（%）	指数（F）	最大群体（%）	指数（F）	最大群体（%）	指数（F）	指数（XC）	角度
伯尔尼	84.7	.26	84.3	.27	77.4	.38	.24	13°
苏黎世	74.4	.38	95.9	.08	72.6	.42	.38	35°
伏　特	79.4	.33	87.7F	.22	70.6PF	.46	.38	69°
阿尔高	58.4	.49	98.2	.04	57.6	.50	.49	66°
圣加仑	60.1C	.48	98.5	.03	59.0CG	.50	.48	75°
卢塞恩	86.2C	.24	98.3	.03	84.9CG	.26	.25	61°
巴塞尔市	66.1	.45	93.9	.12	63.5	.50	.44	47°
日内瓦	56.8	.49	82.7F	.29	46.5PF	.64	.50	83°
索洛图恩	56.4C	.49	97.0	.06	54.6CG	.52	.49	79°
瓦　莱	96.2C	.07	64.3F	.46	62.2CF	.50	.47	69°
提契诺	92.8C	.13	88.6I	.21	87.5CI	.23	.12	2°
弗里堡	86.5C	.23	64.9F	.46	62.2CF	.54	.39	16°
图尔高	67.2	.44	98.6	.03	66.7	.45	.44	41°
格劳宾登	53.0	.50	60.0	.54	41.2	.74	.44	29°
纳沙泰尔	77.8	.35	85.9F	.25	68.0PF	.50	.40	59°
巴塞尔乡村	73.5	.39	96.5	.07	71.8	.42	.39	43°

（续表）

	宗教分化度		语言分化度		宗教和语言的分化度		宗教与语言的横贯度	
	最大群体(%)	指数(F)	最大群体(%)	指数(F)	最大群体(%)	指数(F)	指数(XC)	角度
施维茨	93.8C	.12	98.7	.03	93.6CG	.14	.14	82°
沙夫豪森	79.1	.33	97.7	.05	78.2	.35	.32	26°
楚　格	83.6C	.27	97.7	.05	81.4CG	.31	.30	86°
外阿彭策尔	83.5	.28	99.0	.02	83.0	.29	.28	28°
格拉鲁斯	68.0	.44	98.0	.04	67.3	.45	.43	36°
乌　里	92.6C	.14	98.2	.04	91.1CG	.16	.16	55°
上瓦尔登	96.6C	.07	99.1	.02	95.8CG	.08	.08	36°
下瓦尔登	92.4C	.14	98.8	.02	91.4CG	.16	.15	59°
内阿彭策尔	96.4C	.07	99.7	.01	96.1CG	.08	.07	58°
瑞　士	58.1	.49	74.7	.40	46.5	.68	.48	61°

资料来源：根据联邦统计局所提供的数据计算。

注：除非另有说明，最大的群体为新教徒（第一栏）、说德语者（第三栏），以及同时为新教徒和说德语者（第五栏）。在其他的例子中，以下符号分别表示最大群体的宗教和/或语言特征：P＝新教徒，C＝罗马天主教徒，G＝说德语，F＝说法语，I＝说意大利语。

表3.5的第五栏与第六栏，宗教和语言的分化度被合并，居于前面的为瑞士八个宗教—语言群体中最大规模的；另一栏是分化指数，其中假定宗教和语言在八大类别中为单一变量。格劳宾登州在这方面的分化度再次高于全国的分化度。

表3.5中的横贯角度，以新教徒—天主教徒二分法和最大语言群体对应所有其他群体的二分法为基础。对整个瑞士和大多数州来说，这就意味着，德语对应其他三种语言。但也有例外，在伏特、日内瓦、瓦莱、弗里堡和纳沙泰尔这几个州内，法语是主要语言；此外，在提契诺州，意大利语为主要语言。只有三个省的横贯指数与八个省的横贯角度，高于全国的相应值。

表3.6则通过提供各分化度和各横贯度测量值的中数及加权中数，对二十五个州的数据进行了加总。如果我们将各州放在一起与整个瑞士作比较，加权中数即根据各州的人口规模加权，便是最合适的总测量值。根据所有的测量值，可以发现，瑞士的联邦式分化，具有使各州相比于整个国家更为同质的效应；同时也使语言和宗教这两种隔阂的横贯度小得

多。这一点与横贯理论的常规并不一致，因为，根据横贯理论，联邦的边界应该横贯基本的社会隔阂，而不是沿着它而确立。用李普塞特的话讲，就是“民主所需要的，是语言和宗教群体内的隔阂，而不是它们之间的隔阂”[73]。

表 3.6 瑞士的分化度与横贯度：各州平均值与全国加总值（1960 年）

	州		全瑞士
	中　数	加权中数	
宗教分化度：			
最大群体（%）	78.2	75.4	58.1
分化指数（F）	.30	.34	.49
语言分化度：			
最大群体（%）	91.3	89.9	74.7
分化指数（F）	.14	.17	.68
宗教和语言分化度：			
最大群体（%）	72.9	69.5	46.5
分化指数（F）	.38	.43	.68
横贯度：			
指数（XC）	.33	.36	.48
角度	50°	46°	61°

资料来源：见表 3.5。

就语言问题来看，在瑞士，用于处理不同语言群体间关系的规则，包含以下两个要素：(1)让不同群体在领土上分离的可能性最大化，以提高联邦各构成单位的同质性，以及(2)将语言可能成为敏感议题的所有事务，诸如教育、知识与艺术问题，置于州而不是联邦的管辖之下。重要的是，联邦有四种官方语言，但只有三个州（伯尔尼、弗里堡与瓦莱）在官方上为双语，还有一个州（格劳宾登）正式承认三种语言。

当然，也有多个州在语言上并不同质。那么，怎样解释它们的内部和平？对伯尔尼州株罗区(Bernese Jura)的分离运动这一反常案例的检视，能够为回答这一问题提供重要启示。为何只有伯尔尼州而不是其他三个在官方上承认双语和三种语言的省，经历了严重的语言冲突？斯坦纳的解释，是基于权力平衡的考虑。他认为，在侏罗区，不满的主要根源是，说法语的天主教居民在各个方面都是少数。在整个瑞士和伯尔尼州，说德语者以及新教徒都构成多数。[74]检视一下表 3.5 以及表中尚未体现出来的数据，我们就可以证明这一点。在瑞士，说法语、意大利语以及拉丁语的天主教徒，在语言和宗教两方面都属于少数群体。但是，在目前讨论的这些语言不同质的州中，它们却从未处于双重少数的地位。在瓦莱和弗里堡两州，天主教徒是明显的多数（在这两个州，天主教徒都占到了62.2%），只有在伯尔尼、伏特、日内瓦和纳沙泰尔等州，他们才构成实质性的少数（分别占7.8%、17.1%、36.2%、17.9%）。但是在后三个州，说法语者为多数。因此，在这几个州中，说法语的天主教徒在语言方面是多数。说意大利语的天主教徒在提契诺州占压倒性多数（87.5%），在格劳宾登州则与说拉丁语的天主教徒（19.3%）同时构成实质性少数（8.7%）。在格劳宾登州，说意大利语的天主教徒同说拉丁语的天主教徒，这两个群体看起来处于双重少数的地位。因为在这个州，多数群体属于说德语者与新教徒。但格劳宾登州是一个非常特殊的例子，它在州内是高度分权化的；詹姆斯·A.邓恩（James A. Dunn）就曾经说，它几乎可以被称为“州联邦制”（cantonal federalism）[75]。

1959年和1974年，就侏罗区分立为一个州的问题举行了公民投票，投票结果进一步证明了斯坦纳的权力平衡理论。在侏罗区北方，只有三个区域投了赞成票，在这些区域，天主教徒和说法语者为多数，因此，他们在整个伯尔尼州也处于双重少数的地位。其他四个区域都投了反对票，并且相当突出的是，它们中间无一个区域处于双重少数的地位：在北方的罗汾（Laufen）区，说德语者和天主教徒为多数；而在南方三个区，说法语者和新教徒则为多数。[76]

一个附加解释可以在如下事实中发现：伯尔尼州的语言和宗教隔阂，倾向于一致而非横贯。在伯尔尼州，横贯指数与角度比整个瑞士低得多，也比各州的平均值低得多（见表3.5和表3.6）。在宗教和语言上相对异质（宗教和语言分化指数都大于0.20）以致横贯范围成为一个重要因素的其他州，实际上都有相当的横贯度。这些州包括伏特、日内瓦、弗里堡、格劳宾登以及纳沙泰尔。所有这五个州的横贯指数与角度，都大于伯尔尼州的相应值。而且，伯尔尼州的相应值远低于各州的平均值；而前述五州的同一测量值，几乎都高于各省平均值。

如果应该创设一个分立的侏罗州（由整个伯尔尼州的侏罗区构成；或

者，考虑到1974年公民投票的结果，更可能出现一种情况，只由北方三个分离主义地区构成），当地说法语的天主教徒，将改变他们在伯尔尼州的双重少数处境，转而具备双重多数的地位。达尔认为，创设一个分立的州，这种解决办法“在瑞士相互保证的框架下，看起来还不错”[77]。切分一个州，的确并非破天荒的举措。在瑞士的历史上，就曾经有三个州被切分过：下瓦尔登（Unterwalden）州因其两个地区之间交流的困难，在15世纪被切分为上瓦尔登（Obwalden）州和下瓦尔登（Nidwalden）州；阿彭策尔（Appenzell）州于1957年因天主教徒与新教徒的分化而被切分；以及，巴塞尔（Basel）州因城乡间关系的紧张而于1833年被切分。对这种将一个州劈为两半的举措，邓恩称其为瑞士“解决冲突最为古老的办法”[78]之一。

有趣的是，为了寻求语言问题的解决办法，比利时也已然向半联邦制迈进，这其中就伴随着（政府）功能与领土的分割。最近这些年，语言隔阂越来越被政党体系制度化了。佛兰芒语、瓦龙语以及亲法语的布鲁塞尔语等语言性政党，建立的基础都是这些语言隔阂。天主教政党的两大地域性派别，现在实际上已经分开为不同的政党。在社会主义政党与自由主义政党之间，同样的倾向也非常强烈。厄温就表示，1968年选举的观察家“若将政党的区域性派别误以为独立的政党，也是可以被原谅的”[79]。

20世纪70年代末，比利时通过宪法修正案条款，正式承认了存在语言隔阂。条款规定，将所有议员分为两个独立的文化委员会，以作为每一语言社群的文化与教育自治范围内的议会。影响到文化自治的法律，必须经过三分之二的多数，包括每一语言群体的一致多数，才能获得通过。此外，说法语的少数群体可将危及他们利益的任何议案上诉至内阁，而内阁则由人数相当的说荷兰语与说法语的成员构成。说双语的布鲁塞尔人，也通过类似安排而获得治理。最后一点，通过这种半联邦式的结构，各语言社群的利益好像也得到了有效的组织和代表。[80]

奥地利第一共和国和第二共和国，都是联邦制国家。虽然社会主义者偏好一个单一制国家，但是在天主教政党的坚持下，联邦制还是被写进宪法。然而，到了1929年，这两个政党的立场完全颠倒了过来。天主教徒自1922年以来就执掌政权，他们盼望强化中央政府；相反，社会主义者（特别是维也纳的社会主义者）却成为州自治的捍卫者。在1945年，这两个政党又都返回到各自的初始观点。结果就是，奥地利成为一个分权化程度不高的联邦制国家。[81]

表3.7呈现了整个奥地利与各州不同隔阂的分化度与横贯度。宗教分化度的计算，以规律性地去教堂的相关调查为基础。州之间宗教分化指数的差异很小。唯一出现显著低值的州是福拉尔贝格，它是天主教政党的要塞，在那里，人们去教堂的频率很高。政党体系分化度的计算，以1962年的选举结果为基础。天主教政党获得选票的45.4%，社会主义政党则获得了选票的40.0%。除了维也纳州和卡林西尔州，在其余所有州，天主教政党都获得了最高票。为计算政党体系隔阂、宗教隔阂与阶级隔阂之间的横贯角度，这里只考虑了两个主要政党。[82]

表3.7 奥地利的分化度与横贯度：各州平均值与全国总值(约1965年)

	州		全奥地利
	中　数	加权中数	
宗教分化度：			
最大群体(%)	46	45	39
分化指数(F)	.62	.63	.66
政党体系分化度：			
最大政党(%)	51.30	50.9	45.4
分化指数(F)	.58	.58	.59
宗教与政党横贯度：			
指数(XC)	.40	.40	.39
角度	20°	16°	14°
阶级与政党横贯度：			
指数(XC)	.44	.44	.45
角度	40°	36°	37°
宗教与阶级横贯度：			
指数(XC)	.50	.50	.50
角度	70°	64°	70°

资料来源：计算自维也纳经验社会学研究院提供的1967年的调查数据，以及1962年的全国选举结果。

全部计算结果的惊人之处在于，不论是分化度还是横贯度，都没有受到联邦分割的很大影响。在这里，加权中数又将可能成为最有意义的平均值，它与整个奥地利的测量值几乎没有差异。奥地利的联邦制，显然并非区块自治的协合民主方式的具体化。相反，大型结构及其辅助结构承担了这一功能。奥地利的区块自治只采用了达尔所谓“社会学的”或非领土型的联邦制。[83]类似地，单一制国家荷兰，也可以被描述成社会学意义上的联邦制。

九、精英和解的传统

如果政治领袖们致力于联合而不是对抗性决策，多元社会是可以享有稳定的民主政府的。对区块隔阂内在危险性的感知，以及转移这些危险性的意愿，都会激发精英联合。这样，所谓多元社会不能维系稳定的民主政体的理论，就变成一个自我否定的预言：尽管区块间的差异将彼此分离，精英们还是会合作；因为，如果他们不这样做，就意味着让（社会的多元特征将造成后果的）预言变为现实。预先促成政治领袖采取温和与合作的态度，有一个替代或附加因素，即早已存在的精英和解传统。

特别是达尔德，他曾强烈地呼吁人们注意这一传统的重要性。他在分析荷兰和瑞士国族建构的历史进程时，就曾指出，在这两个国家，“多元主义与政治和解的传统，远远早于政治现代化的进程”。因此，荷兰和瑞士的协合民主，不应被视为“对亚文化分裂的危险性的回应”，而应被视为“为何亚文化分歧从来没有变得危险”的“一个先在原因”。[84]趋于温和与妥协的前民主史倾向，的确可能是在一定程度上强化实行协合民主的机会的自变量。瑞士和荷兰从未经历过任何实质意义上属于绝对主义（absolutism）的时期，而且前绝对主义传统（preabsolutist tradition）中扩散与分散的权力关系依旧强烈。因此，在瑞士和荷兰，纯粹的多数决——王权绝对主义（royal absolutism）的民主同位语——从来都没有强大的号召力。

莱姆布鲁克不仅在荷兰和瑞士的发展中洞察到类似的传统，而且在比利时和奥地利的历史上也发现了这种传统。特别是在奥地利，这一传统非常重要。在奥地利和瑞士，州层次的大联盟政府，其形成都先于全国性大联盟。奥地利第一共和国时期，所有州的行政部门，都包含了全部政党并按比例分配了职位。这要么是依据宪法的规定，要么如福拉尔贝格州，是在自愿的基础上形成的。组成瑞士联邦内阁的比例性“神奇公式”，一直到1959年才被采用，但各省采用类似办法的时间要早得多。伯尔尼州在1854年开创了先例。当时，保守的多数党接受了激进的反对党进入省行政部门。[85]肯尼思·D. 麦克雷(Kenneth D. McRae)指出，之后发展出协合民主的所有这四个国家：

> 都曾在某一时期作为神圣罗马帝国的一部分。它们都在不同程度上幸免于长期而逐步强化的权威集中。而从12世纪到16世纪，权威集中正是法国、西班牙、英格兰、苏格兰以及其他君主国的共同特征。此外，它们都多少受到了三十年战争(the Thirty Years' War)以及《威斯特伐利亚条约》(the Treaty of Westphalia)的宗教解决方案的影响。该条约明确提供了一个相互同意而非多数决的方案，以解决神圣罗马帝国中新教徒与天主教徒之间的差异。[86]

在这四个协合民主国家中，精英和解的传统遗产，在荷兰和瑞士一直非常重要，其次是比利时，最后是奥地利。达尔德和麦克雷都认同这样的排列。[87]但是，在它们当中的任何一个国家，从传统的冲突处理惯例的角度对精英联合所作的解释，都不能完全取代“自我否定的预言”。后一要素清晰地呈现于1917年荷兰解决学校冲突的过程中，同时也通过首相的一番话明确表达了出来。这位首相主张创立一个由高层政党领袖组成的临时大联盟来解决这一难题。他将冲突描述成“嵌入我们国家生活中的一颗楔子，它将我们的国家一分为二”；他还认为，“除非将这个楔子从国家生活中拔出，我们的国家将难以强劲发展，也难以释放我们必须自主支配的能量”。在大联盟委员会第一次集会上，他呼吁各成员摒弃不妥协的态度：“多年来，在一直主导我们政治生活的争斗中，为了如下目标你们总是想方设法赢取胜利：如果拥有绝对权力，你们就会考虑赞同与你们自己的观点最接近的人……现在，你们面临的情况是，你们各自的意见为彼此设限。”[88]另外，1917年和解(它同时包括了参政议题的解决)的性质也显示出，精英合作的古老传统的影响，并不能独自说明相关结果：该解决方案不是增量式的，而是全面而深远的。它在一个相对短的时间内被打造出来。洛温将前民主期间独立的比利时诞生时的天主教—自由主义联盟，巧妙地形容成一个“非凡而自觉的‘各种反对立场的结合’”，这一形容也非常适合于之后在荷兰达成的和解方案。[89]

奥地利是“自我否定的预言”应验的一个更好例子。从荷兰在20世纪早期未发生严重的国内纷争这一事实，就推断出这些议题的非爆炸性以及内战的不可能，这是充满风险的。但是在这方面，奥地利的情况却非常确定，因为第一共和国就是在内战和独裁中终结的。此外，所有观察家都同意，主要领袖间寻求避免这类悲剧事件重演的意愿最为重要，这也是1945年奥地利大联盟形成的主要动机。例如，尽管莱姆布鲁克强调了奥地利的大联盟有历史性先例，但无论如何他还是认为，正是第一共和国期间的内战经历，提供了主要推力。[90]根据弗雷德里克·C.恩格尔曼(Frederick C. Engelmann)的说法，“批评者和客观的观察者，在对联盟的评价上，与奥地利最主要的政治人物相一致。他们都认为联盟是第一共和国内战紧张的回应。”[91]而奥托·基希海默(Otto Kirchheimer)也明确地将奥地利“谨慎而提前安排的协作体系”，归因于它“历史上记录的政治挫折和持久猜疑”。[92]

有关奥地利大联盟的起源，最为直接和最富启发性的陈述，是布卢姆提出的。他运用霍布斯(Hobbesian)的社会契约论描述大联盟的起源。天主教和社会主义的领导者在1918年至1945年经历的便是“自然状态”，该“自然状态”引导他们走向一个理性的社会契约：“到1945年，奥地利已经不堪忍受，并准备制定契约以摆脱令人绝望的境地。”[93]

早先存在的精英和解传统，就像本章讨论的其他条件一样，于协合民主是有利的。它甚至可能比其他因素还要重要，但并非先决条件。精英和解的遗产，与“自我否定的预言”的应验，这两者之间互相补充而非互相排斥。重视协合民主中自愿的、理性的、目的性和契约性的要素，是特别重要的。因为在后面的章节中，将协合民主作为一种规范模型的讨论，假定了协合民主制是可以让人们自由而审慎地去依循的一种范本。正如我们就要看到的，偏向于协合式决策的合作传统，在第三世界的多元社会中绝非少有。但是，还有一点，我们不应排除如下可能：多元社会的领袖能够基于自由意愿，而采取创造性和建设性的行动。

注 释

1. Hans Daalder, "Parties, Elites, and Political Developments in Western Europe," in Joseph La Palombara, and Myron Weiner (eds.), *Political Parties and Political Development*, Princeton: Princeton University Press, 1966, p. 69.

2. Rodney P. Stiefbold, "Segmented Pluralism and Consociational Democracy in Austria," in Martin O. Heisler (ed.), *Politics in Europe: Structures and Processes in Some Postindustrial Democracies*, New York: McKay, 1974, pp. 147—155.

3. Stanley Hoffmann, "Heroic Leadership: The Case of Modern France," in Lewis J. Edinger (ed.), *Political Leadership in Industrialized Societies: Studies in Comparative Analysis*, New York: Wiley, 1967, p. 108.

4. Gabriel A. Almond, and Robert J. Mundt, "Crisis, Choice and Change: Some Tentative Conclusions," in Gabriel A. Almond, Scott C. Flanagan, and Robert J. Mundt (eds.), *Crisis, Choice and Change: Historical Studies of Political Development*, Boston: Little, Brown, 1973, p. 649.

5. Robert A. Dahl, *Political Oppositions in Western Democracies*, New Haven: Yale University Press, 1966, p. 337.

6. Gerhard Lehmbruch, "A Non-Competitive Pattern of Conflict Management in Liberal Democracies: The Case of Switzerland, Austria and Lebanon," in Kenneth D. McRae (ed.), *Consociational Democracy: Political Accommodation in Segmented Societies*, Toronto: McClelland and Stewart, 1974, p. 95.

7. Hans Daalder, "The Netherlands: Opposition in a Segmented Society," in Robert A. Dahl, *Political Oppositions in Western Democracies*, New Haven: Yale University Press, 1966, p. 219.

8. Jürg Steiner, *Amicable Agreement versus Majority Rule: Conflict Resolution in Switzerland* (rev. ed.), Chapel Hill: University of North Carolina Press, 1974, p. 268.

9. Donald L. Horowitz, "Three Dimensions of Ethic Politics," *World Politics*, Vol. 23, No. 2, January 1971, p. 238. 也可参见 Robert Melson, and Howard Wolpe, "Modernization and the Politics of Communalism: A Theoretical Perspective," *American Political Science Review*, Vol. 64, No. 4, December 1970, pp. 1121—1122。

10. Douglas W. Rae, and Michael Taylor, *The Analysis of Political Cleavages*, New Haven: Yale University Press, 1970, pp. 22—23. 分化程度(F)相当于雷的政党体系分化指标，以及格林伯格(Greenberg)的语言多样化(A)测量标准，同时也是对赫凡达尔—赫胥曼(Herfindahl-Hirschman)指标的补充。参见 Douglas W. Rae, *The Political Consequences of Electoral Laws*, New Haven: Yale Uni-

versity Press, 1967, pp. 55—58; Joseph H. Greenberg, "The Measurement of Linguistic Diversity," *Language*, Vol. 32, No. 1, March 1956, pp. 109—115;以及 Marshall Hall, and Nicolaus Tideman, "Measures of Concentration," *Journal of the American Statistical Association*, Vol. 62, No. 317, March 1967, pp. 162—168。关于分化程度 F 与类似指标的讨论,参见 John K. Wildgen, "The Measurement of Hyperfractionalization," *Comparative Political Studies*, Vol. 4, No. 2, July 1971, pp. 233—243; Raimo Väyrynen, "Analysis of Party Systems by Concentration, Fractionalization, and Entropy Measures," in *Scandinavian Political Studies*, Vol. 7, Oslo: Universitetsforlaget, 1972, pp. 137—155; Allen R. Wilcox, "Indices of Qualitative Variation and Political Measurement," *Western Political Quarterly*, Vol. 26, No. 2, June 1973, pp. 325—343; 以及 N. David Milder, "Definitions and Measures of the Degree of Macro-Level Party Competition in Multiparty Systems," *Comparative Political Studies*, Vol. 6, No. 4, January 1974, pp. 431—456。

11. Arend Lijphart, "Verzuiling," in Andries Hoogerwerf(ed.), *Verkenningen in de politiek*(3d ed.), 2 vols, Alphen aan den Rijn: Samsom, 1976, Vol. 2, pp. 31—32.

12. Jürg Steiner, *Amicable Agreement versus Majority Rule: Conflict Resolution in Switzerland*(rev. ed.), Chapel Hill: University of North Carolina Press, 1974, p. 225. 也可参见 Gordon Smith, *Politics in Western Europe: A Comparative Analysis*, London: Heinemann, 1972, p. 18。

13. Lucien Huyse, *Passiviteit, pacificatie en verzuiling in de Belgische politiek: Een sociologische studie*, Antwerp: Standaard, 1970, pp. 231—232.

14. Roger Girod, "Geography of the Swiss Party System," in Erik Allardt, and Yrjö Littunen(eds.), *Cleavages, Ideologies and Party Systems: Contributions to Comparative Political Sociology*, Helsinki: Academic Bookstore, 1964, pp. 139—140.

15. 参见本书第一章关于政党体系的讨论。

16. Gabriel A. Almond, and G. Bingham Powell, Jr., *Comparative Politics: A Developmental Approach*, Boston: Little, Brown, 1966, p. 111.

17. Giovanni Sartori, "European Political Parties: The Case of Polarized Pluralism," in *Political Parties and Political Development*, pp. 139, 153—155, 161. 也可参见 Gunnar Sjoblom, *Party Strategies in a Multiparty System*, Lund: Studentlitteratur, 1968, pp. 28, 174—175。泰勒和 V. M. 赫尔曼(V. M. Herman)发现,政府稳定性与议会中的政党数目及政党体系的分化程度呈现负相关;参见 Michael Taylor, and V. M. Herman, "Party Systems and Government Stability," *American Political Science Review*, Vol. 65, No. 1, March 1971, pp. 29—31。

18. Giovanni Sartori, "Opposition and Control: Problems and Prospects,"

Government and Opposition, Vol. 1, No. 2, January 1966, p. 152;以及 Giovanni Sartori, "The Typology of Party Systems: Proposals for Improvement," in Eric Allardt, and Stein Rokkan(eds.), *Mass Politics: Studies in Political Sociology*, New York: Free Press, 1970, p. 337. 也可参见 Giovanni Sartori, *Parties and Party Systems: A Framework for Analysis*, Cambridge: Cambridge University Press, 1976, pp. 119—216。

19. Maurice Duverger, *Political Parties: Their Organization and Activity in the Modern State*, Barbara and Robert North(trans.), London: Methuen, 1959, pp. 234—239.

20. 参见 Leon D. Epstein, *Political Parties in Western Democracies*, New York: Praeger, 1967, pp. 73—76。

21. Val R. Lorwin, "Segmented Pluralism: Ideological Cleavages and Political Cohesion in the Smaller European Democracies," *Comparative Politics*, Vol. 3, No. 2, January 1971, p. 148.

22. Jürg Steiner, "The Principles of Majority and Proportionality," *British Journal of Political Science*, Vol. 1, No. 1, January 1971, p. 65.

23. 在大部分案例中,在外来威胁的影响下发生的转变,已被证明是相当持久的。这一点与多伊奇等人的发现相悖。多伊奇等人认为,外国的军事威胁对国家整合的影响从来都不是非常强烈的,也不经常是积极的,即使有时是积极的,"其后果也是短暂的"。参见 Karl W. Deutsch et al., *Political Community and the North Atlantic Area: International Organization in the Light of Historical Experience*, Princeton: Princeton University Press, 1957, pp. 44—46。

24. Gerhard Lehmbruch, "Consociational Democracy in the International System," *European Journal of Political Research*, Vol. 3, No. 4, December 1975, p. 382.

25. Val R. Lorwin, "Segmented Pluralism: Ideological Cleavages and Political Cohesion in the Smaller European Democracies," *Comparative Politics*, Vol. 3, No. 2, January 1971, pp. 149—150.

26. Ernest S. Griffith, "Cultural Prerequisites to a Successfully Functioning Democracy," *American Political Science Review*, Vol. 50, No. 1, March 1956, p. 102.

27. Robert A. Dahl, and Edward R. Tufte, *Size and Democracy*, Stanford: Stanford University Press, 1973, p. 40.

28. Hans Daalder, "The Consociational Democracy Theme," *World Politics*, Vol. 26, No. 4, July 1974, p. 610.

29. Gerhard Lehmbruch, "A Non-Competitive Pattern of Conflict Management in Liberal Democracies: The Case of Switzerland, Austria and Lebanon," in Kenneth D. McRae(ed.), *Consociational Democracy: Political Accommodation in Segmented Societies*, Toronto: McClelland and Stewart, 1974, p. 96.

30. Hans Daalder, "The Consociational Democracy Theme," *World Poli-*

tics, Vol. 26, No. 4, July 1974, p. 611.

31. Maurice A. East, "Size and Foreign Policy Behavior: A Test of Two Models," *World Politics*, Vol. 25, No. 4, July 1973, p. 564. 关于国际政治中的小国概念的批判性评述,参见 Peter R. Baehr, "Small States: A Tool for Analysis?", *World Politics*, Vol. 27, No. 3, April 1975, pp. 456—466。

32. Robert A. Dahl, and Edward R. Tufte, *Size and Democracy*, Stanford: Stanford University Press, 1973, pp. 122—128.

33. Brian Barry, "Political Accommodation and Consociational Democracy," *British Journal of Political Science*, Vol. 5, No. 4, October 1975, p. 484.

34. 一个指标就是非农就业在工作年龄人口中的百分比:奥地利为 49.2%(1951 年);比利时为 53.0%(1960 年);荷兰为 52.0%(1947 年);瑞士为 62.8%(1960 年)。参见 Bruce M. Russett et al., *World Handbook of Political and Social Indicators*, New Haven: Yale University Press, 1964, p. 182。

35. Douglas W. Rae, and Michael Taylor, *The Analysis of Political Cleavages*, New Haven: Yale University Press, 1970, pp. 30—33.

36. 参见 Georges Goriely, "Rapport Introductif sur 'Bruxelles et le fédéralisme'," *Res Publica*, Vol. 13, No. 3—4, 1971, pp. 407—413。

37. 其他语言群体的相应比例如下:说法语者 18.9%(总人口数)与 20.2%(公民人数);说意大利语者 9.5%与 4.1%;说现代拉丁语者 0.9%与 1.0%;以及说其他语言的占 1.4%与 0.3%。

38. Arend Lijphart, "Verzuiling," *in* Andries Hoogerwerf (ed.), *Verkenningen in de politiek* (3d ed.), 2 vols, Alphen aan den Rijn: Samsom, 1976, Vol. 2, pp. 31—32.

39. Marie R. Haug, "Social and Cultural Pluralism as a Concept in Social System Analysis," *American Journal of Sociology*, Vol. 73, No. 3, November 1967, pp. 298—299. 基本数据参见 Arthur S. Banks, and Robert B. Textor, *A Cross-Polity Survey*, Cambridge, Mass.: M. I. T. Press, 1963, app. A。

40. 参见本书第一章,鲍威尔在关于奥地利的社群研究中,证实了这一理论。参见 G. Bingham Powell, Jr., *Social Fragmentation and Political Hostility: An Austrian Case Study*, Stanford: Stanford University Press, 1970,尤其是 pp. 37—38。对该理论的批评参见 Peter W. Sperlich, *Conflict and Harmony in Human Affairs: A Study of Cross-Pressures and Political Behavior*, Chicago: Rand McNally, 1971;以及 Eric A. Nordlinger, *Conflict Regulation in Divided Societies*, Occasional Papers in International Affairs, No. 29, Cambridge, Mass.: Center for International Affairs, Harvard University, 1972, pp. 93—104。

41. 瑞士的普查数据是伯恩联邦统计局提供的未公布版本。奥地利的民意调查数据(N = 1 999)由维也纳经验社会学研究院提供。瑞士的民意调查数据(N = 2 066)由洛桑瑞士民意调查研究院搜集。在比利时(N = 979)和荷兰(N =

991)从事的调查,是联合国教科文组织有关“对外国人的普遍意见”的四国研究的一部分。对联合国教科文组织的资料的二手分析,参见 Erich Reigrotzki, and Nels Anderson, “National Stereotypes and Foreign Contacts,” *Public Opinion Quarterly*, Vol. 23, No. 4, Winter 1959—1960, pp. 515—528; Nels Anderson, “Opinion on Europe,” *European Yearbook*, Vol. 5, The Hague: Nijhoff, 1959, pp. 143—160;以及 Marten Brouwer, “International Contacts and Integration-Mindedness,” *Polis*, Vol. 1, No. 2, Summer 1965, pp. 1—11。比利时与荷兰的民意调查中有一个弱点,同时也是瑞士调查中的弱点,就是其样本的代表性不能完全让人满意。特别是,体力劳动者的代表严重不足。参见 Heidi Sauer, *Quantitative Data on Common Ideas about Foreign Peoples: Comparative Sample Survey of Factors Affecting National Stereotypes and Prejudices*, Cologne: Unesco Institute for Social Sciences, 1958。在瑞士的民意调查中,对职业这一变量,“家庭主妇”并未包含其丈夫的职业,“退休者”并未包含其先前的职业。因为职业通常被用来作为社会阶层的衡量指标,适合这一目的的样本,其可用比例一边倒地为男性(75.7%)。最后一点,奥地利民意调查中的缺点,在于它是在 1967 年展开的,而此时大联盟时代已然终结。为检验这些民意调查数据的信度,我们把以普查数据为基础的分化指数与横贯指数,和从民意调查数据计算出来的相同指数作比对(只要这两组数据同时可得)。如下所示,这两组数据在所有例子中都相当接近。以普查数据为基础的指数居前,荷兰的宗教分化指数为 0.64 与 0.61;瑞士的宗教分化指数为 0.50 与 0.50,语言分化指数为 0.40 与 0.44。瑞士的宗教与语言横贯指数为 0.48 与 0.49,横贯角度为 61°与 56°。奥地利的政党体系分化指数为 0.59(以 1962 年的选举结果为基础)与 0.53。

42. 当这四种角度在一个 2×2 的表格中被标示为 f_{11}、f_{12}、f_{21}、f_{22},且 $f_{11}f_{22} \leqslant f_{12}f_{21}$,公式则为:横贯角度 $= f_{11}f_{22}/(f_{11}f_{22} + f_{12}f_{21}) \times 180^\circ$。

43. 此分类标准来自 Robert R. Alford, *Party and Society: The Anglo-American Democracies*, Chicago: Rand McNally, 1963, pp. 69—71。

44. 这与鲍威尔在海兰(Hallein)社区的研究发现一致,参见 G. Bingham Powell, Jr., *Social Fragmentation and Political Hostility: An Austrian Case Study*, Stanford: Stanford University Press, 1970, pp. 24—25。

45. Val R. Lorwin, “Belgium: Religion, Class, and Language in National Politics,”in Robert A. Dahl, *Political Oppositions in Western Democracies*, New Haven: Yale University Press, 1966, pp. 158—159. 也可参见关于佛兰德斯人和瓦龙人宗教实践的评估,参见 Jean Meynaud et al., *La décision politique en Belgique*, Paris: Colin, 1965, pp. 24—25。

46. Leslie Lipson, *The Democratic Civilization*, New York: Oxford University Press, 1964, p. 152.

47. Douglas W. Rae, and Michael Taylor, *The Analysis of Political Cleavages*, New Haven: Yale University Press, 1970, pp. 92—95, 99—103.

48. Robert A. Dahl, *Political Oppositions in Western Democracies*, New Haven: Yale University Press, 1966, p.378n.

49. E.E. Schattschneider, *The Semisovereign People: A Realist's View of Democracy in America*, New York: Holt, Rinehart and Winston, 1960, pp.67—68.

50. Harry Eckstein, *Division and Cohesion in Democracy: A Study of Norway*, Princeton: Princeton University Press, 1966, p.67.

51. Val R. Lorwin, "Belgium: Religion, Class, and Language in National Politics," in Robert A. Dahl(ed.), *Political Oppositions in Western Democracies*, New Haven: Yale University Press, 1966, p.176.

52. Rodney P. Stiefbold et al., *Wahlen und Parteien in Österreich: Österreichisches Wahlhandbuch*, 3vols., Vienna: Verlag für Jugend und Volk, 1966, Vol.2, pp.584—585.

53. William T. Bluhm, *Building an Austrian Nation: The Political Integration of a Western State*, New Haven: Yale University Press, 1973, p.63.

54. 王室是比利时民族主义和国家统一的一个特别重要的象征。参见本书第二章的相关讨论。

55. 对瑞士而言,判断哪些政党为"主要"政党并不容易。表 3.4 中包括的四个政党,就联邦层次而言是主要政党,在联邦委员会也各有其代表。但是,在州层次,还有若干其他政党在行政机构中占有职位。有关瑞士的政党体系,参见 Erich Gruner, *Die Parteien in der Schweiz*, Berne: Francke, 1969;以及 Jürg Steiner, "Typologisierung des schweizerischen Parteiensystems," in *Annuaire suisse de science politique*, Vol. 9, Lausanne: Association Suisse de Science Politique, 1969, pp.21—40。

56. 荷兰的宗教二分法,为无宗教信仰者对应天主教派信徒与加尔文教派信徒;就天主教派信徒对应非天主教派信徒的二分法而言,横贯角度分别是 3°和 4°。在瑞士,说意大利语者并未被包含在表 3.4 中。

57. 关于选举行为的更多近期数据,参见 Nicole Delruelle, René Evalenko, and William Fraeys, *Le comportement politique des électeurs belges*, Brussels: Éditions de I'Institut de Sociologie, Université Libre de Bruxelles, 1970; A.-P. Frognier, "Distances entre partis et clivages en Belgique," *Res Publica*, Vol.15, No.2, 1973, pp.291—311; Keith Hill, "Belgium: Political Change in a Segmented Society," in Richard Rose(ed.), *Electoral Behavior: A Comparative Handbook*, New York: Free Press, 1974, pp.29—107; Henry H. Kerr, Jr., *Switzerland: Social Cleavages and Partisan Conflict*, Professional Papers in Contemporary Political Sociology, No.06-002, London: SAGE, 1974; Arend Lijphart, "The Netherlands: Continuity and Change in Voting Behavior," in Richard Rose (ed.), *Electoral Behavior: A Comparative Handbook*, New York: Free Press, 1974, pp.227—268;以及 Werkgroep Nationaal Verkiezingsonderzoek 1972, *De*

Nederlandse kiezer' 72, Alphen aan den Rijn: Samsom, 1973。

58. Seymour Martin Lipset, *Political Man: The Social Bases of Politics*, Garden City, N. Y.: Doubleday, 1960, p.31.

59. Derek W. Urwin, "Social Cleavages and Political Parties in Belgium: Problems of Institutionalization," *Political Studies*, Vol. 17, No. 3, September 1970, pp.326, 336.

60. Val R. Lorwin, "Belgium: Religion, Class, and Language in National Politics," in Robert A. Dahl(ed.), *Political Oppositions in Western Democracies*, New Haven: Yale University Press, 1966, p.174.

61. A. van den Brande, "Elements for a Sociological Analysis of the Impact of the Main Conflict on Belgian Political Life," *Res Publica*, Vol. 9, No. 3, 1967, p.462.

62. Harry Eckstein, *Division and Cohesion in Democracy: A Study of Norway*, Princeton: Princeton University Press, 1966, pp.193—194.布兰德认为,由于比利时选民身上的众多交叉压力,"在比利时强制投票并非偶发事件",参见A. van den Brande, "Elements for a Sociological Analysis of the Impact of the Main Conflict on Belgian Political Life," *Res Publica*, Vol.9, No.3, 1967, p.465。

63. E. E. Schattschneider, *The Semisovereign People: A Realist's View of Democracy in America*, New York: Holt, Rinehart and Winston, 1960, p. 68 (italics added).

64. Quincy Wright, "The Nature of Conflict," *Western Political Quarterly*, Vol.4, No.2, June 1951, p.196.

65. David Easton, *A Systems Analysis of Political Life*, New York: Wiley, 1965, p.250(italics added).

66. Val R. Lorwin, "Belgium: Religion, Class, and Language in National Politics," in Robert A. Dahl(ed.), *Political Oppositions in Western Democracies*, New Haven: Yale University Press, 1966, p.187.

67. Walker Conner, "Self-Determination: The New Phase," *World Politics*, Vol.20, No.1, October 1967, pp.49—50.

68. Karl W. Deutsch, *Political Community at the International Level*, Garden City, N. Y.: Doubleday, 1954, p.39.

69. Bruce M. Russett et al., *World Handbook of Political and Social Indicators*, New Haven: Yale University Press, 1964, pp.64—65.

70. Roger Girod, "Geography of the Swiss Party System," in Erik Allardt, and Yrjö Littunen(eds.), *Cleavages, Ideologies and Party Systems: Contributions to Comparative Political Sociology*, Helsinki: Academic Bookstore, 1964, p.133.

71. 将非公民排除,减少了10.6%的人口。而排除另外两个群体,又减少1.6%的人口。这样一来,表3.5便是以1960年总居住人口的87.6%为基数计算的。

72. 表3.5的宗教分化指数,与表3.2中瑞士所呈现的宗教分化指数略有不同。因为,表3.5并非以总公民人口为基数(参见前面一个注释。)

73. Seymour Martin Lipset, *Political Man*: *The Social Bases of Political*, Garden City, N.Y.: Doubleday, 1960, p.92.

74. Jürg Steiner, *Amicable Agreement versus Majority Rule*: *Conflict Resolution in Switzerland*(rev. ed.), Chapel Hill: University of North Carolina Press, 1974, p.256.

75. James A. Dunn, Jr., "'Consociational Democracy' and Language Conflict: A Comparison of the Belgian and Swiss Experiences," *Comparative Political Studies*, Vol.5, No.1, April 1972, p.20.

76. 关于侏罗区的宗教和语言构成的各种数据,由 François-L. Reymond, "La question jurassienne et I'évolution du mouvement séparatiste, 1959—1964," in *Annuaire suisse de science politique*, Vol. 5, Lausanne: Association Suisse de Science Politique, 1965,尤其 pp. 35—36 提供。同时参见 Kurt B. Mayer, "The Jura Problem: Ethnic Conflict in Switzerland," *Social Research*, Vol.35, No.4, Winter 1968, pp. 707—741; Michel Bassand, "Changement social et antagonismes sociaux: Aspects sociologiques de la 'question jurassienne'," *Les intérěts du Jura*, Vol.43, No.8, August 1972, pp.163—182; Kenneth D. McRae, Switzerland: Example of Cultural Coexistence, *Contemporary Affairs*, No.33, Toronto: Canadian Institute of International Affairs, 1964, pp.57—61;以及 William R. Keech, "Linguistic Diversity and Political Conflict: Some Observations Based on Four Swiss Cantons," *Comparative Politics*, Vol.4, No.3, April 1974, pp.387—404。

77. Robert A. Dahl, *Polyarchy*: *Participation and Opposition*, New Haven: Yale University, 1971, p.119n.

78. James A. Dunn, Jr., "Consociational Democracy and Language Conflict: A Comparison of the Belgian and Swiss Experiences," *Comparative Political Studies*, Vol.5, No.1, April 1972, p.32.

79. Derek W. Urwin, "Social Cleavages and Political Parties in Belgium: Problems of Institutionalization," *Political Studies*, Vol. 17, No. 3, September 1970, p.338.

80. 参见 A. Coppé et al., *Herverdeling van de politieke macht*, Brussels: Reinaert, 1972; Luc Huyse, "Un regard sociologique sur la question linguistique en Belgique," *Septentrion*, Vol.3, No.3, 1974, pp.23—25; Martin O. Heisler, "Institutionalizing Societal Cleavages in a Cooptive Polity: The Growing Importance of the Output Side in Belgium," in Martin O. Heisler(ed.), *Politics in Europe*: *Structures and Processes in Some Postindustrial Democracies*, New York: McKay, 1974, pp. 178—220;以及 James A. Dunn, Jr., "The Revision of the Constitution in Belgium: A Study in the Institutionalization of Ethnic Conflict,"

Western Political Quarterly, Vol. 27, No. 1, March 1974, pp. 143—163。

81. Alfred Diamant, *Austrian Catholics and the First Republic*: *Democracy, Capitalism, and the Social Order, 1918—1934*, Princeton: Princeton University Press, 1960, pp. 83—85, 259—260; Kurt Steiner, *Politics in Austria*, Boston: Little, Brown, 1972, pp. 98—106.

82. 这一点导致表 3.7 与表 3.4 的数据略有不符。

83. 引自 Sidney Verba, "Some Dilemmas in Comparative Research," *World Politics*, Vol. 20, No. 1, October 1967, p. 126。

84. Hans Daalder, "On Building Consociational Nations: The Cases of the Netherlands and Switzerland," *International Social Science Journal*, Vol. 23, No. 3, 1971, pp. 367—368.

85. Gerhard Lehmbruch, *Proporzdemokratie*: *Politisches System und politische Kultur in der Schweiz und in Österreich*, Tübingen: Mohr, 1967, pp. 8, 17.

86. Kenneth D. McRae (ed.), *Consociational Democracy*: *Political Accommodation in Segmented Societies*, Toronto: McClelland and Stewart, 1974, p. 11.

87. Hans Daalder, "The Consociational Democracy Theme," *World Politics*, Vol. 26, No. 4, July 1974, p. 618; Kenneth D. McRae (ed.), *Consociational Democracy*: *Political Accommodation in Segmented Societies*, Toronto: McClelland and Stewart, 1974, pp. 25—27.

88. 引自 P. J. Oud, *Honderd jaren, 1840—1940*: *Een eeuw van staatkundige vormgeving in Nederland*, Assen: Van Gorcum, 1954, p. 237; 以及 J. A. A. H. de Beaufort, *vijftig jaren uit onze geschiedenis*: *1868—1918*, 2vols., Amsterdam: Van Kampen, 1928, Vol. 2, p. 212。

89. Val R. Lorwin, "Constitutionalism and Controlled Violence in the Modern State: The Case of Belgium,"论文宣读于 the annual meeting of the American Historical Association, San Francisco, 1965, p. 4。

90. Gerhard Lehmbruch, *Proporzdemokratie*: *Politisches System und politische Kultur in der Schweiz und in Österreich*, Tübingen: Mohr, 1967, p. 25.

91. Frederick C. Engelmann, "Haggling for the Equilibrium: The Renegotiation of the Austrian Coalition, 1959," *American Political Science Review*, Vol. 56, No. 3, September 1962, p. 651.

92. Otto Kirchheimer, "The Waning of Opposition in Parliamentary Regimes," *Social Research*, Vol. 24, No. 2, Summer 1957, p. 137; Rudolf Steininger, *Polarisierung und Integration*: *Eine vergleichende Untersuchung der strukturellen Versäulung der Gesellschaft in den Niederlanden und in Österreich*, Meisenheim am Glan: Hain, 1975, p. 215.

93. William T. Bluhm, *Building an Austrian Nation*: *The Political Integration of a Western State*, New Haven: Yale University Press, 1973, p. 46.

第四章
非协合民主中的协合因素

在前面的章节中，我们已顺带指出，这四个协合民主国家在接近纯粹协合民主模型的程度上，存在着相当的差异。[1]就区块化的强度看，瑞士同其他三个国家相比，为更不明显的多元社会。瑞士的区块不能像奥地利、比利时和荷兰那样可以被简单地界定。在洛温的区块多元化分类中，其他三个协合民主国家都归于高度多元化的行列；相比之下，瑞士则只能归于中度多元化的行列。洛温还将这四个国家的十四个活动领域（如教育、大众传媒、政治与经济组织，以及休闲活动），依据其区块多元化程度（即这些活动领域沿着区块隔阂而组织的程度）进行排列。最终，比利时十一次得到“高度多元化”的评价，荷兰为八次，而奥地利则为七次。根据这种测量方法，瑞士在区块化程度上也被评价为“显著偏低”：它只在三个活动领域中得到“高度多元化”的评价。[2]至于精英联合的程度，奥地利和瑞士，相比于比利时和荷兰，则更加接近于彻底的协合民主类型。而且，比利时的情况要复杂一些，因为多年以来，比利时将协合民主的方式，用于解决宗教—意识形态隔阂问题，比用于解决语言分化问题要更为频繁和持久。

而且，随着时间的推移，情况已经发生了改变。20世纪50年代末，协合民主发展到顶点。从此以后，在所有这四个协合民主国家中，区块隔阂的显著性和强度都开始下降。当然，比利时语言问题引致的情感是唯一的例外。同时，最后一个问题也逐步通过协合民主式（特别是半联邦式）的安排获得了解决。但是，在其他大多数方面，精英联合的程度下降了。

1966年，奥地利的大联盟被天主教一党内阁取代。到1970年，天主教一党内阁又被社会主义政党内阁取代。而在荷兰，社会主义及其较小的左翼同盟，则采用了明显反协合民主的立场。在1971年和1972年的选举竞争中，它们鼓吹向多数原则激进回归，并依照明确的非协合民主战略，组成一个英国式的“影子内阁”，以反对责任联盟。[3]

最为接近协合民主理想类型的案例，是1945年至1966年奥地利大联盟内阁时期的奥地利。其他三个国家，即使在20世纪50年代晚期协合民主发展最为鼎盛的时候，于某些显著面向上也偏离了纯粹的协合民主模型，尽管它们足以被归为协合民主。相反，一些非协合民主国家，也存在诸多显著的协合民主要素。

一、民主政体的类型学

协合民主是四分法分类框架中一个类型。该分类框架由社会结构（多元或同质）与政治精英的行为（联合或对立）交叉列表而成（见图4.1），它部分符合阿尔蒙德关于民主体系的分类框架。离心型与向心型多少等同于欧陆型与英美型。在这里，我们使用“离心”与“向心”的概念，而不使用阿尔蒙德的概念，是为了避免任何无意中的地理内涵。

		社会结构	
		同质	多元
精英行为	联合	去政治化的民主	协合民主
	对立	向心民主	离心民主

图4.1　民主政体的分类框架

按照诸多杰出学者于20世纪60年代早期对主要的政治发展所作的观察，去政治化（Depoliticized）类型代表了这一时期西方民主国家看起来正在迈向的一类民主政体。该类型被描述为诸如“新欧洲”(New Europe)、“利益集团自由主义”(Interest-group Liberalism)以及“民主利维坦”(Democratic Leviathan)这样的词汇。这一潮流好像意味着意识形态和宗教紧张的弱化,以及联合决策的同步增加。举例来说,厄恩斯坦·B.哈斯(Ernst B. Haas)就曾认为,分立的人口区块内部的“密集的情感和期待”“看起来是过去的事情了”。同时,他还发现,“新欧洲”这一典型民主呈现出大联盟统治的面貌。特别是在经济领域,这一趋势就是走向“民主计划”,用哈斯的话讲,其特征就是“在欧洲社会,所有主要的志愿性群体,通过精心设计的委员会和参议会而持续参与……常设性的协商和临时性的调解,往往取代了活跃的对抗、教条式的讨论以及阶级间的冲突”[4]。正如斯坦·罗坎(Stein Rokkan)描述的,挪威的决策类型可以作为例证。在挪威,关键的经济政策都是所有利益集团在“一年一度的政治协商”中作出的,“政府当局直接面对工会领袖、农场主代表、小农代表、渔民代表以及雇主协会的代表,围绕着谈判桌进行”。[5]

在美国的民主中,与上述趋向相当的,就是西奥多·洛维(Theodore Lowi)所定义的“利益集团自由主义”。在肯尼迪政府时期,该哲学的要义受到了热捧。对于这一点,小阿瑟·施莱辛格(Arthur Schlesinger, Jr.)曾简洁地陈述道:“社会的各主要利益,都在政策形成的内部过程中被代表——只有当这些利益的成员或鼓吹者被吸纳到政府的关键职位时,才能做到这一点。”[6]这一“新美国”(New America)的理念,与“新欧洲”大联盟政治的典型模式有着惊人的相似。

图 4.1 这一分类框架中的四个类型,不仅表现了社会多元化程度和精英行为的不同组合,也意味着政治稳定的不同水平。离心式民主是不稳定的,但向心式和协合式民主却是稳定的。因为去政治化的民主结合了向心民主与协合民主的稳定化特征,其稳定性应该是最高的。但实际情况并非如此,这主要是因为,反对该类型政体不充分的民主品质,以致形成去稳定化效应。对协合民主的大多数批评,都适用于去政治化的民主类型,但后者缺乏理由证明:为处理多元社会的严重隔阂,联合行为必不可少。举例来说,洛维就基于诸多理由而谴责“利益集团自由主义”,包括趋向于导致“一种寡头政治的情形”,以及“大众控制的机构的萎缩”。[7]

达尔在1966年出版的一本著作中，极有远见地预测道：西方民主国家中冲突的一个越来越重要的根源，将是"民主利维坦"的性质。他认为，已经有迹象表明"众多年轻人、知识分子以及学者，都反对民主利维坦……因为，在他们看来，其民主性并不够：这种新利维坦过于遥远，也太过官僚化；太沉迷于谈判和妥协；过于成为政治精英和技术官僚的工具。而他们对这些政治精英和技术官僚只有微弱的认同"[8]。

新民主(neodemocratic)反对去政治化的民主政体，可能在诸多方面导致政治不稳定。它将刺激人们去重新引入对抗性政治的路径，而这一点意味着从去政治化的民主转变为向心民主。因为这一变化保持了政体的民主性质，还算是值得肯定的结果。但是新民主的反对，也可能采取激进地要求参与式民主(Participatory Democracy)的形式，或直接的议会外行动的形式。但这些形式将导致决策系统的超载，并因而导致政府效能的降低。[9]而且，它们还可能或是在支持参与式民主理念而受挫的少数群体中，或是在反对新民主目标与方法的保守反对者之间，引发反民主的态度和行动。

应该强调的是，与一些批评观点相反，民主政体的四分法分类框架既非静态的也非纯描述性的。[10]它将社会多元与否的特征和精英行为这些自变量，与政治稳定这一因变量联系了起来。因此，自变量的任何变化，都将影响我们所考虑的民主的稳定性水平。而且，由于这一关系中的一个变量为政治稳定性，该分类框架也就说明了：何种民主类型在其本性上更可能持久(向心民主与协合民主)，以及何种类型更可能是短命的(离心民主与去政治化民主)。比如，在20世纪60年代早期看起来不可抗拒的去政治化民主潮流，后来就停止甚至逆转了。这一事实可作如下解释：原有隔阂的消失比预期的慢，加之新隔阂的出现(也就是说，向分类框架左边的水平移动停止并逆转了)，以及去政治化民主政体内在的不稳定性。最后，该分类框架，与之前"实行协合民主的有利条件"的讨论存在关联，在某些方面说出了不稳定的离心民主可能的发展方向：如果条件有利则走向协合民主，否则就走向非民主政体。

二、向 心 民 主

图 4.1 中的分类，既可被看作对一系列相关的理想类型的分类体系；也可被看作对经验政治体系的分类框架。这后一种看法，让我们尝试将若干西方民主归入该框架的各个范畴。这样做的主要目的，是判定这些西方民主与这些范畴的符合程度；以及，在不完全符合的案例中，哪两个或哪两个以上的范畴是重复的；特别是判定，那些主要是非协合民主的国家，在多大程度以及哪些方面，的确具有协合民主的诸多特征。这样一种分类，要求明确交代我们所考虑的时间跨度。因为社会结构和精英行为，以及从这两个维度界定的政体，都会发生改变。虽说少有民主转变的案例像奥地利所经历的那样：先是从第一共和国的离心民主到一段时期的独裁政治，后是第二共和国大联盟时期的协合民主，接着，在 1966 年又转变为一个兼具向心特征和去政治化特征的政体。[11] 对于变化较少的例子，我们将讨论二战之后的“一般”情形。

向心民主这一类型，相当于阿尔蒙德所讲的英美型政治体系。但是，它还包括三个斯堪的纳维亚国家、芬兰和冰岛。在阿尔蒙德最初的表述中，他认为斯堪的纳维亚国家介于英美型与欧陆型之间，但他后来又将它们同英国和美国都放到具有同质性政治文化的一组国家中。这一点，也与丹克沃特 · A. 拉斯托(Dankwart A. Rustow)将斯堪的纳维亚国家评价为“高度同质的社会群”[12]一致。这一描述也同样适合于芬兰和冰岛。尽管在政治文化上，北欧这五个国家之间还存在诸多差异：相对而言，挪威、芬兰和冰岛同质性更低。实际上，埃克斯坦就认为，挪威具有“区块隔阂”的特征，他还用“巨大、尖锐而持续得惊人的分化”这样的字眼描述这一特征。挪威的分化程度，或许的确在一定程度上高于邻近的丹麦和瑞典。但是，当我们向欧陆南部行进，所看到的区块隔阂与挪威的分化相比，后者就显得相对弱小且不合逻辑。但是，埃克斯坦并未这样比较。而且，虽说挪威社会存在显著分化，但也被埃克斯坦自己描述的横跨型

“强烈社群感”以及“横贯所有分化的社会与政治同质性”[13]抵消了。因此，持中地看，挪威确实可以与其他基本上是同质社会的斯堪的纳维亚国家归为一类。芬兰则有强烈的理由声称自己归于多元社会，因为它有一个人数极少的说瑞典语的少数族群，还和冰岛一样拥有一个大型的共产党。

至于该分类的第二个维度，即精英行为方面，斯堪的纳维亚国家普遍因循“执政—反对”的模式。但是，这并非意味着一种极端而对立的风格。比如，在丹麦，我们会发现，对和解的广泛追求不仅存在于内阁层次(丹麦一直以少数派内阁政府而为人所知)，也存在于立法机构。议会的游戏规则要求，所有四个主要政党的高层领导都应尽可能地达成共识。这就是所谓的“glidningspolitik”，杰拉尔德·R.麦克丹尼尔(Gerald R. McDaniel)将它翻译为“柔滑政治”(politics of smoothness)[14]，这是对联合式决策的一个贴切描述。在社会经济计划和行政领域，这种联合形式在斯堪的纳维亚国家已经相当盛行，而且可能比西方世界的任何地方都要盛行。因此，在所有西方民主国家，在去政治化这一方向上，斯堪的纳维亚国家看起来是走得最远的。[15]

就英美型国家自身而言，英国、澳大利亚和新西兰基本上是同质的，并拥有相互对立的精英。爱尔兰共和国同样是这种情况。因而，这些国家很容易被归于向心民主。然而，应当注意一点，实际的政治运作并非一直呈现出对立的风格。即使是在英国，政府在关键议题上也会咨询反对派领袖，而不是仅仅在票数上胜过少数。这意味着，即使英国也并非因循纯粹的“英国模式”。关于英国的情况，还有第二个条件需要说明。通常将英国描述为高度同质的，没能充分注意到英格兰、大不列颠与联合王国之间的差别。英格兰可能的确是高度同质的，但若加上苏格兰和威尔士，英国就成为一个多民族国家。对近年来英国的政治生活来说，这一事实已经变得越发重要。[16]进而言之，联合王国将北爱尔兰统一到大不列颠，而北爱尔兰显然是一个多元社会，而且属于离心民主国家。另一个英美型国家加拿大，也是一个多元社会。加拿大已经发展出一定数量的协合式设置，以应对其英语—法语隔阂；至于北爱尔兰，英国政府近期正在努力使其转变为协合民主国家。本章随后将用较大篇幅来讨论这两个国家。

阿尔蒙德将美国和英国一起放到“英美型民主”中，这说明，他将美国归类为向心民主。尽管在20世纪60年代和70年代，美国存在社会分化增强而政治稳定性下降的迹象，但是，这样归类仍然很可能表达了比较政治学学者的共识。然而，这忽视了一点：在界定向心民主的两个维度上，美国都存在偏离。与高度同质不同，美国政治文化的分化性和多元性达到了显著的程度。就像达尔讲的：“美国南部形成了一个明显区域化的亚文化，这已经达近两个世纪。”[17]在南部脱离联邦以及内战之前的那些年，美国应当被视为离心民主。美国在内战以后发展出协合式安排：给予南部区块高度自治权，并给予其领袖在联邦决策中的关键职位。这是通过以下方式实现的：如担任国会中核心委员会的主席，以及运用议案阻碍策略。公民权利立法方面的缓慢进步，在很大程度上归因于这些协合式设置，这些设置构成了南方一种非正式但有效的否决权。

当然，说美国是一个多元社会而非同质社会，还有第二层意思：美国不仅区分为南方区块与非南方区块，还区分为黑人区块和白人区块。艾琳·廷克(Irene Tinker)接受了这一观点，他称美国黑人为“一个多元社会中不被同化的少数族群”，并认为“美国现在不是，以后也不可能变成一个具有同质性人口的国家”。[18]有一点值得注意，关于黑人权力的意识形态，虽说远非统一而坚固，但却存在若干显著的协合式特征。首先，它有理念强调黑人区块的分立，以及组成区块性政党和区块性利益团体的必要。这样，黑人区块的代表就可以斟酌和不同的团体与政党结成联盟。斯托克利·卡迈克尔(Stokely Carmichael)和查理斯·V.汉密尔顿(Charles V. Hamilton)就声称：“黑人力争首先成为政治权力的一个独立基础，这一点绝对需要……(这样)黑人就具备同意或退出联盟的机动能力。”与此直接相连的一个观念，就是区块自治：“我们必须开始将黑人社群视为在该社群中组成控制机构的一个基础。”[19]这里的假定仍然是：区块组织和自治权会催生更大的平等，不只是“分离而平等”，而是“分离且因此而平等”。这样一种(至少部分地)协合民主方案，是否有任何机会成功呢？黑人区块人口有限，社会经济地位贫弱，且缺乏清晰的领土基础，这些都构成不利因素。欧洲协合民主的经验表明，分离并不内在地引致不平等。

三、离 心 民 主

离心民主相当于阿尔蒙德所讲的不稳定的欧陆政治体系。阿尔蒙德所举的例子有法兰西第三共和国和第四共和国，德国魏玛共和国，以及战后的意大利。同样的政体也可作为离心民主的例子。此外，还可以补充若干国家，如奥地利第一共和国，以及 20 世纪 30 年代早期短命的西班牙共和国。法国、德国和意大利的例子，特别是法国和德国，我们必须作一简短的推敲和澄清。因为，将它们归于离心民主，可能会受到质疑，事实上已经多有争议。

法兰西第四共和国经常被视作不稳定、无效能而瘫痪的民主的突出例子。但是，在政治文化分化的意义上解释其政治不稳定，已经受到批评。这里有两个原因：首先，诺德林格反对将法国政治长期不稳定归咎于"政治的意识形态泛滥"和"分化的政党体系"。他表示，这种解释轻巧地忽略了"在法国，政治游戏事实上的玩法。虽然意识形态充斥于政党的选举和宣传攻势中，法国政客这种公开的意识形态架势，并未阻止他们在议会及其走廊上用尽妥协手腕。事实上，法国的政治阶层视妥协为行动的积极原则，而议会活动则主要围绕非意识形态的议题争吵"[20]。但是，这种描述，只适合于核心政党。对于共产主义者和戴高乐主义者，就不能这样描述了。因为，在第四共和国期间，这些人采取了对立立场，甚至到了否定政体的程度。

而且，虽然支持第四共和国的核心政党的那些精英基本上是无意识形态的，但是，这一点对政治体系的稳定性并没有多大贡献。因为，正如内森·莱次(Nathan Leites)指出的，法国议会政治的一个主要游戏规则，就是政客们"适当发展的规避责任的能力"[21]。他们玩弄政治游戏的方式，和沃克吕兹(Vaucluse)省的劳伦斯威利(Laurence Wylie)村玩滚球戏的方式相同：玩家和观众更感兴趣的是游戏本身，而非游戏的结果；而且，乐趣和刺激大都来自玩家之间的辩论，这就是力图巧妙地让自己置身于决策责任之外。[22]换句话说，这些法国政客是没有意识形态，但也不是建设性的务实主义者。而且，如果作下面的设想也是不正确的：因为政治精英并非由势不两立的意识形态分歧来区别，因此大众政治也没有意识形态的分化。

对法国政治文化分化论的第二项批评，依据的是个别证据。这项批评宣称，意识形态不仅在精英层次，而且在大众层次，对法国的影响都可以忽略。菲利普・E.康弗斯（Philip E. Converse）和乔治・迪珀（Georges Dupeux）论证道，法国的选举并非高度政治化的，对政党也少有忠诚感。[23]但是，缺乏对政党的稳定忠诚，并不必然意味着政治文化就是不分化的。邓肯・马克雷（Duncan MacRae）令人信服地指出，虽然"一般选民明显缺乏政治参与"，政治分歧还是扩展到全体选民。尽管政治忠诚是离散的，但还是存在"个别政治领袖和传媒能够接近的"、"相对确定且成员身份并不重叠的社会集群"。[24]亚文化分化与低度政治化的这一结合，又可以通过法国人对待权威的消极态度来解释。霍夫曼就曾谈及"对抗权威的潜在反叛心态"；而米歇尔・克罗泽（Michel Crozier）则观察到，这种心态使"群体中的个别人物不可能成为该群体的领袖"[25]。亚文化区块内强大的凝聚力，是协合民主得以成功运行的重要条件。这一条件在法国的缺失，可以用来解释法国人怎样分化，同时却又不大卷入政治；以及，法国政治精英为何不能拥有来自一般民众的强烈支持优势，并致力于建设性合作。

另一方面，法国的例子也说明，不能夸大地将政治不稳定归因于"缺乏解决问题的能力"。毕竟，就像迪韦尔热指出的，虽说法兰西第四共和国存在所有这些缺点和弱点，"但如果不是因为阿尔及利亚战争，它或许依然会存在下来"[26]。关键因素在于，一个实质上的外部问题，对政治体系造成严重负担。同样地，要不是因为面临异常艰巨的难题，政治文化分化的魏玛共和国也可能依然存在。

最后一点，如果说法兰西第四共和国属于离心民主，所以它不稳定；那么，法兰西第五共和国更大的稳定性，能够根据同样的理论框架来解释吗？如果社会的多元化程度变低，而且(或者)其精英行为的对抗性减少，离心民主的稳定性就会增加。在1958年以来法国的政治中，我们可以辨识出这两种现象的发展。[27]在法国大众中间，意识形态已然变成一股不太显著的力量，而法国的政治文化也变得更加同质。在精英层次，相关变化要小一些。但是，(特别是在右翼执政精英中的)对抗性较小的模式，其效应已经受到制度变迁"刻意"却有效地增强。正是这些制度变迁，使执政精英拥有庞大的立法多数并控制总统职位等优势。法国政体的总体动向，主要是迈向向心民主而非离心民主。

德国的民主经验，好像也让人们对这一民主政体分类框架及其理论基础产生怀疑。魏玛共和国属于离心民主，但波恩共和国绝对属于向心民主。这一转变非同寻常。因为，我们一般不会预期一个国家的政治文化出现巨大而快速的改变。关于不稳定的魏玛共和国的分化型政治文化，转变为波恩政体同质得多的政治文化，这其中有三个理由好像可以用来解释。首先，自魏玛共和国结束至波恩新体制初期这段时间，德国人的生活远非"正常"。极权统治的创伤经历、战争、挫败、被占领等等，都强烈地加速了发展。而在通常情况下，发展的速度要缓慢得多。其次，在盟军的主持下，德国发生了"有意操控下根本性政治态度的转变"。用维巴的话讲，这一点实现了"政治文化的重构"。[28]再次，波恩共和国与魏玛共和国基本上就是不同的。不仅它们的政府机构及其稳定性与效能存在差异，在地理意义上它们也根本不同：波恩德国要比魏玛共和国小得多。失去东边的领土，就意味着如李普塞特认为的"西德原来的较大同质性，现在变成一个国家的同质性"[29]。

有关波恩共和国归于向心民主，还必须回答另一个问题。这涉及1966年至1969年"大联盟"的性质。该大联盟是基督教民主党和社会党在库尔特·格奥尔格·基辛格(Kurt Georg Kiesinger)总理的领导下组成的。这是否引发了迈向协合民主或去政治化政体的趋势？某些证据显示了这种倾向。就像莱姆布鲁克所讲的，这一联盟的倡导者中，有一些人是受到"按比例参与的传统"的激励，而"这一传统可以追溯到轮流执政尚不见容于德国政治思想的年代"。促成基督教民主党和社会党绑在一起(这在协合民主中并不让人感觉陌生)，还有一个动机，即极端主义者以新纳粹国家民主党的形式，对政治体系提出了挑战。从另一方面看，这一联盟并非真正的大联盟，因为它将自由主义者排斥在外。与其邻国奥地利不同，在德国，自由主义者是一股小而重要的政治势力。从一开始起，这一联盟也就意图作为纯粹暂时性的安排。而且，这一联盟还一再被强调，德国的联盟形式并非奥地利大联盟的复制品。因为，奥地利大联盟在德国普遍声誉不佳。隐藏在基辛格联盟背后的最重要动机，好像有着实用主义和短期的本质。基督教民主党并不乐意过度依赖自由党作为其联合伙伴，但社会党却急切地要入阁。因此，这两个政党都力图证明自己是负责且值得信赖的。此外，它们也料想自由党终究会消失，因此都不愿意永久转向大联盟政府。它们的发言人强调，彼此的合作代表了一种临时安排，其目的在于“为一个真正的两党体系创造条件”[30]。不过，后来的事实证明，这并不成功。

意大利的情况一直是离心民主的一个明确范例。但即使这样，也必须补充若干限制条件。在地方层次，人们通常会发现，基督教民主党、社会党、共产党与政府官员之间关系真诚，合作也富有成效。[31]而在全国层次，“向左翼开放”(opening to the left)代表了基督教民主党和社会党之间区块隔阂的消弭。迈向大联盟(即横跨从基督教民主党到共产党的政治区间)的下一步，也就是在1973年共产党领袖恩里科·伯林格尔(Enrico Berlinguer)提议的“历史性妥协”，将伴随着协合民主主要元素的引入。[32]

四、半协合民主：加拿大

在英美型世界，加拿大是一个偏离的例子。因为，它的部分人口说法语。这也是让它成为一个多元社会的主要特征。罗伯特·普雷瑟斯(Robert Presthus)运用阿尔蒙德的术语，称加拿大的政治文化是“二元”且“深刻分化”的。这主要上是沿着说英语者—说法语者的轴线来看的。[33]同样，加拿大也可被视作一个双民族的国家。[34]和欧洲的多元社会一样，加拿大也存在显著的宗教和阶级分化；这些分化与语言隔阂部分横贯且部分一致(见图 4.2)。[35]宗教与阶级相互横贯的角度离直角不太远，但呈现出的偏离，却反映了罗马天主教徒普遍低下的社会经济处境。

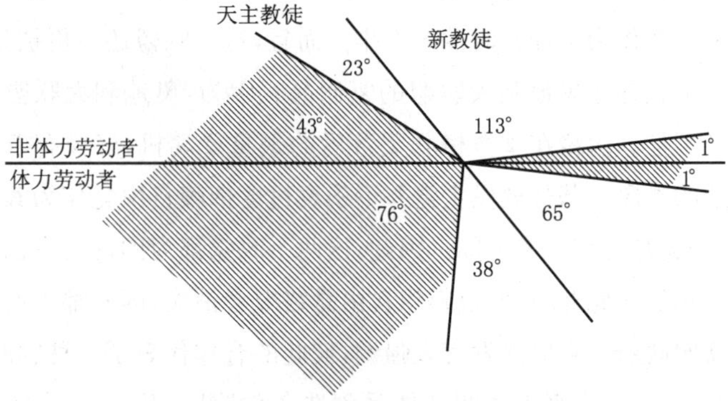

图 4.2　横贯隔阂:加拿大

一个更加重要的横贯偏离，是宗教和语言的相互切割。图 4.2 的阴影部分为说法语者，它在新教徒那一边实际上是没有的。几乎所有的说法语者都是天主教徒。这两种分化的一致，又被宗教因素强化。这一点在加拿大非常重要。因为，说法语者集中于魁北克(Quebec)省及其邻近地区。作为占加拿大总人口约 30%的少数群体，在宗教方面同质，而且主要集中在一个省，加拿大的说法语群体，相比于宗教方面异质并广泛分布于其余九省的说英语群体，更为明显地是多元社会中的一个区块，或是一种政治亚文化。在这方面，加拿大与美国相近。因为，美国南部地区构成了一种独特的亚文化，而在非南部地区的内部，则相当缺乏同质性群体。并且，只有在最简化的意思上，才可以称这一群体为一种亚文化。因而，在加拿大的政治中，魁北克省充当了一个特殊角色。尽管如马克雷所论:“精神性派别的形象，不再能够为魁北克的分歧带来正义。不过，将其看作充满敌意的环境中的一个阵营、一个防御性的综合体，倒未必不恰当。”[36]

马克雷紧跟洛温的例子，也评估出最重要的活动领域沿着语言隔阂而组织的程度。[37]结果是，加拿大的区块多元化程度比奥地利、比利时和荷兰都低，但比瑞士要略高一些。高度多元化的活动领域为教育和传媒，它们显然也是语言方面各自组织的后备领域。[38]教育属于各省的责任，这一点指出了两个重要事实:其一，加拿大的语言隔阂主要因联邦制而制度化，这也正是20世纪70年代后的比利时以及瑞士的情况；其二，政党和利益组织在这个方面贡献很少。约翰·迈泽尔(John Meisel)就曾写道：

> 至今为止，尽管加拿大最严重的隔阂——介于法语文化和英语文化之间的隔阂，溢出了省区界限，但是，其绝大部分(但并非全部)已经变成省和联邦，以及省与省之间协商的事务。在这种协商中，任何类型的魁北克政府，都在最大限度地为加拿大说法语者争取利益。因此，加拿大的首要隔阂，在政党体系以外，其制度化程度也相当高；或者充其量，它与政党的关系也只是间接性的。[39]

加拿大作为一个联邦国家，被划分为十个省(省略了两个人口稀少的地区)。这对隔阂结构造成的后果，体现在表4.1中。鉴于制作该表的目的，我们使用了1965年选举的民意调查数据，以及选举结果的汇总数据。其中，仅包括说英语者与说法语者、新教徒与天主教徒、体力劳动者与非体力劳动者，以及四个最大政党。为计算横贯角度，必须将政党切分为二。因此，新民主党和自由党被归于一类，而社会信用党和保守党则归到另一类。

表4.1　加拿大的分化度与横贯度：各省平均值与全国总值(1965年)

	省区		加拿大
	中数	加权中数	
宗教分化度：			
最大群体(%)	72	78	53
分化指数(F)	.38	.32	.50
语言分化度：			
最大群体(%)	93	92	72
分化指数(F)	.11	.13	.41
宗教与语言分化度：			
最大群体(%)	72	78	53
分化指数(F)	.40	.35	.60
政党体系分化度：			
最大群体(%)	47	45	40
分化指数(F)	.62	.66	.70
宗教与语言横贯度：			
横贯指数(XC)	.32	.27	.27
横贯角度	1°	1°	1°
宗教与阶级横贯度：			
横贯指数(XC)	.48	.49	.49
横贯角度	50°	55°	64°

（续表）

	省区		加拿大
	中　数	加权中数	
语言与阶级横贯度：			
横贯指数(XC)	.49	.49	.50
横贯角度	22°	40°	72°
宗教与政党横贯度：			
横贯指数(XC)	.49	.48	.45
横贯角度	51°	39°	33°
阶级和政党横贯度：			
横贯指数(XC)	.49	.49	.50
横贯角度	67°	59°	85°
语言与政党横贯度：			
横贯指数(XC)	.57	.58	.54
横贯角度	30°	40°	45°

资料来源：计算自迈泽尔等人搜集的1965年选举调查数据，以及1965年的国会选举结果。

对横贯角度的解读应该谨慎。因为，就加拿大人之间的语言与宗教关系而言，这一测量标准并非完全令人满意。两个二分隔阂形成四分区间，对此所作的概述无法区分如下两种情况的差别：一个区间几乎接近不存在(加拿大是这方面的例子)，与两个对角区间几乎接近不存在(即隔阂几乎完全一致)。加拿大的横贯指数显示，在相当程度上，宗教与语言隔阂一致而非横贯；而政党体系沿着宗教隔阂甚于语言隔阂。与瑞士不同的是(见表3.6)，加拿大各省宗教与语言横贯度的加权均值，并不比整个加拿大的指数低：六省的宗教与语言横贯指数均高于全国的相关值(0.27)。

但是，在各省比全国更为同质这方面，加拿大与瑞士非常相似。两国各省州的分化度加权中数与全国的分化度总值相比，都显示：宗教分化约三分之一被横贯(加拿大从0.50到0.32，瑞士从0.49到0.34)，语言分化高于二分之一被横贯(实际上相当于三分之二：加拿大从0.41到0.13，瑞士从0.40到0.17)，而这两种类型的分化超过三分之一结合在一起。因此，加拿人的联邦制具有一个效应，即创生适度(the effect of creating)的更为同质的省区。同时值得一提的是，加拿大和瑞士在北美与西欧的联邦国家中，分权化程度是最高的。1959年，在所有的政府财政中，中央政府消耗的百分比，加拿大仅为 65%，瑞士仅为 61%，明显偏低于美国、联邦德国和奥地利。[40]

体现联邦制的区块自治，也是加拿大民主中最强烈的协合性特征。20 世纪 50 年代以后，各省权力大幅度增加，特别是魁北克省，已经将近半独立了。近期的一项研究总结道：魁北克政府已然取得了“比其他任何省份所能获得的更大幅度的权力和资源”[41]。

加拿大政府的联邦面貌，在 1840 年至 1867 年加拿大联省(United Province of Canada)时期就已经强烈表现出来。不过，联省的政体在形式上属于中央集权，并且是英国依照达勒姆报告(Durham Report)的建议创设的。其承认的目标在于，将说法语者同化到英国文化中。联省的单一立法机构，拥有来自其两个组成部分——上加拿大(安大略)与下加拿大(魁北克)的等额代表。但是，人们很快就意识到，同化并不可能，因而放弃了同化，转而支持文化共存的协合民主形态。加拿大历史学家威廉·奥姆斯比(William Ormsby)论述道：“悖论是，基于完全相反的目标而创设的联盟，却留出相当的空间让联邦特征得以发展。同化一旦被拒绝，平等代表权就呈现确保两个不同文化持续存在的政治外观。”他还用如下文字概括了联省的经验：“超过四分之一世纪以来，这个联盟一直试图发挥准联邦制(quasi-federal system)的功能。但最终，二元化力量同该体制的单一属性产生了直接冲突。”[42]于是，英国在 1867 年通过《北美法案》(North America Act)建立起一个正式的联邦制。

加拿大联省中又一协合民主设置，是“双重多数决”(double majority)原则。在这一经常但并非一贯采用的非正式原则下，特别是涉及联省的两个部分之一的立法，只有获得该部分的多数以及全体立法机构的多数，方能通过。当然，“双重多数决”原则相当于相互否决原则和卡尔霍恩的协同多数原则。这一原则在联省结束以后，未能以一种明确的形式保留下来。但在作为少数区块代表的魁北克省，否决权则相当重要。对涉及其重大利益的决策，魁北克省仍然可以说拥有相当广泛而有效的非正式否决权。

加拿大的另外两种协合民主设置，即比例原则和大联盟，都要薄弱得多，但绝非完全缺乏。在加拿大，不管是联邦选举，还是内阁的形成，其运作根据的都是多数决原则。选举方式是单一选区多数决，内阁为一党内阁（这一点有时意味着少数内阁）而不是或狭隘或有广泛基础的联合政府。马克雷将多数决哲学称为“加拿大政治体系的要害”和“来自英美型民主的有害遗产”。[43]但是，在加拿大的政治中，仍然存在若干比例性与联合的元素。正是这些元素调节了多数决和对立原则。首先，当区块在地理上集中时，比例代表制的选举方式并非协合民主的关键要素。如果选区边界完全沿区块边界划分，选区的大小又相当，即使实行单一选区多数决，也将产生区块比例代表制的效果。加拿大的选区并非完全同质，其中有不到四分之一存在超过10%的说英语或说法语的少数群体。其次，尽管说法语而拥有公职的人偏少，但在1969年通过《官方语言法》（Official Language Act）之后，他们的比重已经增加了，特别是较高级的职位。甚至在更早，至少也有某种努力使其不偏离比例代表制太远。比如，约翰·波特（John Porter）就引用联邦内阁一位成员的话说：“服务效率和促进国家团结，是必须遵守的两个原则。”[44]比例性原则的第三个例子，是1949年的《最高法院法》（Super Court Act）。该法明确要求，九名法官中至少须有三名从魁北克的高级法院或法律界任命。

再者，尽管加拿大没有大联盟内阁，但在联邦内阁的内外，都具有多个联合因素。省际组织诸如教育部长会议、联省会议，众多以各省代表为成员基础的联邦评议会、咨议会和委员会，以及各省高级公职人员之间的各种见面会和磋商会，所有这些都可以被当作大联盟。[45]联邦内阁中的两个区块，通常都拥有充分的代表权。但是，这一点取决于，在多大程度上执政党自身作为一种大联盟而非区块性政党。自由党不仅得到说英语者的强烈支持，也得到说法语者的强烈支持。因此，自由党内阁呈现出政党内区块大联盟的面貌。而保守党通常很少得到魁北克以及其他地方说法语者的支持，因此在这方面其地位就弱势多了。S. J. R. 诺埃尔（S. J. R. Noel）就认为：“（保守党的）戴芬贝克（Diefenbaker）政府在联邦层次的和解过程中，未能吸纳一名魁北克省的政治精英，这一点无疑是促使其倒台的主要原因之一。其政策和决策并非反魁北克，只是，它未能意识到精英和解的重要性。”[46]然而，总的来说，“长期而牢固的传统，要求内阁不仅要如实代表各省，也要代表宗教和语言群体。就算牺牲一点效率也不在乎。”[47]

沿着世俗维度，将大联盟原则应用到最重要的政府职位上，这同样值得关注。自由党的领导层，一直由说英语者与说法语者轮流充任。因此，自由党内阁的首相、首次任命加拿大人以来的总督、众议院议长和最高法院首席大法官等职位，也由说英语者与说法语者轮流充任。

相比于后继的加拿大联邦，加拿大联省有着更加显著的协合民主特征。联省期间，组成联省的每个部分都发展出两党体系，而这四个国会团体则在两个跨区块隔阂的松散联盟中运转：上加拿大的保守主义者和下加拿大的蓝党(Bleus)联合，上加拿大的革新者和下加拿大的红党(Rouges)联合。1848 年责任政府建立以后，联省也随之设立了一个双首相与双部会的非正式体系，以给予两个区块完全平等的权力。[48]这一安排得到协同多数原则的强化。加拿大联省最后一个显著的协合民主特征，就是其首都轮流坐落于两个区块内，一直到渥太华成为政府的永久所在地。

加拿大协合民主的发展程度很值得关注。因为，它所具备的协合民主条件，通常并未起到促进作用。唯一明显的有利因素是区块隔离。加拿大的两个区块，经常被称作“两座孤岛”。加拿大联省期间，权力配置二元而不平等。其中，说法语者最初居于多数，但在立法机构中，两个区块拥有同等的代表权。到加拿大联邦时期，依然是二元而不平等的均衡状态；但是，说英语者在普选选票和国会席位上均获得多数。1971 年公布的“多元文化”政策，是试图给予少数族群(既非说英语者也非说法语者)文化利益较大关注的唯一一次微弱努力。但是，这并不代表加拿大已经在如下方向上迈出重要一步：将约 70%的说英语的多数，划分为分别约占 45%和 25%的盎格鲁—凯尔特少数文化和“其他”少数文化。此外，说法语者倾向于将多元文化政策解读为，对其(作为两大支配性语言与文化之一)地位的一个潜在威胁；而不是将其视作一项受欢迎的迈向权力多元平衡的举措。加拿大属于中型政权，而非小型政权；而且，不存在严重的外部威胁以强化其薄弱的国家忠诚感。就像迈泽尔所写的：“加拿大几乎完全缺乏真正共享的一套象征、英雄、历史事件、敌人，甚至是抱负。”[49]表 4.1 呈现的语言与阶级横贯度显示，在经济上加拿大的两个区块是不平等的，虽然这种不平等并不严重。

而且，在加拿大，人们难以发现协合民主先在传统的任何痕迹。殖民加拿大的欧洲强权是中央集权的民族国家，它们的政治传统，显然不同于神圣罗马帝国及其后继国家中盛行的政治传统。马克雷认为，英国和法国的传统得到增加，因为，它们在加拿大的"殖民实践，代表着对原先社会的选择性分化……新法国正是路易十四和科尔贝(Colbert)政权的投射，但它缺乏旧封建制的抗衡。失去美利坚殖民地之后，英国的北美殖民地由帝国总督和英国驻军统治。直到19世纪40年代，它都缺乏有效的政治反对力量，以抗衡这种强大的行政影响"[50]。再者，在加拿大代议机构的形成阶段，英国有着支配性的广泛影响。因此，在加拿大联省期间，出于统治一个多元社会的必要性，而自发采用了一系列关键的协合民主机制。这种发展强烈地提醒我们：对协合民主来说，精英和解的先在传统是一个有利条件，而非必要条件。

在民主政体的分类框架中，加拿大应归于何类？对此问题，研究该国政治的诸多学者意见不一。普雷瑟斯认为，它"完全符合"协合民主类型。[51]但马克雷却表示，"加拿大现行的政治体系，充其量也只能被看作协合民主的极不完全的例子。"[52]平衡这两种意见，可能最接近正确的解释：加拿大基本上介于离心民主与协合民主之间。加拿大现行政治体系的未来命运，将在很大程度上取决于它是否迈向更高程度的协合民主。若是迈向更高程度的协合民主，将带来更大程度的稳定性和统一。相反，若是向更加离心的政体发展，最大的可能将是国土分割。

五、半协合民主：以色列

充分具备协合民主特征的以色列，可称其为半协合民主政体的第二个西方民主国家。虽然在犹太人与阿拉伯人之间存在主要隔阂，以至于该国在理论上属于双民族的国家，但是，犹太人居于压倒性多数，因此以色列基本上算是犹太人国家。在犹太社区内，西方出身与东方出身的犹太人之间，其分歧日渐重要。但是，犹太人之间的主要区块隔阂(该隔阂使以色列成为一个多元社会),具有一种宗教和意识形态的性质。以色列的三大区块,即社会主义者、世俗的非社会主义者,以及虔诚的犹太人。它们各自的实力,可以通过以色列议会选举的结果估算出来:在1973年选举之前,社会主义者(不包括共产党)集体得到总票数的约50%,非社会主义政党的得票数超过25%,而宗教性政党则为约15%。

以色列的这三个区块,在两个方面非常接近于奥地利、比利时和荷兰的亚文化。其一,它们的隔阂都具有宗教—意识形态性质;其二,它们的政治和社会生活沿着隔阂而组织的程度也相接近。每一区块都有一个主要政党,以及不同数目的小党。此外,就如K. Z. 帕尔蒂尔(K. Z. Paltiel)所论:"单个的与抱团的以色列政党,位于如下组织网络的顶端:集体与合作的农业机构;工会与工会所有的工业;工业、营销、购买、运输与技工合作社;房地产公司和贸易合同公司;健康、福利、休闲与健身机构;报纸、周刊、期刊与图书出版公司;职业、教育、意识形态与宗教机构;妇女与青年运动,等等。"以色列区块这种涵盖一切和自足的特性充分证明,我们有理由将它们描述为一个区块多元化体系中的精神性派别。[53]在希伯来语中,亚文化一般被称为"mahane"或"camp",相当于奥地利的"Lager"。[54]

以色列民主最为突出的协合性因素是区块自治。国家的政治体系尊重各自分立并自足的阵营,并建立在它们之上;而这些阵营则都有着广泛的组织网络。这一现象可以用"单一制国家中的联邦制"来形容,而且证明有理由将以色列描述为"准联邦"(quasi-federal)。[55]这一现象也受到地理因素的强化,就像古特曼指出的:宗教阵营的成员,几乎在所有城市与乡镇,都越来越倾向于将自己隔离为自成一片的居住区。[56]

在以色列,非常强烈的其他两个协合民主原则,分别是比例性和相互否决。以色列的选举制,为世界上最具比例代表性的两种选举制之一。与荷兰(极端的比例代表制的另一例子)一样,以色列整个国家是一个单一选区。这就产生了如下效应:即使是非常小的政党,只要在总得票数中获得至少1%的份额,它们也能够进入以色列议会。所谓的政党指向职务任命和财政分配的关键通道,也确保了比例性原则得到忠实贯彻。

宗教阵营手中一个特别重要的工具,就是否决权。在以色列人之间,特别是在虔诚与世俗的犹太人之间争论最深刻的议题(即关于宗教在国家中的角色的议题)上,会动用这种否决权。虔诚的少数通过运用否决权,成功地阻止了如下领域的任何重大改变:国立宗教教育系统(它吸收了四分之一至三分之一的学龄儿童),以及宗教当局的权限凌驾于人身法律之上等方面。艾伦·阿里安(Alan Arian)就写道:"因为拖延,宗教性议题中立化了。"[57]相互否决机制,曾经造成以色列宪法起草时的僵局。自由主义宪法国家的倡议者,与期待一个神权政体的倡议者之间,看起来不可能妥协。因此,以色列只有一些"基本法"而没有一部完整的宪法;而且,以色列议会享有立法主权。

以色列民主强烈体现出协合民主的三个原则,即区块自治、相互否决和比例性。这些原则虽然重要,却是居于第二位的。相比之下,在作为协合民主首要原则的大联盟方面,以色列却只有微弱的接近。以色列内阁几乎一直涵盖了社会主义和宗教这两大阵营中的主要政党,同时也经常吸收了非社会主义阵营的小党,即进步主义者或独立的自由主义者。而且,内阁联盟往往大于最小获胜规模。[58]虽说 1967 年至 1970 年间的大联盟算作例外,但主要的非社会主义政党并未参与内阁。就主要的区块性政党来说,并不存在轮流结盟的形态[社会主义者马派(Mapai)及其后继者一直在内阁中],而且,朝这一方向的进展,或基于更加持久的基础的大联盟,都很少获得支持。古特曼写道:"在一个未曾发生政府更易的国家,坚守着与'执政—反对'模式对立的传统议会模式,令人惊讶地被视作一条准则。"[59]在内阁构成方面,以色列更接近于一党独大的政党体系,而不是协合民主。这与意大利的内阁相似。在意大利,长久以来都是一个支配性执政党的存在,为本质上属于离心型的政体提供了些许稳定性。[60]

以色列几乎满足了有利于协合民主的全部条件。事实上,这些条件如此地有利,应足以使它们能够维系一个(比实际上已经发展出来的协合民主)更高水平的政体。唯一不确定的因素,是权力的平衡状况。以色列的社会主义阵营,占总人口的有限多数或近乎多数。但是,由于社会主义阵营分化为几个政党,而且,该区块的主要政党从未赢得以色列议会的多数席位,以致其政治力量被削弱。社会主义政党的少数地位,逼迫它与那些基于相同理由而愿意合作的小党组成内阁联盟。就像彼得·Y. 梅丁(Peter Y. Medding)论述的,"在联盟的情形下,对绝对权力的恐惧减少了。”[61]相反，宗教阵营的政治实力，比之于它赢得国会席位的表现，实际上还要大。因为，人们普遍相信，支持其政策方案中隐含的基本情绪的人，远多于投票给宗教性政党的人。因此，可以将以色列区块间的权力平衡，描述为一种适度的多元平衡。

在以色列，一个非常有利于协合民主的因素，就是存在强烈的横跨性忠诚。这种忠诚消解了区块分化。首先，我们应该意识到，宗教既将以色列人分化开来，却也将他们团结起来。“在以色列(犹太人)社会，虽说宗教是不满情绪的一个源泉，但宗教作为一种共有的原初情感，它创造了共同纽带，并充当了融合的元素。”[62]致力于犹太民族的存续，也致力于以色列作为一个犹太国家的存续，进一步增强了横跨性的国家共识。事实上，以色列人的民族情绪如此强烈，以致伦纳德·J. 费恩(Leonard J. Fein)就曾认为：“说以色列是一个分裂的社会，或者说它没有统一的政治文化，这些都言过其实了。”[63]而且，因为以色列社会整体上高度平等主义的性质，区块间的经济不平等，特别是社会主义阵营与世俗的非社会主义阵营之间的差别，其带来的后果微不足道。

就带来内部统一而言，以色列的国家规模小，其生存也受到非常严重的威胁，这些都是显著的有利因素。所以，当费恩声称外国威胁“为以色列提供了统一的无可置疑的根源，该议题是如此的突出和不可争议，以至于使所有其他隔阂都显得微不足道”时，他并没有夸大其辞。而且他思考道：“一个本不运转的多党体系，却因与该体系本身无关的因素而运作。在这方面，以色列可能是一个很好的例子。”[64]阿里安也曾强有力地指出，以色列脆弱的安全感具有巨大影响：“在以色列，对于共识之存在的需求，各方有着高度的共识。”[65]非常值得玩味的是，大联盟内阁的那个时期开始于 1967 年“六日战争”(Six-Day War)的前夕，但也仅存续了三年。

最后一点，以色列还存在一个有利条件，即强大的和解传统。该传统在犹太复国运动(Zionist)和伊苏夫(Yishuv)社区(独立前巴勒斯坦的一个犹太人社区)中发展出来。由于它们都是志愿性安排，没有任何主权国家的强制，故而采用比例原则、联邦式结构以及联盟式决策。就合作和妥协而言，这是一种合乎逻辑的方式。因此，我们可以得出一个可靠的结论：“当以色列作为国家于 1948 年浮现时，和解进程已得到很好的发展。”[66]

有两位学者曾经从协合民主模式的角度论述过以色列。关于它在多大程度上符合该模式，他们的判断非常谨慎。帕尔蒂尔仅仅表示：“协合民主的路径，为分析以色列的政治整合与民主性质提供了一个有效的框架。”[67]而古特曼则总结说：“虽然就人们接受的协合民主内涵而言，以色列算不上协合民主国家。但是，以色列的执政联盟却以协合民主的某些要素为基础。”[68]就像加拿大、以色列或许可以被视作协合民主和离心民主的一种混合。然而，与加拿大不同的是，以色列实行协合民主的条件一直都极为有利。加拿大的情况表明，这些有利条件并非必要条件；而以色列的情况则表明，有利条件也非充分条件。

六、协合主义的局限：北爱尔兰

在西方世界，既是多元社会又是离心式民主的最模棱两可的例子，就是北爱尔兰。北爱尔兰虽然不是一个主权国家，但我们可以将其等同于独立的国家。因为，从 1921 年到 1972 年伦敦的直接统治实施以前，北爱尔兰国会的权力都得到极其宽泛的解释。结果，其权力远远大于全国层次以下的政府单位（甚至是州政府）通常拥有的权力。对此，伊恩·巴奇(Ian Budge)和科尼利厄斯·奥利里(Cornelius O'Leary)作过一个很好的形容：“一个有着某些主权装饰的自治省。”[69]

北爱尔兰的新教徒与天主教徒，构成两个泾渭分明的区块，它们各有其社会、教育和休闲的组织。其中的社会隔阂程度，也体现在相互间极低的通婚率上。罗斯玛丽·哈里斯(Rosemary Harris)就认为：“新教徒与天主教徒构成两个同族结婚的集团，他们在性问题上相互区隔的程度，可能甚于据说痛恨种族通婚的社会中大多数白人群体与黑人群体。”[70]宗教忠诚与政治忠诚异常紧密地纠结在一起。关于新教徒对统一党的支持度，以及天主教徒对国家主义党和北爱尔兰工党的支持度，罗斯在 1968 年作过一次调查。根据这项调查，宗教隔阂和政党体系隔阂之间的横贯角度与横贯指数,可以计算出来:它们分别是极低的 2°和 0.21。[71]康纳·克鲁斯·奥布赖恩(Conor Cruise O'Brien)甚至宣称,有极少数在忠诚问题上矛盾的例子,一个人的政治亲和取向,决定了他归属于两个社群中的哪一个:"在北爱尔兰,一个拥护另一宗教的政治的人,即一名国家主义的新教徒,或统一主义的天主教徒,因为多数实际的目的,会被他背离的团体视作已经归依另一宗教。这当然比最初出身于该宗教更为糟糕。"[72]区块化的统一党与国家主义党,是 1972 年以前的主要政党。它们追求的目标也是完全不相容的:统一主义者坚持保有在联合王国内的自治权,而国家主义者则希望与爱尔兰共和国统一。北爱尔兰工党与新同盟党则比较温和,它们试图诉诸两个宗教性区块,但尚未成功地成为主要的政治力量。

北爱尔兰的社会极具多元性,其治理也具有一种不妥协的对抗式风格。统一党代表了约占人口三分之二的新教徒多数群体,在 1921 年至 1972 年期间组成了一个一党政府。用北爱尔兰首位统一党总理的话说,该政府是"一个新教徒的政府"。[73]在 20 世纪 20 年代的地方性选举以及随后的国会选举中,通过废除比例代表制而回归相对多数制,在国会和地方议会中新教徒的政治实力都得到扩张。在天主教徒占多数的社区,因为选区划分不公正、当选名额分配不公平、选举权受限制以及一人多选区投票,新教的政治人物依然普遍把持着政权。北爱尔兰选区划分不公正和当选名额分配不公平的突出例证,即为其第二大城市伦敦德里(Londonderry)。在伦敦德里的选民和总人口中,天主教徒和国家主义者都占到多数;但在议会中,统一主义者却占有绰绰有余的多数。因此,没有任何的少数否决权或自治权来调和多数决原则。此外,在公职任命方面,同样存在针对天主教徒的较大歧视。

在 1968 年爆发广泛的暴力事件以后,北爱尔兰问题对英国政府(无论是保守党政府还是工党政府)而言,已经变得不得不全力应对。对此问题的解决办法,基本上是协合民主式的,即行政权分享。尽管这样一种大联盟与英国的政治传统迥然有别,但这也表明既有传统对实行协合民主并非一直都是至关重要的。而且,英国政府还改造了适用于北爱尔兰的比例代表制,也就是单记可转让的投票制。值得注意的一点,相比于欧陆协合民主国家中实行的列举式比例代表制,该投票制不是一种适当的协合民主方式。因为,它使选民的选择最大化,因此降低了区块领袖的权力与机动性;同时也终止了一直使天主教徒少数派处于不利地位的选举滥用。1975年依据比例代表制选举产生的制宪会议,就事先被告知其提案必须包含权力分享的理念。

对北爱尔兰而言,协合民主的解决办法所面临的问题,不是它在理论上的不可适用(实际上,它是让国家免于分裂的唯一合乎逻辑的办法),而在于它不能违背其中某一区块的意愿而强制推行,特别是当该区块为多数区块的时候。大多数新教领袖以及普通民众,依然反对同天主教徒分享权力。而且,他们还显示了他们的实力。在1974年,新教徒工人进行了总罢工,结果不仅使北爱尔兰陷入瘫痪,而且还促使由天主教徒和温和的新教徒组成的权力部分分享的行政当局,在当权几个月以后就垮台了。

北爱尔兰实行协合民主的条件,不管是强制性的还是自发性的,都表现出压倒性的不利。北爱尔兰的例子呈现出最为不利的权力格局:失衡的二元分化,而且,其中一个区块能够运作支配性的权力。爱尔兰全岛的新教徒和天主教徒在人数上的实力对比,更是恶化了这种持久的多数—少数关系。正如奥布赖恩所表示的,如果我们将视野越过作为独立体系的北爱尔兰,我们就会看到一种加倍的失衡局面:在北方,新教徒拥有相对于天主教徒二比一的多数,但是,他们"对北爱尔兰天主教徒的畏惧和怀疑,同这一比例并不相符,而是相当于整个爱尔兰岛天主教徒和新教徒的比例——整个爱尔兰岛天主教徒与新教徒的人数比超过了三比一。而且,北爱尔兰的天主教徒不仅强烈地意识到这一比例,也强烈地意识到他们相信其中隐含的各项权利"[74]。

北爱尔兰新教徒与天主教徒之间的双重失衡,更意味着比例代表制无助于大联盟政府的形成。虽说比例代表制只是反映而非放大普选中的多数,但多数依然是多数。这一点,也是巴里所提建议中的问题。巴里建议,由于必需的权力分享难以运作,我们应该尝试一个"没有合作的合作"体系,比如一个更加宽容的多数,而少数则接受"忠诚的反对派"的角色。[75]假如这样安排意味着一种轮流的执政联盟模式,它就不失为一个优良的替代方案;但是,"忠诚的反对派"的忠诚度,必因长期的反对派角色而受到严重损害。

其他一些因素同样是负面的。北爱尔兰并非一个国家，也没有横跨性团结力量可以消解区块隔阂的离心效应。事实上，国家的团结反而加深了北爱尔兰内部的隔阂。在北爱尔兰的历史上，大多数天主教徒倾向于效忠共和国，而新教徒则效忠于英王。由于英国模式为北爱尔兰设定了政府组织的标准，新教徒多数统治的政治传统也未能为北爱尔兰提供协合民主的温床。权力分享和比例代表制确实都不属于英国。即使是单记可转让选票制这一“英国”式的比例代表制，也不是欧陆各式各样的列举式比例代表制。英国政府努力将这些协合民主的方式引入北爱尔兰，与此形成鲜明对比的却是，北爱尔兰坚决反对英国基于自身目的来看待这些方式。两个区块在经济上的不平等，也是一个不利条件，尽管这一因素不应被夸大。北爱尔兰宗教与社会阶级的横贯角度是68°，而横贯指数则为0.50。的确如罗斯强调的：“由于新教徒的人数较多……在北爱尔兰，贫穷的新教徒比贫穷的天主教徒要多。”[76]但是，天主教徒作为经济上受压制的少数这一自我镜像，可能比并非完全如此的现实更为重要。

北爱尔兰好像具有三个有利于协合民主的条件。但是，经过进一步分析，我们就会发现，这些条件要么相互冲突，要么主要是负面的。首要因素就是其国家规模。北爱尔兰的人口只有约150万人，是一个超小规模的国家；而且，它未能主导自己的外交政策。因此，它好像处在一种特别有利的状况中。但是在另一方面，人口规模小也意味着政治才能的供给可能就少。有关北爱尔兰在领导才能方面的潜力，在罗斯所举的例子中有很好的说明：“就能力与人数成比例这一点而言，则北爱尔兰……可能拥有像治理达勒姆(Durham)、柴郡(Cheshire)和汉普郡(Hampshire)这些英国郡的政治能力，或是如治理内布拉斯加州、俄勒冈州和西弗吉尼亚州这些美国州的政治能力。”再者，要是北爱尔兰不是处在那种半独立的地位，“它可能会向英国政府提供一个临时性的内阁部长。当然，依据苏格兰和威尔士的记录看，也只能做到这一步了”[77]。只能在某种程度上说，国家规模小有利于协合民主，而北爱尔兰很可能达不到这个程度。

一个与此紧密相关的因素，就是外部威胁的存在。外国威胁可能产生迈向协合民主制的动力，这一判断建立在如下信念的基础上：这些威胁激发了国内的团结情绪，而且彰显出区块领袖及其追随者们必须采取一致和合作行动的紧迫感。北爱尔兰政权一直处于持续不断的外部威胁——虽说不是严重的威胁——当中，因为爱尔兰共和国的宪法主张它对北爱尔兰的主权。但是，爱尔兰共和国的这种民族统一主义（irredentist）的要求，并未激发出北爱尔兰人的合作意向。所以，外部威胁有利于协合民主的判断，必须作出明确的修正。这也正是我们之前就提到的：为产生团结一致的效应，外部威胁必须使所有区块都意识到其为共同威胁。否则，就像北爱尔兰的情况，外部威胁不过是扩大了区块间的差异。

第三个只部分有利于协合民主的因素，即为区块隔离。如果彼此之间很少接触，相应地也就减少了发生冲突的机会，对立的区块可以和平共处。北爱尔兰的新教徒—天主教徒隔阂极其深刻，这一点看起来的确具有制造好邻居的好栅栏的功能。哈里斯曾就拜利波格（Ballybeg）这个乡村小社区作过人类学研究。她在研究报告中说，很少有跨越宗教分野的接触；而且，一旦双方发生集会，“人们就会以最大的努力防止提出任何有争议的话题”。而且，哈里斯认为，正是因为存在深刻的宗教隔阂，跨宗教的个别接触就尤其显得“和睦”。[78]另一方面，北爱尔兰的区块隔离只是社会意义上的，而非地理意义上的。尽管在1968年以后，城市的少数族群聚居区开始增多，但新教徒与天主教徒这两大人群在领土上还是高度分散的。正如表4.2所显示的，六个区的分化度与整个北爱尔兰的分化度几乎一致：中位数也显示各区甚至比整个北爱尔兰更具异质性，而加权中位数则显示各区的异质性仅略低于整个北爱尔兰的异质性。两大人群在物理意义上的接近，一直是引发暴力冲突的一个重要原因。

表4.2 北爱尔兰的宗教分化度：各区平均值与全国总值（1961年）

	区		整个北爱尔兰
	中位数	加权中位数	
最大族群（%）	59.3	66.3	65.1
分化指数（F）	.46	.43	.45

资料来源：依据 Richard Rose, *Governing Without Consensus: An Irish Perspective* (London: Faber and Faber, 1971, p.90)的相关数据计算。

这两个区块在领土上的混合，不仅对确立协合民主式的安排是一个负面条件（尽管该情况并非绝对克服不了）；其对国土分割也是一个严重障碍。因为，国土分割将需要人口的交换和重新安置，而这将带来巨大的人力和物力成本。但是，如果协合民主最终被证明难以实现或无法运作，某种形式的国土分割或许是唯一的解决办法。实际上，只有认识到为实现权力分享(还要考虑到英国执意坚持的行政分权目标)，国土分割是唯一切实可行却又非常不值得追求的选项，或许还是可以引导北爱尔兰在一个基本不利的环境中，不情愿地接受一个协合民主的解决方案。

注　释

1. 参见本书前面的章节，特别是英文原著第 15 页，第 31—33 页，第 60—61 页。

2. Val R. Lorwin, "Segmented Pluralism: Ideological Cleavages and Political Cohesion in the Smaller Democracies," *Comparative Politics*, Vol. 3, No. 2, January 1971, p. 155. 在早期的论述中，洛温表示，只有奥地利的"区块化接近于完全"(p. 144)。

3. 关于荷兰政治后协合民主阶段的更充分讨论，参见 Arend Lijphart, *The Politics of Accommodation: Pluralism and Democracy in the Netherlands* (2d ed.), Berkeley: University of California Press, 1975, pp. 196—219。

4. Ernst B. Haas, "Technocracy, Pluralism and the New Europe," in Stephen R. Graubard (ed.), *A New Europe?* Boston: Houghton Mifflin, 1964, pp. 68, 70.

5. Stein Rokkan, "Norway: Numerical Democracy and Corporate Pluralism," in Robert A. Dahl (ed.), *Political Oppositions in Western Democracies*, New Haven: Yale University Press, 1966, p. 107.

6. 引自 Theodore Lowi, "The Public Philosophy: Interest-Group Liberalism," *American Political Science Review*, Vol. 61, No. 1, March 1967, p. 15。

7. Ibid., pp. 18, 23.

8. Robert A. Dahl, *Political Oppositions in Western Democracies*, New Haven: Yale University Press, 1966, pp. 399—400.

9. 参见 Samuel P. Huntington, "Postindustrial Politics: How Benign Will It Be?" *Comparative Politics*, Vol. 6, No. 2, January 1974, pp. 172—177。

10. 参见 Jeffrey Obler, Jürg Steiner, and Guido Dierickx, *The "Burden" of Consociational Decision-Making: A Review Essay of Austria, Belgium, the Netherlands, and Switzerland*, Sage Professional Papers in Comparative Politics, Beverly Hills: SAGE, 1977。

11. 参见 Kurt Steiner, *Politics in Austria*, Boston: Little, Brown, 1972, pp. 409—426。

12. Dankwart A. Rustow, "Scandinavia: Working Multiparty Systems," in Sigmund Neumann(ed.), *Modern Political Parties: Approaches to Comparative Politics*, Chicago: University of Chicago Press, 1956, p.191.

13. Harry Eckstein, *Division and Cohesion in Democracy: A Study of Norway*, Princeton: Princeton University Press, 1966, pp.61, 67, 78, 121.

14. Gerald R. McDaniel, "*The Danish Unicameral Parliament*," Ph. D. diss., University of California, Berkeley, 1963, p.iv.

15. 参见 Martin O. Heisler, and Robert B. Kvavik, "Patterns of European Politics: The 'European Polity' Model," in Martin O. Heisler(ed.), *Politics in Europe: Structures and Processes in Some Postindustrial Democracies*, New York: McKay, 1974, pp.46—48。

16. 参见罗斯的分析, Richard Rose, "The United Kingdom as a Multi-National Regime," in *Governing Without Consensus: An Irish Perspective*, London: Faber and Faber, 1971, pp.42—73。

17. Robert A. Dahl, *Political Oppositions in Western Democracies*, New Haven: Yale University Press, 1966, p.358.

18. Irenen Tinker, "Nationalism in a Plural Society: The Case of the American Negro," *Western Political Quarterly*, Vol.19, No.1, March 1966, pp.112, 122.也可参见 S.J. Makielski, Jr., "The United Sates as a Plural Society," *Plural Societies*, Vol.3, No.3, Autumn 1972, pp.29—34。

19. Stokely Carmichael, and Charles V. Hamilton, *Black Power: The Politics of Liberation in America*, New York: Random House, 1967, pp.96,166;也可参见 Donald J. McCormack, "Stokely Carmichael and Pan-Africanism: Back to Black Power," *Journal of Politics*, Vol.35, No.2, May 1973, pp.386—409。

20. Eric A. Nordlinger, "Democratic Stability and Instability: The French Case," *World Politics*, Vol.18, No.1, October 1965, p.143.

21. Nathan Leites, *On the Game of Politics in France*, Stanford: Stanford University Press, 1959, p.2;也可参见以"The Struggle against Responsibility"为标题的章节(pp.35—75)。

22. Laurence Wylie, *Village in the Vaucluse: An Account of Life in a French Village*(rev. ed.), New York: Harper and Row, 1964, pp.250—259.

23. Philip E. Converse and Georges Dupeux, "Politicization of the Electorate in France and the United States," *Public Opinion Quarterly*, Vol.26, No.1, Spring 1962, pp.1—23,也可参见 David R. Cameron, "Stability and Change in Patterns of French Partisanship," *Public Opinion Quarterly*, Vol. 36, No. 1, Spring 1972, pp.19—30。

24. Duncan MacRae, Jr., *Parliament, Parties and Society in France: 1946—1958*, New York: St. Martin's Press, 1967, p.333.

25. Stanley Hoffmann, *In Search of France*, Cambridge, Mass.: Harvard University Press, 1963, p.8; Michel Crozier, *The Bureaucratic Phenomenon: An Examination of Bureaucracy in Modern Organizations and Its Cultural Setting in France*, Chicago: University of Chicago Press, 1964, p.220.

26. Maurice Duverger, "The Development of Democracy in France," in Henry W. Ehrmann(ed.), *Democracy in a Changing Society*, New York: Praeger, 1964, p.77.

27. 参见 P.G. Cerny, "Cleavage, Aggregation, and Change in French Politics," *British Journal of Political Science*, Vol.2, No.4, October 1972, pp.443—455;及 John Frears, "Conflict in France: The Decline and Fall of a Stereotype," *Political Studies*, Vol.20, No.1, March 1972, pp.31—41。

28. Sidney Verba, "Germany: The Remaking of Political Culture," in Lucian W. Pye, and Sidney Verba(eds.), *Political Culture and Political Development*, Princeton: Princeton University Press, 1965, P.133;也可参见 David P. Conradt, "West Germany: A Remade Political Culture?", *Comparative Political Studies*, Vol.7, No.2, July 1974, pp.222—238。

29. Seymour Martin Lipest, *The First New Nation: The United States in Historical and Comparative Perspective*, New York: Basic Books, 1963, p.292.

30. Gerhard Lehmbruch, "The Ambiguous Coalition in West Germany," *Government and Oppositions*, Vol.3, No.2, Spring 1968, pp.181—204,尤其 pp.185, 187。

31. Sidney Tarrow, *Partisanship and Political Exchange in French and Italian Local Political: A Contribution to the Typology of Party Systems*, Professional Papers in Contemporary Political Sociology, No.06-004, London: SAGE, 1974.

32. 参见 Luciano Pellicani, "Verso il superamento del pluralismo polarizzato," *Rivista italiana di scienza politica*, Vol. 4, No. 3, December 1974, pp.645—673。

33. Robert Presthus, *Elite Accommodation in Canadian Politics*, Cambridge: Cambridge University Press, 1973, pp.18, 20.

34. 参见如 Richard Pious, "Canada and Crisis of Quebec," *Journal of International Affairs*, Vol.27, No.1, 1973, p.53。

35. 表 3.3 是以 1965 年加拿大选举调查数据为基础的,该数据为迈泽尔及其合作研究者作出的。(XC)指数与横贯角度如下:宗教与阶级为 0.49 与 66°;宗教与语言为 0.27 与 1°;语言与阶级为 0.50 与 72°。

36. Kenneth D. McRae, "Consociationalism and the Canadian Political System," in Kenneth D. McRae(ed.), *Consociational Democracy: Political Accommodation in Segmented Societies*, Toronto: McClelland and Stewart, 1974, p.240.

37. 洛温将他的分类局限于宗教和意识形态的多元化，同时也将比利时与瑞士的语言隔阂纳入了考虑。

38. Kenneth D. McRae, "Consociationalism and the Canadian Political System," in Kenneth D. McRae(ed.), *Consociational Democracy: Political Accommodation in Segmented Societies*, Toronto: McClelland and Stewart, 1974, pp. 245—247.

39. John Meisel, *Cleavages, Parties and Values in Canada*, Professional Papers in Contemporary Political Sociology, No. 06-003, London: SAGE, 1974, pp. 11, 13.

40. Bruce M. Russett et al., *World Handbook of Political and Social Indicators*, New Haven: Yale University Press, 1964, pp. 64—65.

41. Kenneth McRoberts, and Dale Posgate, *Quebec: Social Change and Political Crisis*, Toronto: McClelland and Stewart, 1976, p. 205.

42. William Ormsby, "The Province of Canada: The Emergence of Consociational Politics," in Kenneth D. McRae(ed.), *Consociational Democracy: Political Accommodation in Segmented Societies*, Toronto: McClelland and Stewart, 1974, pp. 271, 272—273. 也可参见 Douglas Verney, and Diana M. Verney, "A Canadian Political Community? The Case for Tripartite Confederalism," *Journal of Commonwealth and Comparative Studies*, Vol. 12, No. 1, March 1974, pp. 11—14。

43. Kenneth D. McRae, "Epilogue," in Kenneth D. McRae(ed.), *Consociational Democracy: Political Accommodation in Segmented Societies*, Toronto: McClelland and Stewart, 1974, p. 301.

44. John Porter, *The Vertical Mosaic: An Analysis of Social Class and Power in Canada*, Toronto: University of Toronto Press, 1965, p. 441.

45. S. J. R. Noel, "Consociational Democracy and Canadian Federalism," *Canadian Journal of Political Science*, Vol. 4, No. 1, March 1971, p. 16.

46. Ibid., p. 17.

47. Kenneth D. McRae, "Consociationalism and the Canadian Political System," in Kenneth D. McRae(ed.), *Consociational Democracy: Political Accommodation in Segmented Societies*, Toronto: McClelland and Stewart, 1974, p. 251.

48. Ibid., pp. 255—256.

49. John Meisel, "Canadina Parties and Politics," in R. H. Leach(ed.), *Contemporary Canada*, Durham: Duke University Press, 1968, p. 135.

50. Kenneth D. McRae, "Consociationalism and the Canadian Political System," in Kenneth D. McRae(ed.), *Consociational Democracy: Political Accommodation in Segmented Societies*, Toronto: McClelland and Stewart, 1974,

pp. 254—255. 也可参见胡安·林茨(Juan Linz)对加拿大协合民主条件的评估：Juan Linz, "Early State-Building and Late Peripheral Nationalisms against the State: The Case of Spain," in S. N. Eisenstadt, and Stein Rokkan(eds.), *Building States and Nations: Analyses by Region*, Beverly Hill: SAGE, 1973, pp. 92—94。

51. Robert Presthus, *Elite Accommodation in Canadian Politics*, Cambridge: Cambridge University Press, 1973, p. 7.

52. Kenneth D. McRae, "Epilogue," in Kenneth D. McRae(ed.), *Consociational Democracy: Political Accommodation in Segmented Societies*, Toronto: McClelland and Stewart, 1974, p. 300. 也可参见 F. C. Engelmann, and M. A. Schwartz, *Canadian Political Parties: Origins, Character, Impact*, Scarborough: Prentice-Hall of Canada, 1975, pp. 298—293。

53. K. Z. Paltiel, "The Israeli Coalition System," *Government and Opposition*, Vol. 10, No. 4, Autumn 1975, p. 398.

54. Emanuel Gutmann, "*Religion and National Integration in Israel*,"论文宣读于 the Round Table on Political Integration of the International Political Science Association, Jerusalem, 1974, p. 15。

55. Leonard J. Fein, *Politics in Israel*, Boston: Little, Brown, 1967, p. 100; K. Z. Paltiel, "The Israeli Coalition System," *Government and Opposition*, Vol. 10, No. 4, Autumn 1975, p. 405.

56. Emanuel Gutmann, "*Religion and National Integration in Israel*,"论文宣读于 the Round Table on Political Integration of the International Political Science Association, Jerusalem, 1974, p. 19。

57. Alan Arian, *Consensus in Israel*, New York: General Learning Press, 1971, pp. 21, 3—4, 13—15.

58. David Nachmias, "Coalition Politics in Israel," *Comparative Political Studies*, Vol. 7, No. 3, October 1974, pp. 317—320.

59. Emanuel Gutmann, "*Religion and National Integration in Israel*,"论文宣读于 the Round Table on Political Integration of the International Political Science Association, Jerusalem, 1974, p. 25。

60. 参见 Alan Arian, and Samuel H. Barnes, "The Dominant Party System: A Neglected Model of Democratic Stability," *Journal of Politics*, Vol. 36, No. 3, August 1974, pp. 592—614。

61. Peter Y. Medding, *Mapai in Israel: Political Organisation and Government in a New Society*, London: Cambridge University Press, 1972, p. 306.

62. Emanuel Gutmann, "*Religion and National Integration in Israel*,"论文宣读于 the Round Table on Political Integration of the International Political Science Association, Jerusalem, 1974, p. 4。也可参见 Ervin Birnbaum, *The Politics of Compromise: State and Religion in Israel*, Rutherford, N. J.: Fairleigh

Dickinson University Press，1970。

63. Leonard J. Fein，*Politics in Israel*，Boston：Little，Brown，1967，p. 57.

64. Ibid.，p. 209.

65. Alan Arian，*Consensus in Israel*，New York：General Learning Press，1971，p. 3.

66. K. Z. Paltiel，"The Israeli Coalition System，" *Government and Opposition*，Vol. 10，No. 4，Autumn 1975，p. 406. 也可参见 S. N. Eisenstadt，*Israeli Society*，London：Weidenfeld and Nicolson，1967，pp. 408—412。

67. K. Z. Paltiel，"The Israeli Coalition System，" *Government and Opposition*，Vol. 10，No. 4，Autumn 1975，p. 414.

68. Emanuel Gutmann，"*Religion and National Integration in Israel*，"论文宣读于 the Round Table on Political Integration of the International Political Science Association，Jerusalem，1974，p. 27。

69. Ian Budge，and Cornelius O'Leary，*Belfast*：*Approach to Crisis—A Study of Belfast Politics*，1613—1970，London：Macmillan，1973，p. 143.

70. Rosemary Harris，*Prejudice and Tolerance in Ulster*：*A Study of Neighbours and "Strangers" in a Border Community*，Manchester：Manchester University Press，1972，p. x. 也可参见 David E. Schmitt，*Violence in Northern Ireland*：*Ethnic Conflict and Radicalization in an International Setting*，Morristown，N. J.：General Learning Press，1974，pp. 12—14。

71. Richard Rose，*Governing Without Consensus*：*An Irish Perspective*，London：Faber and Faber，1971. 也可参见 Richard Rose，*Northern Ireland*：*A Time of Choice*，London：Macmillan，1976。

72. Conor Cruise O'Brien，*States of Ireland*，London：Hutchinson，1972，p. 13.

73. Lord Craigavon，in Liam de Paor，*Divided Ulster*（2d ed.），Harmondsworth：Penguin Books，1971，p. 105.

74. Conor Cruise O'Brien，*States of Ireland*，London：Hutchinson，1972，p. 11.

75. Brian Barry，"The Consociational Model and Its Dangers，" *European Journal of Political Research*，Vol. 3，No. 4，December 1975，pp. 405—406.

76. Richard Rose，*Governing Without Consensus*：*An Irish Perspective*，London：Faber and Faber，1971，p. 289.

77. Ibid.，p. 179.

78. Rosemary Harris，*Prejudice and Tolerance in Ulster*：*A Study of Neighbors and "Strangers" in a Border Community*，Manchester：Manchester University Press，1972，pp. 146，199.

第五章
第三世界的协合民主

正如我们在导论性的第一章中讨论的，政治发展与国族建构方面的理论文献具有一种倾向，即在第三世界的多元社会与第一世界中被认定为同质的社会之间，作肤浅的二元对比。同时，这些文献忽略了多个明显多元的西方社会的存在及其相关性，也忽视了这些多元社会中有少数已经能够维系一个协合式的稳定民主政体，还漠视了协合民主的范例所包含的规范性教训。但是，将整个政治发展理论体系一律描述为漠视或敌视协合民主的可能性，这也不准确。在政治发展的理论文献中，我们可以发现一些线索和暗示，但这些线索和暗示通常都没有得到详细的阐述。比如说，罗伯特·梅尔森（Robert Melson）与霍华德·沃尔普（Howard Wolpe）在分析发展中国家的地方自治主义（communalism，即区块多元主义）政治后，以劝诫的口吻总结道："在全国性的政治生活中，政治安排必须充当一个对所有地方团体都有意义的角色，而且能够将地方团体间冲突保持在可处理的范围内。威胁文化上多元的社会的稳定的，不是地方自治主义，而是国家机构不能明确认知和吸纳现存的地方分歧和利益。"[1]这一劝诫是有道理的，而且作为其立论基础的判断也是正确的。但是，关于能够化解区块裂痕的政治安排的性质，这两位学者并没有作出详细说明。

对于多元社会的政治问题，一般的看法都倾向于忽视协合民主或类似方案所具有的潜在价值。不过，也存在一些显著并引人注目的例外。如诺德林格建立的新民主模型，该模型尤其可以同时适用于深度分化的西方和非西方社会。在他的模型中,多个典型的“冲突—协调实践”都与协合民主一致或相似,比如以奥地利为典型的稳定执政联盟、比例性原则、相互否决和一揽子交易等。[2]又如克劳德·艾克(Claude Ake)对发展中国家政治整合的研究。他认为:“针对新兴国家内在的不稳定性,其最终的解决,主要在于精英政治行为的修正。”而且他还建议,应该让政府掌握在精英联盟(即“由主要的社会、宗教、职业和种族”的所有领导人组成的联盟)的手中,“共识不应到基层民众那里去寻求,而应在领导层寻求,即要获取所有主要社会团体的领导人的支持”。[3]

一、刘易斯模型

其中,最为有趣、明确和详尽的方案,是W.阿瑟·刘易斯(W. Arthur Lewis)提出来的。他不是政治科学家,而是像弗尼瓦尔一样是一名经济学家。[4]刘易斯讨论了十三个西非国家,包括利比里亚,以及加纳、尼日利亚、塞拉利昂等前英属殖民地,还有毛里塔尼亚、塞内加尔、马里、几内亚、上沃尔特、象牙海岸、多哥、达荷美共和国、尼日尔等前法属殖民地。针对这些国家,刘易斯开出的处方,同时也暗含着是为其他多元社会开处方,本质上就是一种协合民主的方式。其最初的假定,与弗尼瓦尔和其他发展理论家的假定相似。在西非的多元社会与英国、法国这样的“阶级社会”之间,刘易斯作出了区分。多元社会因部族、宗教、语言、文化、经济和地域等差异而分化。阶级社会本质上是西方的同质社会,在这种社会,社会阶级是政治认同的主要来源,但并不存在一种深度的社会隔阂。但是,刘易斯犯了一个常见错误,即过高评估了西方国家的同质性与共识水平。在文化上,法国是沿着宗教和意识形态的维度分化的。按照刘易斯本人的界定,法国应该归为多元社会。而他所讲的同质性阶级社会,主要来自英国的例证。但是,这一失误并不影响刘易斯的其他观点。他所考察的民主政府是英国和法国,也就是西非的前殖民统治者。除此以外,他并未论及西方世界其他的政府形式。实际上,刘易斯的西方政府模式更接近于英国而不是法国,其特征在于:两党体系,明确的执政—反对模式,相对多数决或绝对多数决选举制,加上中央集权的单一制政府。

刘易斯将西非民主的失败和一党政权的出现,归因于在多元社会中这种民主不可行的事实。至此为止,他的论证遵循的是传统脉络。但现在,他却突然偏离了"多元社会不能维系民主政府"的假定。他认为,不适合多元社会的不是民主政治,而仅仅是某特定类型的民主,也即英国式的民主。他接下来建构了一个替代模式,该模式以他对西非多元体系的政治需要的分析为基石。"英国和法国都是阶级社会,而两国的制度和惯例都被设计用于应对这一事实。但西非不是一个阶级社会,西非的问题在于它是一个多元社会。对一个阶级社会有利的事,对一个多元社会却是有害的。因此,若想在西非创立优良的政治制度,就必须从根本上审视它们的问题。"[5]

其一,刘易斯认为,多元社会所需要的是联合政府,而非极化为"执政"与"反对"的格局。就最原初的内涵而言,民主要求公民拥有机会直接或间接地参与决策。民主的第二重内涵,是多数人的意志取胜。但是,如果代议员分成"执政"和"反对"两大集团,"多数取胜"就违反了民主的原初原则。因为,在相当长的一个时期,它都会将少数从决策过程中排除出去。不过,多数决定原则在共识性社会还是可以被接受,但在多元社会,"它完全是不道德的,是与民主的原初内涵相悖的,对于任何构建一个不同民族和谐共处的国家的设想而言,它也具有破坏性。"执政联盟应包含所有主要政党,小党也应拥有加入的自由。刘易斯认为,将如下规则明确写到宪法中或许是有益的:"不是由总统召集最大政党的领袖来组阁,相反,原则规定总统召集获得20%以上选票的每个政党的领袖来组阁,同时在他们之间或在他们中愿意合作的领袖之间分配内阁职位。"[6]

其二,一个多元社会的每一区块,都应得到公平的代表权。按照刘易斯的观点,这就意味着,它们都应按比例地被代表。在一个多元社会,民主的原初内涵"导向比例代表制,其中,所有政党在所有决策机构中均占有职位,包括内阁本身"。

其三,最好的政党制并不必然是两党制。最关键的是,要使每一区块都通过自己的政党来代表。在西非诸国,这就导致了一种包含两个、三个或四个实体性政党的全国性政党体制。最后,刘易斯推荐权力的联邦式分割,或者至少"适度地向省级分权"。一个存在重大区块差异的国家,"若要使各省对政治联盟感到满意,就需要赋予它们处理自身事务的权力"。如果区块间存在广泛的经济差异,联邦制也会确保"富裕地区不会被课以重税以补贴贫穷地区"。[7]

刘易斯的所有建议都与协合民主的原则非常接近。这一点非同寻常,因为这些都是他本人的创造性构想。没有哪一点显示出他知晓某些或所有欧洲协合民主国提供的先例经验。刘易斯的方案与协合民主的标准之间唯一的区别,就是相比于后者,他往往要求得更加明确。举例来说,大联盟是协合民主的一个原则,但是20%的规则可能不适合某些特殊境况。协合民主理论强调每一单独区块高度自治的重要性,假如每一区块在地理上趋向集中,联邦制或授权于省就是体现区块自治原则的一种方式。比例原则作为一项原则,不仅应该体现在立法与行政机构上,也当适用到行政任命和公共财政分配上。

刘易斯也更青睐一种特定的比例代表办法,即单记可转让投票制,而不是政党列举比例代表制。[8]前者会提升选民的影响力而降低政党领袖的影响力。结果在一定程度上使精英层次的妥协难以达成。欧洲四个协合民主国采用的都是政党列举比例代表制,单记可转让投票制是英美国家青睐的比例代表办法。这不会产生重大的影响,但是它的确显示了英国标准模式的影响,甚至连刘易斯也未能完全排除这一偏见。

虽说刘易斯尚未提及欧洲的协合民主国家,但这些国家提供的经验证据在相当程度上支持了他的观点和主张。其信条(一般是以协合民主模型为样板)的相关性与适用性,在如下条件下将得到进一步的强化,即如果:(1)能够找到协合民主模式适用于非西方多元社会的若干经验例证;(2)观察到协合民主在所有这些社会得到成功实践;加之(3)观察到在所有其他个案中,可能适用协合民主的条件是有利的。但实际的记录在这三个条件上是含混的,故而缺乏充分的说服力。尽管如此,尚有三个鲜明的例子即黎巴嫩、马来西亚和塞浦路斯,以及一个更加不确定的例子即尼日利亚,可以说明协合民主在第三世界的运转状况。此外,这些例证中的两个，在相当长的一段时期（即至少十年），相当成功地实行了协合民主。而且，协合民主所需要的条件，源自它在西方和非西方国家的应用。在第三世界的其他地方，绝不至于压倒性地不利。

二、黎巴嫩的协合民主（1943—1975）

黎巴嫩是一个多元社会，它由诸多严格而自主的宗教区块构成。主要教派包括马龙派（Maronite）基督徒（在 20 世纪 50 年代中期约占人口的 30%）、逊尼派（Sunni）穆斯林（占 20%）、什叶派（Shiite）穆斯林（占 18%）和希腊人（占 11%）。另外，还有大约十个较小的教派，其中大部分是基督徒和穆斯林。基督徒与穆斯林这两大教派，在人数上接近于势均力敌。黎巴嫩的教派与欧洲协合民主国的宗教—意识形态区块类似；黎巴嫩总统夏尔·埃卢（Charles Helou）在 1964 年的就职演讲中，就称这些教派为“精神性派别”。[9]

黎巴嫩自 1943 年独立至 1975 年爆发摧毁性的内战，就一直是协合民主国。其独立时缔结的一项非正式、不成文的“民族协约”规定，政府应通过某种高级职位的大联盟以皮埃尔·龙多（Pierre Rondot）称之为“准总统制”（quasipresidential system）的形式组成。也即：一名马龙派总统，一名逊尼派总理，一名什叶派立法机构主席，加上一名希腊正教的副主席与副总理。[10]各教派在人数上的实力，体现于这些职位的相对重要性上。各教派按比例地得到代表权的内阁，也是执政大联盟的一部分。总统选举与国会议员选举所采用的方式，并不属于普通的比例代表制，但会产生比例代表的效果。总统由国会通过多数决选举产生，但因总统已提前被设定为一名马龙派教徒，多数决的方式并不会引发不同教派之间的竞争。国会选举按相对多数决与复数选区制进行。每一选区的候选人，由如下方式获得提名：每份候选人名单都反映了该选区的区块构成，而选民就在这些按比例构成的名单中选择。选区的数量与规模，以及总议席数，若干年更新一次。但是在立法机构的成员中，六名基督徒对五名回教徒的总比例保持不变。

用迈克尔·W.苏雷曼(Michael W. Suleiman)的话说,上述这种选举安排的特点,可以形容为有如“依据部落或宗教构成而预设的比例代表制”[11]。它往往也被称赞为一种通向妥协与和谐的比例代表制。因为,候选人若希望当选,必须能够同时获得他自己教派和其他教派成员的支持。但是按照协合民主的观点,这反倒是一大缺点。因为它并未在一个适于政治和解的地方,使真正的区块发言人能够和舟共济。“每个社群的急先锋都冒着一个风险……他们不能获得倾向于相对温和的候选人的选民的支持。”但是,这一结果对协合民主来说并不是决定性的,因为黎巴嫩立法机构的功能性较弱,比较重要的议题都要呈请内阁决定,而内阁正是一个按比例构成的“微型的真实国会”,并具备秘密协商的进一步优点。[12]在公职任命上,也严格遵守比例性原则。

区块自治是黎巴嫩民主政体又一鲜明的协合民主特征。宾德这样写道:“当局不会介入内心忏悔的社会关系领域”[13],这是宪法不可或缺的一部分,虽说是不成文的。每个教派都有它自己的学校以及社会、休闲和福利组织。而且,关涉个人状况(如结婚、离婚、继承等事务)的法律随教派的不同而不同,并由各自的宗教法庭管辖。相互否决也是同样基本的政治条款,虽然也是不成文的。苏雷曼写道:“卡尔霍恩协同多数的观点,可以在黎巴嫩的例子中发现其运作的情形。”[14]

大致来说,黎巴嫩的协合民主须被视作已经令人满意地运行了三十余年。其主要弱点在于,协合民主的各项原则被刻板地制度化了。对在1932年人口普查中占多数的基督教派来说,最高职位按区块分配,以及选举上实行“事先设定”的比例代表制都是有利的;但这两项制度不能根据基督徒相比于穆斯林逐渐丧失的多数地位而灵活地作出调整。同样,在其他若干方面也存在一种行动力枯竭的趋势。不过正如希尔斯所言,作出如下表述绝对是夸张了:黎巴嫩是“一个须保持完全静止的国家,以防止各部落的自我中心主义和彼此不信任演变为激烈的争议”。在1975年以前,黎巴嫩政权因爆发多次国内冲突而经受挑战,但它平安无事地走了出来,并且使危害保持在一定限度内。举例来说,爆发于1958年的内战,用希尔斯的话说,是一场“不同寻常的温和内战”[15]。同其他容易经常发生革命性巨变的中东国家相比，黎巴嫩的协合民主虽然仍有其缺陷，但它在民主稳定性上可以说创造了非凡的成就——尽管远谈不上完美。

三、马来西亚的协合民主(1955—1969)

马来西亚提供了第三世界中采用协合民主适度成功的第二个例证。不过，马来西亚多元社会的性质，以及它所发展出来的协合民主类型，都迥异于黎巴嫩和欧洲。马来西亚的多元社会在区块数量上较少，但其区块间的差异则甚于黎巴嫩各教派之间的差异。在马来西亚，最大区块为马来人，大约占马来亚(西马来西亚)人口的53%，华人占35%，印度人和巴基斯坦人占11%。若就整个马来西亚(即包括东马来西亚的沙捞越邦和沙巴州)而言，所有这些百分比都会更低一些，而且马来人并不拥有多数地位。这些区块因相互强化的语言、宗教、文化和种族隔阂而彼此离心。

马来西亚最重要的协合民主设置是联盟(Alliance)，也就是由主要的马来人、华人和印度人的政党组成大联盟。“联盟”由马来人和华人领袖于20世纪50年代早期创建，随即又有印度人加入其中。在1955年举行的首次联邦选举中，“联盟”赢得了超过五分之四的选票，并只差一席就囊括了所有的国会席位；随后，它就组成了一个涵盖所有这三个区块政党的代表性内阁。因此，马来西亚在1957年独立为一个国家时就已经确立了大联盟的模式，而且这一大联盟还精诚合作，经历了1959年和1964年的另外两次联邦选举，以及1963年因新加坡、沙捞越邦和沙巴州加入联邦而从马来亚变成马来西亚，1965年新加坡离开联邦，直到1969年的暂时性瓦解。“联盟”的安排，为各区块处理其内部的社会和文化事务带来了高度自由。值得重视的是，这一自治权并不是马来西亚的联邦制所发挥的一种功能，因为马来西亚各区块的界限并非地理上的，而且与各州的边界也不一致。除此之外，马来西亚的联邦构成，除了东马来西亚的两个州享有特殊地位，也是高度中央集权式的。

只有在将政治和经济领域放在一起考虑的情况下,"联盟"才可以说是遵守着比例性原则。创建"联盟"的原初协议是一种交换:马来人在政治与政府方面拥有优势,而华人则继续拥有经济领域的优势。这一交换于双方都有利。就像米尔顿·J.埃斯曼(Milton J. Esman)所讲的:"马来人得到了政治独立性、政府控制权,以及在风格和象征体系上属于马来人的政治体。作为回报,华人在马来西亚所获得的,比其他东南亚华侨梦寐以求的还要多。包括平等的公民权、参政权,担任公职,完整的经济机会,而且他们的语言、宗教和文化机构还得到宽容。"[16]

在政治与政府方面,"联盟"中的马来人党显然是首要且居主导地位的结盟者,而华人和印度人政党的地位则相对次要。在马来西亚,选举制度并不是比例代表制,而是同英国一样,采用多数决和单一选区制。此种选举方式对作为最大族群的马来人有利,并因为不合理的选区名额分配(即偏袒马来人居多的地区),马来西亚的选举制度更偏向马来人的利益。"联盟"的各方共同协商三个政党分配给各选区的候选人名额,结果始终是偏向马来人的不成比例的分配。在高级文官的录用上,马来人对非马来人的比例是四比一;在诸多其他方面,马来人也都拥有"特权"。尽管这样,埃斯曼还是评论说:在1972年,非马来人依然占据约三分之二的专业与管理方面的公职,这是他们在教育方面的优势使然。[17]马来人在政治方面普遍具有优势,这也就意味着,少数否决权的运用只能收到微弱的效果。非马来人的经济优势是否足以抗衡马来人的政治霸权,要评估这一点非常困难,而且很难测量得多么准确。但R. S.米尔恩(R. S. Milne)却得出结论说:"若整个情境包括社会、经济和政治等各方面都可以被测量,那么,我们就会非常清楚地看到:在不同族群的权利要求之间,一种短暂而粗糙的正义,实际上已经达成了。"[18]

就算我们同意米尔恩的看法,我们也不能因为马来西亚未能实现长期稳定,就断言其协合民主的表现不合格。在1969年的选举之后,马来西亚的协合民主政体解体了。在那次选举当中,"联盟"各党大量失去其民众支持(尽管未丧失其在国会的多数地位),民众转而支持反"联盟"的多个部落性政党。动荡与内部骚乱随即爆发,国会被迫休会,一个由马来人主导的紧急议会掌握政权,一直到1971年。虽然马来西亚于1971年又恢复了议会政府，但在此之前，国会的第一次投票确保了马来人在宪法上的特权地位，并禁止全体民众与国会就此敏感条款作进一步讨论。“联盟”领袖们重新致力于组建大联盟，也即将部落性政党吸纳到“联盟”中，并让它们参加选举后的结盟。因表达意见的自由受限，偏向马来人的政治与经济歧视也日益强化，马来西亚在1971年后能否被视为完全民主国家，或真正的协合民主国家，尚颇值得让人怀疑。但在1969年以前，马来西亚的确是一个可运转的“无共识民主国家”[卡尔·范沃里斯(Karl von Vorys)语]。也因此，对那些秉持“放弃在亚洲和非洲实行民主政治的希望，完全是言之尚早”[19]这一信条的人而言，马来西亚是一个很有启发性的个案。

四、黎巴嫩与马来西亚：有利条件与不利条件

黎巴嫩在1943年至1975年间，以及马来西亚在1955年至1969年间的情况，强化了我们将协合民主视作一种规范模式的看法。一方面，它们能够证明协合民主在第三世界多元社会中的适用性和可行性；另一方面，这些国家并非一致地具备实行协合民主的有利条件。

上述两个国家主要的差别，包括国内的权力结构、国家规模以及外部威胁的影响。黎巴嫩的多元社会含有无数个区块，但它们都是少数区块；而且，其中最大的四个区块共计约占人口的80%。相比之下，马来西亚则接近另一极端。在马来亚，马来人区块拥有多数地位；在整个马来西亚，马来人也近乎多数。马来人的人数优势，在同新加坡短暂的政治统一期间受到弱化。正是马来人希望找回曾经的优势地位，迫使新加坡于1965年离开了联邦。近于多数的马来人同少数区块在人数上不均衡，也表明在“联盟”和马来西亚政府中马来人的政治支配角色。正是因为这一点，马来西亚政体的协合民主性质受到了质疑，即使在1955年至1969年这段时间也不例外。

黎巴嫩和马来西亚都属于小国，但后者却拥有约1 100多万的人

口，这与欧洲协合民主国家的人口规模处在同一水平。黎巴嫩则只有约200万的人口，与北爱尔兰的小规模人口相当。推动黎巴嫩确立协合民主政体的一个非常重要的因素，就是其在1943年曾力图争取独立，这就需要团结不同的宗教社群，以对抗来自法国托管势力的外部控制。哈桑·萨博(Hassan Saab)就曾写道："相对于独立这一首当其冲的目标，黎巴嫩在生活与社会方面所有比较深层的问题，都处于次要位置。深层的社会议题或许存在争议，但当务之急是团结在实现国家自由这一整体目标下。"[20]但在独立以后，中东地区的冲突越来越不利于黎巴嫩的统一，因为冲突激起了基督徒与亲阿拉伯的穆斯林在诸多议题上的对立；而且使黎巴嫩不得不背上保护数量庞大的巴勒斯坦难民和游击力量的负担。实际上，1975年黎巴嫩民主政体的崩溃，主要原因就在于它所处的国际环境日益不利于其实行协合民主，同时又存在协合民主机制僵化的内在缺陷。

马来西亚的独立，并非在竭力争取的情况下实现的。但在其生存受到外部威胁的时刻，独立也帮了协合民主体系一个大忙。在1964年的选举中，选民凝聚在"联盟"周围，以应对印尼摆出"对抗"姿态所引发的军事危机。

在这两个国家中，有益于实行协合民主的既存传统，也起到一定的作用。特别是黎巴嫩，这一点表现得更加突出。黎巴嫩的区块自治模式源于土耳其帝国的"米勒特"(millet)制度。依据该制度，居于少数的宗教社群被赋予了一种次等但内部自治的地位。值得提及的是，黎巴嫩受法国影响的1926年宪法，已经使公职任命上的比例性原则得以具体化；而将最高层次的公职分配于特定教派的趋势，则于20世纪30年代逐渐形成。马来西亚唯一类似于协合民主做法的既有安排，是殖民当局组建的社区联系委员会。该委员会由六名马来人、六名华人、一名印度人，加上其他三个少数族群的代表构成。直到1949年，该委员会才得以设立，以至于难以符合作为传统先例的条件。然而，在多年以后的"联盟"当中，它却为区块之间的妥协与交换，提供了有益的经验。戈登·P. 米恩斯(Gordon P. Means)就表示，"虽然该委员会从未成长为解决马来西亚所面临问题的真正的非部落主义途径"，但是"它的确证明，重要的部落妥协，更有可能出现在部落首领们进行的半秘密与‘非公开’谈判中”。[21]

除了上述方面，在这两个案例中，其他条件都是消极的。马来民族主义，以及源于马来文化的马来西亚所有官方象征，对其他区块来说，要么毫无意义，要么令人厌恶。就像埃斯曼讲的：“很少有……共享一片领土并参与同一政治体系的诸民族，其在共同点上是如此稀少。”[22]黎巴嫩各区块共享着一个重要的文化元素——阿拉伯语，但是它们之间却缺少真正的横跨忠诚。举例来说，人们会发现，在基督教马龙派与伊斯兰教德鲁兹(Bruze)派*之间，就存在着区块民族主义；在黎巴嫩，存在阿拉伯民族主义，却没有真正的对黎巴嫩国家的情感。诚如利拉·梅奥(Leila Meo)在其著作的标题中指出的，黎巴嫩不是一个“不确定的民族”，而是一个由多元民族构成的“不确定国家”。[23]

在这两个国家，相互强化的隔阂显然是经济上的。除了在文官系统中拥有特权，马来人主要是勉强维持生计的农民和无技能劳工；华人却占据了其他所有经济部门，其收入超过马来人平均收入的二至三倍。而在黎巴嫩，相对富有的基督徒同普遍比较贫穷的穆斯林，也存在显著但程度较小的经济差距，而且每一教派都“普遍倾向于独霸一到两种职业”，这一点甚至可以用“劳务上的民族分化”来形容。[24]

最后一点，这两个国家都存在高度的区块隔阂。在马来西亚，各区块之间几乎很少有任何社会交往或互动；而且，尽管在接触时各方都“恪守礼数”，但“潜存的社会距离，近于难以衡量”。[25]同样，黎巴嫩“各教派间的联系，只存在于每一教派组织的顶端”[26]。但是，这种相互隔绝只体现在社会关系上，而不在领土分布上。尽管(特别是黎巴嫩)每一区块都有其传统据点，但它们都不是“联邦社会”。表5.1显示，黎巴嫩分化为十四个教派，马来西亚则分化为马来人、华人和印度人等区块，这一情况同时发生在黎巴嫩和马来西亚全国，以及黎巴嫩的五个省和马来西亚的十三个州。黎巴嫩的分化指数尤其的高；在这两个案例中，以加权中数测算的地理划分上的分化度，其缩小幅度极小：黎巴嫩从0.81降为0.70，马来西亚则从0.58降为0.51。

---

* 某回教派。——译者注

表 5.1　四个非西方多元社会的区块划分:次国家层级的平均值与全国总值

	州/省/区		全　国
	中　数	加权中数	
黎巴嫩(1956)			
最大族群(%)	43.0	44.9	30.3
分化指数(F)	0.72	0.70	0.81
马来西亚(1967)			
最大族群(%)	61.9	57.7	50.6
分化指数(F)	0.47	0.51	0.58
塞浦路斯(1960)			
最大族群(%)	81.0	80.9	80.9
分化指数(F)	0.30	0.31	0.31
尼日利亚(1952—1953)			
最大族群(%)	72.5	64.4	23.9
分化指数(F)	0.42	0.51	0.82

资料来源:计算自 Michael W. Suleiman, *Political Parties in Lebanon*: *The Challenge of a Fragmented Political Culture*, Ithaca: Cornell University Press, 1967, p. 27; Milton J. Esman, *Administration and Development in Malaysia*: *Institution-Building and Reform in a Plural society*, Ithaca: Cornell University Press, 1972, p. 18; C. J. Visser, Cyprus: Mislukte republiek, The Hague: Nederlands Instituut voor vredesvraagstukken, 1975, app.; James S. Coleman, *Nigeria*: *Background to Nationalism*, Berkeley: University of California Press, 1958, p. 15。

一般的结论总是认为,在这些非西方的多元社会,确实存在某些有利因素支持发展与维系协合民主,却也同时存在诸多明显负面的其他因素。然而,因为这些支持性因素绝非压倒性地有利,这两个国家相当成功的协合民主实践,无论如何不能被视作必然会发生。这一结论凸显了这两个案例在理论与规范上的重要性。

五、塞浦路斯协合民主的失败(1960—1963)

自 1960 年以来,塞浦路斯就以一个独立国家的形象而存在。而且,它拥有一部完全协合民主式的宪法,该宪法由希腊政府、土耳其政府,以及塞浦路斯的希腊社群与土耳其社群等代表共同起草。虽然该宪法并未被证明是成功的，但它却是为高度多元的塞浦路斯建立政治和解体制的一项大胆探索。塞浦路斯划分为两大主要区块：根据1960年的人口普查，分别为希腊人（约占人口的78%），土耳其人（约占人口的18%），其他的（占4%）则是政治上无足轻重的少数族群。在塞浦路斯，语言、宗教和文化等隔阂完全是吻合的。希腊裔的塞浦路斯人说希腊语，归属于希腊正教，并强烈地倾向于希腊的文化传统。而塞浦路斯的土耳其裔则说土耳其语，信仰伊斯兰教，并对土耳其文化有着强烈的认同感。这些隔阂也渗透到塞浦路斯的组织架构中。关于塞浦路斯从希腊与土耳其忠实效仿过来的两个教育系统，爱德曼提尔·波利斯（Adamantia Polis）作出了如下描述："希腊人的学校课程，理所当然地使用希腊语教学，讴歌希腊的民族历史，并'揭示出'塞浦路斯的希腊特质；而土耳其人的学校课程，也一样用土耳其民族主义的观点来编写。"非政府组织是排外的、区块化的，而且彼此完全分割："政党、工会、专门职业和农业协会等，都是沿着民族界限划分的……就我所知，没有哪个组织同时包含了希腊人和土耳其人。"[27]

协合民主的所有原则，包括大联盟、比例性、区块自治和相互否决等，在1960年的宪法中都得到了精妙的体现。[28]该宪法确立了一个总统制政体，即由希腊社群选举产生一位希腊裔总统，并由土耳其社群选举产生具有同等权力的土耳其裔副总统。大联盟的安排，依据的是如下条文：须由总统任命的七名希腊裔部长，和副总统任命的三名土耳其裔部长共同组阁。七比三的这一比率，着意赋予居少数的土耳其裔以超额代表，并没有严格遵守比例性的原则。同样的比率不仅适用到立法机关的组成上（即议会由希腊人选举产生的三十五名议员和土耳其人选举产生的十五名议员组成），而且适用到政府文官的录用上。在军队和警察的人数上，实行六比四的比率。尽管该比率于比例性原则是更大的偏离，但依然保证了希腊人的多数地位。

该宪法也保证，两个民族区块都拥有大量的自治权。每一区块各自具有单独选举产生的自治议会，在宗教、教育、文化和个人身份等问题上，自治议会具有排他性的立法权。岛上最大的五个城镇，也都设立了各自的市议会。这些宪法条款，大力推进了一个无真正的领土型联邦制的"联邦"体系的建立。领土型联邦制的建立，主要受制于这两种人口高度分散的居住模式。从表 5.1 可以看出,塞浦路斯六个区的平均民族构成,正是全岛民族分布状况的缩影。最后一点,1960 年的宪法,同时赋予了总统和副总统共同的或独立的绝对否决权。对于内阁或立法机关在外交、国防和安全等领域所作的决定,他们可以行使该否决权。但在税收、自治市与选举制度等方面的所有立法决议,只能由立法机关中两个区块团体的协同多数作出。

虽然远谈不上令人满意,该宪法还是从 1960 年运作到 1963 年的 12 月。之后,内战爆发了,政府分裂为两个对立的系统:希腊人归属到正式却简化的政府机器下面,土耳其人则归属到他们的副总统、十五名立法机关成员和土耳其自治议会下面。1964 年,联合国的一支维和力量被派往塞浦路斯岛,负责维持一个脆弱的停火协议。与此同时,塞浦路斯的局势日益向事实上的分裂演变。内战爆发后,土耳其人逃到城市的被包围区。而 1974 年土耳其的武装入侵,则导致了塞浦路斯的领土分裂。大部分居住在土耳其占领的北方地区的希腊人逃往南方,而南方的土耳其人,则成功地大规模迁移到土耳其军队控制的地区。

塞浦路斯的协合民主宪法之所以无法运作,是因为在 1960 年制定宪法时,居多数的希腊人只是勉强接受了这部宪法。在随后的几年,对于该宪法的主要条款,他们日渐厌恶。而居于少数的土耳其人,则忠实地遵循着每一个协合民主的条款,并过度使用了他们的否决权。比如,立法机关的土耳其成员,在税收立法上拒绝以协同多数通过,不只是因为该法案本身具有可反对的特征,也因为他们想以此为武器,迫使七比三的比率在政府文官中得到更快更彻底的适用。1963 年 11 月,马克瑞斯大主教(Archbishop Makarios),也就是塞浦路斯的希腊裔总统,抛出了一系列的宪法修正提案,试图废除最令人厌恶的协合民主设置。包括总统和副总统的否决权,立法机关中的协同多数决,分立的市政府,以及土耳其人在政府文官、警察和军队中的超额代表。但这些提案不仅遭到土耳其裔的塞浦路斯领袖的反对,也遭到土耳其政府的反对。结果,整个协合民主实验在数天之后的内战中走向尽头。[29]

协合民主为何在塞浦路斯失败?究其原因主要是,协合民主不能在违背多元社会中一个或一个以上区块意愿的情况下,强加到它们头上,特别是不能遭遇多数区块的抗拒。在这方面，塞浦路斯与北爱尔兰的情况相似。权力的双重不平衡，构成关键性的不利因素。而且，几乎塞浦路斯所有的其他条件，相比于黎巴嫩和马来西亚都明显地更为不利。这些不利条件，对协合民主的成功实践产生了不良影响。塞浦路斯的总人口略多于50万，比黎巴嫩和北爱尔兰的人口都要少。主要来自土耳其和希腊的外来威胁与干预，结果损害而不是帮助了塞浦路斯的内部统一。塞浦路斯针对英国的反殖民主义运动，并不是为了争取独立，而是为了合并，也就是与希腊相整合。但这却正是土耳其裔的塞浦路斯人所极力反对的目标。在塞浦路斯，没有塞浦路斯民族主义，也没有任何其他的横跨性忠诚，能够阻止分歧的希腊民族主义和土耳其民族主义将岛上的居民区分开。区块之间的经济不平等虽然不是非常严重，却附加了又一个负面因素：在人数和经济上，土耳其区块都逊于希腊区块。在1963年以前，区块隔离都只是社会意义上的，而非（或只是微弱的）领土意义上的（见表5.1）。略微有利于协合民主的唯一因素，就是塞浦路斯和黎巴嫩的历史经验相同。它们都曾经在土耳其帝国的“米勒特”制度下被统治过。但是，塞浦路斯的例子再次表明，这些既有传统并非至关重要。

六、尼日利亚的民主失败（1957—1966）

尼日利亚的民主后来衰变为军人统治，比亚弗朗（Biafran）区独立，加上内战，也可被看作协合民主失败的另一例证。显然，尼日利亚是一个多元社会。20世纪60年代初，其人口约为4 500万，并且确实地区块化为数百个民族团体。但是，其中最大的八个民族，超过总人口的四分之三；而最大的三个民族，则超过了半数人口。所有民族团体在地理上都是集中的。最大的三个民族，分别在尼日利亚联邦最开始的三个州中居主导地位，且主导了这三个州的主要政党。这三个州分别是北部的豪撒（Hausa），东部的伊博（Ibo），以及西部的约鲁巴（Yoruba）。当代首位使用“协合民主”这一术语的学者戴维・E.阿普特（David E. Apter），就将尼日利亚作为协合民主政体的主要例证。他将该政体界定为:“若干构成单元合而为一,且这些单元以某种形式的联盟结合在一起,并未丧失其身份认同。”此外,他还补充说明,协合民主的形式“可能从由若干团体或国家所构成的相对松散的邦联,到一个可看出结构的联邦式安排”。其他的特征,还包括“包容不同群体的理念分歧以达成统一目标”的意愿,“一致的或合作的领导”,以及达成妥协即制定一个“可被全体接受的最小程度的方案”的必要性。[30]阿普特的协合民主概念,与本书使用的概念类似,但要宽泛得多。从中我们可以发现,它包含了大联盟、自治和否决权等要素,但阿普特并未就这些要素作出明确阐述。

我们在考查尼日利亚的例子时会发现,它几乎一点都不符合协合民主的狭义定义。尼日利亚三个主要政党在独立前(1957—1959年)的联邦内阁中结盟,这必定影响到阿普特将其描述为协合民主。因为,阿普特的著作正好在此后不久(1961年)出版。然而,在1959年的联邦选举和1960年的独立之后,尼日利亚就再也没有形成大联盟。在1959年至1964年这段时间,掌握内阁政权的,是最大的尼日利亚政党(该党以北部州为政治基础)与在东部居主导地位的政党所结成的一个联盟。来自西部州的政党则成为主要反对党。而且,任何趋向一个更具包容性内阁的努力,都被单一政党多数统治的趋向取代。执政党利用发生在西部州的一个危机,停止了该州政府的运作,同时解散了西部的主要政党,并将其若干领袖逮捕入狱。与此同时,因为其他政党成员退出联盟,加上多次补选的结果,在联邦议会的众议院中,庞大的北部政党取得了绝对多数;而它对待内阁中其他地位较低的结盟者的态度,则成为某种“强势的主导者”[31]。1964年的选举,产生了下一届内阁,该内阁于1966年被军事接管,这就使北方人获得更为强势的主导地位。

尼日利亚1960年的宪法,包含了一项虚弱的否决权条款。其主要表现形式为:在参议院中,三个州拥有同等的代表权。这就给了东部和西部的参议员一个机会,使他们能够阻止北部成员占绝对多数的众议院的决议。但是,该“否决权”只是一种可使立法延迟六个月的权力,且从来不会有效运作。此外,比例性原则也不是一条具有任何重要性的标准。特别是,因为实行英国的选举制,三个最大区块在其各自的州内,完全凌驾于其他的较小族群。

称尼日利亚具有协合民主特征的唯一理由，就是其联邦体制。该体制赋予其州政府高度的自治权。但是，就协合民主的观点看，尼日利亚的联邦构成方式，几乎就注定了其联邦制的失败。联邦的界限并未沿民族边界展开，仍具相当规模的小型区块也未能拥有自己的州。尼日利亚籍律师本·O.恩瓦布泽(Ben O. Nwabueze)就曾写道："在尼日利亚联邦制之所以失败，主要是因为其未能实现如下目标：在相当同质的社会群体上建立政府单元，以便它们能够在全体一致的范围内处理各自内部的事务。"相反，联邦各州"不幸构筑在如下中心之上：一个主要部落指挥着约2/3的州人口，而多个少数部落则围绕在它的周围"。[32]根据1952年至1953年的普查数据(十年后进行的普查其准确性很是可疑，在政治上也颇受争议)，表5.1显示了整个尼日利亚的民族分化度，以及三个州和规模较小的联邦首都领地拉哥斯的平均分化度。尽管只有十个最大的民族区块被纳入计算，但分化的指数仍极其地高：0.82。显然，联邦各单元的加权平均值(0.51)，远比全国总值低，但仍然偏高。

尼日利亚的联邦制，存在一个甚至更重大的缺陷：它将民族权力的多元平衡(即没有一个民族区块将近多数)，转化为联邦组织上的不平衡——其中一个州(即北部州)涵盖了总人口的60%和国土总面积的75%。正如希默尔斯特兰德所指出的，尼日利亚的困境，不在民族性等问题上，而在于："民族的合并，族群的大小，加上行政边界，等等，彼此之间的相互作用。"[33]1963年中西部州的形成，是一个微小的进步。但是，中西部州是从西部州分割出来的，因而并未影响北部州的主导地位。尼日利亚联邦制的一项主要进步，发生在1967年。当年，军事统治者将整个联邦结构改造成一个包含十二个州的联邦。其中，北部州被划分为六个州。然而，这已经来不及挽救尼日利亚的民主政治了。

如果能适用协合民主的模式，民主政治在尼日利亚得以存活的机会或许会大一些。民族权力的多元平衡，民族区域在地理上的集中，这些都是尼日利亚具有的有利条件。但是，尼日利亚巨大的国家规模(特别是以非洲的标准来看)，以及其他多数条件，都显然不利于协合民主。但不管怎样，尼日利亚在1957年至1966年这段时间的真实经历，应被看作是民主的失败，而非协合民主的失败。

七、第三世界的协合民主条件：总体性评估

黎巴嫩和马来西亚的例子，加上介于刘易斯的西非模式与协合民主之间的那种模式，相当程度上支持了如下的主张：在第三世界的多元社会，应当认真地考虑将协合民主作为英国民主模式的替代方案。另一方面，塞浦路斯的例子表明，努力构建协合民主可能会失败。而就算只是一个反例，就足以证明协合民主并非总是行得通。为了得到协合民主在第三世界的可行性的总体性结论，下一步就是尝试探究影响协合民主成功几率的因素。当然，这样的总体性评估也存在风险，因为显然在许多方面，第三世界国家都彼此相异。故而，我的总结并不必然适用于某个特定国家。首先，我将检视一般是或经常是——而非一直或无例外地——有利的那些条件。马来西亚和黎巴嫩将作为比较的基础，因为，这两个国家显示（就像欧洲的例子显示的）：即使存在诸多不利条件，协合民主依然是可能的。而马来西亚和黎巴嫩的特点，也将作为其他可比国家的标准。也即，第三世界中多元社会的条件，总体上是否至少像黎巴嫩和马来西亚那样于协合民主有利，或者显著地更加不利，或者甚至可能像塞浦路斯那样完全地不利？

值得再次提及的是，上述那些条件应被视为于协合民主有利的条件。就像本书之前指出的，特别是基于对加拿大和以色列经验的检视，我们知道这些因素既非必要条件，也非充分条件。与此经验发现一致的是，协合民主作为一种规范模型，它同时意味着对社会决定论的否定。协合民主模型假定政治精英享有高度的选择自由，于是在理性地认识到多元社会固有的离心倾向，并审慎地致力于应对这些危险的情况下，他们会诉诸协合民主式的决策。赋予领导者关键角色的这种主张，类似于马基雅维利的信条：领导者的智慧和深谋远虑具有决定性意义，因为"时间将证明一切，它不偏不倚，可能会带来善果，也可能带来恶果"[34]。

之前，我们在讨论“初始协合民主(protoconsociational)的传统是实行协合民主的有利因素”时，曾援引达尔德对政治精英可以自由选择并有意作政治设计的信条的批评。他认为，在开始政治现代化和国族建构之前，瑞士与荷兰两国都曾有政治和解与协同决策的强大传统。同时，他也指出，在发展中国家，这些过程高度取决于早先的精英经验。当然，达尔德也附带提到，就算协同决策和区块自治的传统相当强烈，“新兴国家普遍盛行的意识形态观点，也不利于协合民主论者的选择”，因为，这些传统往往被当前的领导者视作“应当加以清除的障碍，而非新兴的多元化国家可建立在它之上的一块基石”。[35]但是，这些评论也承认自由选择的空间毕竟是存在的：如果精英持反协合民主的态度，而不管于协合民主有利的早先传统，他们就是有活力、自主的行动者，他们不仅能脱离这些古老的政治传统，而且可以决定是否恢复它。

在达尔德的评论中，一个更为重要的意思是，许多新兴国家都有前殖民地的传统，而这些传统可以作为协合民主的牢固基础。相比之下，英国模型中的多数决原则，“执政—反对”的政治活动，以及单一制政府等，这些都与非西方的传统相冲突。其他多数观察家也是这样看的。鲁珀特·埃默森(Rupert Emerson)就认为：“经过一段时间的论辩，多数具有否决持异议的少数的权利这类西方式假定，也就是英国模型的假定，同非西方的人们的基本观念相悖。”当然，亚洲与非洲的社会传统存在巨大差异，而“它们本来的倾向，都普遍是广泛而从容地深思熟虑，并以达成终极共识为目标。其显著特征在于，逐步找到意见一致的部分，而不是以数人头的方式追求快速作出决议的能力”。[36]迈克尔·哈斯(Michael Hass)认为，存在一种典型的“亚洲式”决策方法，它以“穆法凯特”(mufakat)和“穆夏瓦拉”(mushawarah)的理念为基石。前者是马来人的术语，意思是“建立在讨论而非投票上的无异议原则”；后者则是“印度尼西亚用来达成协议的传统方式，它不是由多数决，而是通过找到某种像教友派(Quaker)的‘会议的判断’的方法”。[37]奈瑞尔也表示赞同地引用了如下看法：“长老们坐在大树底下，一直谈到他们都表示同意为止。”[38]该看法是典型的非洲村落社区对政府的描述。刘易斯也同样指出，西非的部落存在偏离英国模式的强烈民主传统：“部落通过讨论作出决定，而联盟多以此方式运作，此种民主程序是该民族原初制度的核心。”[39]

在这方面特别使人信服的一个证明，就是史密斯在分析非洲殖民前社会后得出的结论。史密斯最开始使用的多元社会概念(见第一章的相关讨论)，伴随着如下主张：存在一个居主导地位的文化区块，是多元化必然且不可避免的后果。为验证最初的假设即“支配关系与多元化一贯相连”，史密斯“研究了非洲殖民前社会的民族志资料”。但是，他却得到一个“始料未及的结果”：他发现了一种多元社会类型，他将此社会标识为“联合社会”(consociation)，也即“在一个共同的社会里，各自组成的共同体，作为平等和内部自治的结盟者”，他们组成某种联合体。[40]该定义同本书使用的协合民主定义相似，但两者采用相同的词汇，则纯属巧合。

除了联合决策和区块自治等先在传统，在第三世界的多元社会，还存在许多于协合民主有利的其他因素。在多元社会中，原始忠诚非常强烈，而国族主义则显得薄弱。但是，就精英和大众层面仍存在某种国族情感这一点而言，实行协合民主的机会仍会增加很多。多数新兴国家就像黎巴嫩和马来西亚，国族认同感微弱，但并非完全没有。对那些不得不为独立而斗争的国家而言，殖民强权正提供了强化其内部团结的外部威胁。

而且，如下状况也会促进精英层面的合作：领袖们的动机不仅来自他们对共同利益的感知，也来自共同的背景和期待。在新兴国家，这种状况普遍比黎巴嫩和马来西亚更为有利。特别是在为独立而斗争和刚刚获得独立的数年内，政治领袖们往往是一个异乎寻常的同质性团体。威廉·J.福尔茨(William J. Foltz)发现，多数新兴国家都曾有过“拥有一个少受限制、同质和政治上相关联的社会阶层的良好机遇”。他们的领袖，都曾“通过私人友谊的联系团结起来，而且这种联系经常因为共同的教育与鼓动经验以及奉献国族主义理想而被强化”。[41]大多数非洲国家的精英阶层，具有一个特别显著的共同要素，即都将英语或法语作为官方语言。由于英语或法语不是这些非洲国家中任何民族区块的语言，因此在民族上它反而是中立的。就像皮埃尔·L.范德伯格(Pierre L. van den Berghe)所讲的，这种语言虽是官方话，但仍属外国的语言，是一种“深奥而有影响的媒介”，因此它产生了“一个横跨社会金字塔顶端的民族界限的重要联系”。[42]

最后一个于协合民主普遍有利的条件，就是高度的区块隔离。原初的隔阂往往界限分明，这种倾向更因前殖民政权间接统治的一再操弄而强化。而政治组织如果被允许，也倾向于以区块为基础。这种特征在非洲的多元社会，多少没有在亚洲的多元社会明显。对非洲的情况，范德伯格作了如下概括："非洲脉络下的民族性，与较为板结（基本隔阂较少、较为稳定且较不模糊暧昧）的状况（如在比利时或瑞士）相比，其重要特征是复杂性和流动性。"[43] 在这方面，黎巴嫩和马来西亚可能更接近这两个欧洲国家（比利时和瑞士），而甚于接近典型的非洲多元社会。另一方面，非洲的区块隔阂低度的鲜明性，则得到如下事实的弥补：非洲的区块隔离，往往因其地理上的集中而强化。而这一特征正是黎巴嫩和马来西亚所缺乏的。

不论是在非洲，还是在第三世界的其他地方，区块分离都导致非精英的民众的政治惰性，并加强了民众对区块领袖的顺从态度。在非西方的政治过程中，这是普遍存在的一个特征。对这一类型的政治活动，派伊作了如下的一般性描述："政治活动中的部落框架……意味着主导政治忠诚的，更多的是对具体团体的认同，而非对该团体宣扬的政策目标的认同……只要政治领袖看起来是在为团体的整体利益而努力，他们就不必关注其成员的忠诚会遭遇目前决定的检验。"[44]

特别是在短期内，上述类型的政治忠诚赋予政治领袖极大的优势。亦即，他们拥有高度的自由来决定与其他团体领袖的关系。非西方的政治领袖普遍拥有的这一优势，甚至多于欧洲协合民主国的政治领袖所拥有的。但是，就长期来看，这一优势也具有某种危险：因过于关注精英层的政治活动，政治领袖反而失去了与一般民众的接触。根据政治发展方面的诸多文献，我们会发现在非西方国家，精英与大众之间的社会和心理距离竟如此遥远，以至于国族整合的概念往往具有双重内涵：它不只意味着跨民族区块及其他区块的忠诚的发展，还意味着拉近精英与民众之间的距离。一方面寻求精英层的政治和解，另一方面又要维持与普通民众的亲近关系，这是一项困难的任务。但就像欧洲协合民主经验所表明的，这种平衡也并非不可能实现。

在采用协合民主的政府模式或其特定面貌的任何决定上，政治领导的角色也至关重要。刘易斯非常脱离现实地期许，向大联盟政府的转变能够发端于民众层面。“在最后的分析中，稳定的联盟政府的愿望，并不取决于政治人物，而是取决于民众作出决定认为这才是他们想追求的。”而且，他还呼吁西非的新生代“重写政治的游戏规则”，以迫使政治人物选择结盟而非对抗的行为。[45]但是，若期待协合民主模式被接受，势必需要精英的引介。绕过领袖而诉诸民众，不仅徒劳无功，甚至可能适得其反。

八、矛 盾 因 素

至此，在我们分析的所有案例中，于成功实践协合民主有关键意义的条件，莫过于区块之间的权力平衡。在这方面，非西方的多元社会存在着广泛的差异性：从不利的二元不平衡（如塞浦路斯和锡兰），到拥有一个近于多数的区块的稍微有利的三元不平衡（如马来西亚），再到不存在主导性多数的有利的多元平衡（如黎巴嫩）。非洲的大多数多元社会和巴布亚新几内亚*，也存在多元的权力结构，但却面临着分化为数量相对多的区块的不利因素。

但是在若干案例中，国内不利的权力平衡，也可借助能与其抗衡的外部力量来改善。比如格尔茨就曾指出，在马来西亚，华人与马来人至少已部分结合在一起，因为“任一族群都会担心，一旦联邦解体，在其他政治框架下，他们都可能沦为被淹没的少数。如果华人转向新加坡或中国，马来人就会被淹没；如果马来人转向印度尼西亚，华人就会被淹没”。这种外部的抗衡力量，在锡兰（Ceylonese）的二元不平衡的状况中，显得尤为重要。在锡兰，“泰米尔人（Tamils）和僧伽罗人（Sinhalese）都设法将自己看作少数族群。泰米尔人这样看，是基于锡兰 70%都是僧伽罗人；而僧伽罗人这样看，是基于他们在锡兰的 800 万人已是他们的全部人口，而泰米尔

* 巴布亚新几内亚：太平洋西南部的一个岛国，包括新几内亚东半部、俾斯麦群岛、所罗门群岛的西部和邻近的一些岛屿。以前是澳大利亚的属地，1973 年得以自治并于 1975 年完全独立。——译者注

人除了锡兰的 200 万，还有在南印度的2 800 多万。”[46]但是，像这样内部与外部力量平衡的有利结合，并非必然。举例来说，北爱尔兰的两个区块并不将自己看作少数(在整个爱尔兰，新教徒是少数；在北爱尔兰，天主教徒则是少数)，而是将自己看作多数：一个是实际的多数，一个是潜在的多数。而且，可能的最坏情况就是：其中一个多数区块担心自己会沦为少数。

在诸多非洲国家，我们所发现的极端分化的情形，往往致使缺乏一个多数区块，而分化为相当众多的区块。这于协合民主也构成了一种阻碍。当然，也不必夸大非洲这些国家的分化程度。就像多伊奇指出的，在这些国家，往往有一半的人口，由大约不超过六个的区块构成。而且，不到 10—15 个的这类族群占到 90%的人口。[47]在这方面，尼日利亚就是一个很好的例子。殖民者往往犯下一个过错，即意欲呈现他们的属国极其复杂的民族构成的夸张图景，而这至少部分是用作延迟引入自治政府的借口。实际上，独立和政治现代化的来临，已经倾向于将这些国家的分化度降低至某种程度。亨廷顿认为，现代化一个最显著的面向，就是“它在众多社会力量中，创造出日益增长的自觉、凝聚、组织和行动；而在传统社会，这些力量只存在于层次远为低下的自觉认同与组织当中”[48]。举例来说，在尼日利亚，约鲁巴*语和伊博**语等概念，直到最近才获得重要的意义和内容。在其他国家，这类聚集已沿种族、语言、宗教和地域的界限而发生。格尔茨认为，这是非西方的多元社会中的一个普遍趋势：“无论它是指除了闽昂卡巴族***都是外岛人，或是指克钦族****统治着独龙族(Duleng)或凌驾其上，或一名基督徒同时是一名马龙派教徒(Maronite)，或者愿意是一名约鲁巴人而不只是一名伊格纳人(Egna)，这一过程……是普遍的。它是原初的相似与相异意识累积的扩展，该过程源自地方脉络中文化相异的团体直接的和延伸的互动，最终发展为更广泛定义的群体，亦即在整个国族社会的框架下相互影响的相似群体。”[49]通过合并小

* Yoruba，主要居住于尼日利亚西南的一支西非民族。——译者注

** Ibo，主要居住于尼日利亚东南部的一支民族。——译者注

*** Minangkabau，印度尼西亚苏门答腊岛上的民族。——译者注

**** Kachin，缅甸克钦邦的组成民族之一。——译者注

单元而成为大型的有意义的族群，这一过程为协合民主提供了建构样板。

在欧洲的协合民主实践中，与此相似的唯一例子是瑞士。奥地利、比利时和荷兰都只拥有几个主要区块，瑞士则因为语言、宗教和意识形态等横贯隔阂形成的复杂模式，分化为大量的群体。但瑞士的这些小型单元，因联邦体制而聚集为大型的语言—地域区块，并因政党体制而聚集为大型的宗教—意识形态区块，所以这类小群体众多的情况，并未阻碍有效的协商与合作。

就实行协合民主的机会而言，第二个矛盾因素就是国家规模的大小：它在某些国家是有利的，但在其他国家却是不利的。非西方国家在人口规模上，有极大的差异，从若干拥有过亿人口的超大国家（如印度和印度尼西亚），到多个人口不足百万的小国（如塞浦路斯、加蓬和冈比亚）。就规模看，大多数非洲国家处在有利范围内，它们的人口至少有几百万，这样的规模大于黎巴嫩和北爱尔兰，但小于马来西亚。拿非洲的标准看，尼日利亚则过于庞大了。因此，特别是对稍微小型的非洲国家来说，协合民主模式可能是一种有用的范例。

最后一个矛盾因素，涉及区块间的经济平等。一方面，非西方多元社会的原始区块，一般与欧洲的宗教与语言区块相同，都是被水平的社会经济分化横切为"垂直"群聚。尤其是在区块于地理上集中时，这一点显得特别真切。这样一个被霍罗威茨称为"平行群体"的结构，并未遭遇民族和阶级分化完全或几乎吻合的系统反常特征："当然，这一点并不意味着在所有社会阶层，每一群体的成员数量都是成比例的，或者社会流动的机会与需求是匹配的。比例上的这种差异，典型地在平行族群的关系中构成刺激……重点是每一群体都有其自身的精英阶层——可能传统，可能现代，也可能兼而有之。而且，这些群体之间并未处于一般性的等级关系中。"[50]范德伯格指出，在非洲"阶级和民族……不仅基本上不相关，而且往往与社会团结与组织的原则相冲突"。在这方面，黎巴嫩和马来西亚以它们在地理上混合的区块和劳务上的民族分化，代表了不利条件中的例外。另一方面，区域性因而经常也是区块性的经济发展差异，也可能非常巨大。在非洲"人均收入、识字率、道路里长，以及诸多其他发展指标的差异，可能大到一比十，甚至一比一百"[51]。相比于如此巨大的不平等，黎巴嫩和马来西亚的区块间差异，看起来要相对地小。

九、不利因素

在研究了第三世界的社会发展动力后，我们会发现于协合民主不利的一系列因素。这就是经济和社会的现代化给多元社会带来的政治后果。这些社会的政治发展经常止步不前，并可能演变为政治衰败。但是，虽然社会和经济的发展有时会缓慢，但却是不可遏止地往前走。因循协合民主思路的其他假说，都将非精英的特征与调节冲突的可能性关联起来。在拒绝众多这种假说后，诺德林格指出，这类社会唯一重要的因素，就是其社会经济现代化的进程。而且，该进程造成的冲击，一直都是不利的："由于进一步增加了非精英个体的数量，而这些个体流露出对相反区块充满敌意的信念、情感和嫉妒；而且，在已经持有这种态度的个体中间，该态度又被强化；以及将个体放在允许或鼓励他们表达充满敌意的信念与情感的环境中，都妨碍了在沿着部落界限而深度分化的社会中实现调节的结果。"[52]

这一因素显然相当重要。它意味着在非西方社会，我们之前列为有利条件的众多特征，会逐渐变得不利。特别是民众对政治精英的顺从态度正在减弱，因而使精英间的协商变得更加困难。但是，从另一方面看，该趋向在某种程度上也被弥补了：在第三世界，庇护—附从关系依然顽固，而这种关系模式正可用于替代"精英优先"与"大众附从"的关系。此种关系模式特征，非西方社会要远甚于西方社会。[53]区块间相对隔绝，于它们之间的和平共处有利。但这种状况越来越遭到城市化、地理上的流动性和全国性商贸等进程的冲击。此外，尽管物质生活水平只能得到缓慢的改善，但民众对繁荣的期望却快速上涨，因此加重了政府的决策压力。另一不利的趋势在于，那些不得不努力争取独立——此种努力具有强大的团结效应——的国家，获得独立早已是陈年往事，共同奋斗的记忆也正在不断褪色。

不过，现代化的后果并非全都是负面的。就像我们之前提到的，现代化为那些当初极度分化的社会带来了更大型民族群聚的成长。因此，也为管理冲突的更大可能性奠定了基础。而且，随着经济的不断发展，区域和区块的极端不平等可能会减弱。“低度发展最大的讽刺在于，一个国家的发展水平越低，其内在的不平等反而越大。”[54]最后，大多数新兴独立国家的政治发展，结果却是政治衰败，甚至沦为独裁统治。这一事实也（多少有些自相矛盾地）带有一些期许的成分。因为，它意味着对于西方的民主理想与实践，这些新兴国家已经有了普遍的自觉。因为“西方”模式，其实最常被当作英国模式的同义语。因此，考虑协合民主这一替代方案的时机可能已经成熟。

最后一点要求我们关注的，是于第三世界实行协合民主普遍不利的其他因素。就像本书最开始对第三世界实行协合民主的条件所作的一般性评估时提到的，虽然前现代的本土传统强烈地偏向对协合民主有利，但殖民统治者引入的传统却大致是不利的。多数刚刚获得独立的第三世界多元社会都是前殖民地，当它们力图创建自己的民主制时，就容易效仿它们的前殖民者的民主模式，也就是英国模式或类似于英国的模式，而不是协合民主的范式。拉乌尔·乃罗（Raoul Narroll）指出，大体上，在“前殖民帝国的渊源……与诸多实质的政治与经济指标”[55]之间，有着强相关性。预期第三世界多元社会所实行的民主类型，与其前殖民统治者之间存在相关性；并进而推测这两个因素与其民主的成败也存在相关性，看起来就特别合理。在接下来的一章中，我们就要探讨这一假设。

注　释

1. Robert Melson, and Howard Wolpe, “Modernization and the Politics of Communalism: A Theoretical Perspective,” *American Political Science Review*, Vol. 64, No. 4, December 1970, p. 1130. 也可参见 Charles W. Anderson, Fred R. von der Mehden, and Crawford Young, *Issues of Political Development*, Englewood Cliffs, N. J.: Prentice-Hall, 1967, pp. 75—79；以及 Robert A. Dahl, *Regimes and Oppositions*, New Haven: Yale University Press, 1973, pp. 22—25。有关与民族同化和集中化过程迥然不同的政治发展，另有一个讨论：Cynthia H. Enloe, *Ethnic Conflict and Political Development*, Boston: Little, Brown, 1973。

2. Eric A. Nordlinger, *Conflict Regulation in Divided Societies*, Occasional

Papers in International Affairs, No.29, Cambridge, Mass.: Center for International Affairs, Harvard University, 1972, pp.17, 20—31.

3. Claude Ake, *A Theory of Political Integration*, Homewood, Ⅲ, Dorsey Press, 1967, pp.79, 112—113.

4. W. Arthur Lewis, *Politics in West Africa*, London: Allen and Unwin, 1965,尤其是第三章。对刘易斯方案的有力支持见 William G. Fleming, "American Political Science and African Politics," *Journal of Modern African Studies*, Vol.7, No. 3, October 1969, pp. 495—511。也可参见 Sidney Verba, "Some Dilemmas in Comparative Research," *World Politics*, Vol. 20, No. 1, October 1967, pp. 125—127; Donald Rothchild, "Ethnicity and Conflict Resolution," *World Politics*, Vol.22, No.4, July 1970, pp.611—616;以及 Robert P. van den Helm, "Aspects of the Study of State Formation and Nation-Building," *International Journal of Politics*, Vol.4, No.1—2, Spring—Summer 1974, pp.22—24。

5. W. Arthur Lewis, *Politics in West Africa*, London: Allen and Unwin, 1965, p.64.

6. Ibid., pp.64—66, 83.

7. Ibid., pp.51, 55, 63, 71, 81.

8. Ibid., pp.73—74.

9. 引自 Michael C. Hudson, "Democracy and Social Mobilization in Lebanese Politics," *Comparative Politics*, Vol.1, No.2, January 1969, p.245。

10. Pierre Rondot, "The Political Institutions of Lebanese Democracy," in Leonard Binder(ed.), *Politics in Lebanon*, New York: Wiley, 1966, p.135.

11. Michael W. Suleiman, *Political Parties in Lebanon: The Challenge of a Fragmented Political Culture*, Ithaca: Cornell University Press, 1967, p.45. 也可参见 Riad Younes, *Politik und Proporzsystem in einer südlibanesischen Dorfgemeinschaft: Eine empirisch sozio-politische Untersuchung*, Munich: Weltforum Verlag, 1975。

12. Pierre Rondot, "The Political Institutions of Lebanese Democracy," in Leonard Binder(ed.), *Politics in Lebanon*, New York: Wiley, 1966, pp.133—134.

13. Leonard Binder, "Political Change in Lebanon," in Leonard Binder (ed.), *Politics in Lebanon*, New York: Wiley, 1966, p.295.

14. Michael W. Suleiman, *Political Parties in Lebanon: The Challenge of a Fragmented Political Culture*, Ithaca: Cornell University Press, 1967, p.54.

15. Edward Shils, "The Prospects for Lebanese Civility," in Leonard Binder (ed.), *Politics in Lebanon*, New York: Wiley, 1966, pp.2, 4.也可参见 Teodor Hanf, *Erziehungswesen in Gesellschaft und Politik des Libanon*, Bielefeld: Bertelsmann Universitätsverlag, 1969, pp. 43—52;以及 David R. Smock, and Audrey C. Smock, *The Politics of Pluralism: A Comparative Study of Lebanon*

and Ghana, New York: Elsevier, 1975, pp.152—192。

16. Milton J.Esman, *Administration and Development in Malaysia: Institution-Building and Reform in a Plural Society*, Ithaca: Cornell University Press, 1972, p.25.

17. Milton J.Esman, "Malaysia: Communal Coexistence and Mutual Deterence," in Ernest Q. Campbell(ed.), *Racial Tensions and National Identity*, Nashville: Vanderbilt University Press, 1972, p.235; Gordon P.Means, "'Special Rights' as a Strategy for Development: The Case of Malaysia," *Comparative Politics*, Vol.5, No.1, October 1972, pp.29—61.

18. R. S. Milne, *Government and Politics in Malaysia*, Boston: Houghton Mifflin, 1967, p.41.

19. Karl von Vorys, *Democracy Without Consensus: Communalism and Political Stability in Malaysia*, Princeton: Princeton University Press, 1975, p.12.

20. Hassan Saab, "The Rationalist School in Lebanese Politics," in Leonard Binder(ed.), *Politics in Lebanon*, New York: Wiley, 1966, p.276.

21. Gordon P. Means, *Malaysian Politics*, London: University of London Press, 1970, p.124.

22. Milton J. Esman, "Malaysia: Communal Coexistence and Mutual Deterence," in Ernest Q. Campbell(ed.), *Racial Tensions and National Identity*, Nashville: Vanderbilt University Press, 1972, p.228. 也可参见 Nancy L. Snider, "Is National Integration Necessary? The Malaysian Case," *Journal of International Affairs*, Vol. 27, No.1, 1973, pp.80—89。

23. Leila M. T. Meo, *Lebanon: Improbable Nation*, Bloomington: Indiana University Press, 1965.

24. Charles Issawi, "Economic and Social Foundations of Democracy in the Middle East," *International Affairs*, Vol.32, No.1, January 1956, p.37.

25. Milton J.Esman, "Malaysia: Communal Coexistence and Mutual Deterence," in Ernest Q. Campbell(ed.), *Racial Tensions and National Identity*, Nashville: Vanderbilt University Press, 1972, p.228.

26. Leonard Binder, "Political Change in Lebanon," in Leonard Binder (ed.), *Politics in Lebanon*, New York: Wiley, 1966, p.303.

27. Adamantia Polis, "Intergroup Conflict and British Colonial Policy: The Case of Cyprus," *Comparative Politics*, Vol.5, No.4, July 1973, pp.596—597.

28. 参见 Stanley Kyriakides, *Cyprus: Constitutionalism and Crisis Government*, Philadelphia: University of Pennsylvania Press, 1968, pp. 53—71; 以及 T. W. Adams, "The First Republic of Cyprus: A Review of an Unworkable Constitution," *Western Political Quarterly*, Vol.19, No.3, September 1966, pp.475—490。

29. 参见 Thomas Ehrlich, *Cyprus*: *1958—1967*, London: Oxford University Press, 1974, pp.36—60。

30. David E. Apter, *The Political Kingdom in Uganda*: *A Study in Bureaucratic Nationalism*, Princeton: Princeton University Press, 1961, pp.24—25.

31. John P. Mackintosh, *Nigerian Government and Politics*, London: Allen and Unwin, 1966, p.547.

32. Ben O. Nwabueze, *Constitutionalism in the Emergent States*, London: Hurst, 1973, p.113.

33. Ulf Himmelstrand, "'Tribalism', Regionalism, Nationalism, and Secession in Nigeria," in S.N. Eisenstadt, and Stein Rokkan (eds.), *Building States and Nations*: *Analyses by Region*, Beverly Hills: SAGE, 1973, p.432.

34. Niccolò Machiavelli, *The Prince*, in Luigi Ricci (trans.), The Prince and the Discourses, New York: Modern Library, 1950, p.11.也可参见 Taketsugu Tsurutani, "Machiavelli and the Problem of Political Development," *Review of Politics*, Vol.30, No.3, July 1968,尤其是 pp.318—319。

35. Hans Daalder, "On Building Consociational Nations: The Cases of the Netherlands and Switzerland," *International Social Science Journal*, Vol.23, No.3, 1971, p.368.也可参见 Hans Daalder, "Government and Opposition in the New States," *Government and Opposition*, Vol.1, No.2, January 1966, pp.205—226.

36. Rupert Emerson, *From Empire to Nation*: *The Rise to Self-Assertion of Asian and African Peoples*, Cambridge, Mass.: Harvard University Press, 1960, p.284.

37. Michael Haas, "The 'Asian Way' to Peace," *Pacific Community*, Vol.4, No.4, July 1973, pp.503—505."穆夏瓦拉"的定义出自 Herbert Feith, "Indonesia," in George McTurnan Kahin (ed.), *Governments and Politics of Southeast Asia*, Ithaca: Cornell University Press, 1959, p.192。

38. Julius Nyerere, "Democracy and the Party System," in Paul E. Sigmund (ed.), *The Ideologies of the Developing Nations* (rev. ed.), New York: Praeger, 1967, p.294. 另参见 Ahmed Mohiddin, "The Basic Unit of African Ideal Society in Nyerere's Thought," *Africa*, Vol.25, No.1, March 1970, pp.3—24。

39. W. Arthur Lewis, *Politics in West Africa*, London: Allen and Unwin, 1965, p.86.

40. 参见 M. G. Smith, "Pluralism in Precolonial African Societies," in Leo Kuper, and M. G. Smith (eds.), *Pluralism in Africa*, Berkeley: University of California Press, 1969, p.94;以及 M. G. Smith, "Some Developments in the Analytic Framework of Pluralism," in Leo Kuper, and M. G. Smith (eds.), *Pluralism in Africa*, Berkeley: University of California Press, 1969, p.439。

41. William J. Foltz, "Building the Newest Nations: Short-Run Strategies and Long-Run Problems," in Karl W. Deutsch, and William J. Foltz (eds.),

Nation-Building, New York: Atherton, 1963, pp.118, 121.

42. Pierre L. van den Berghe, "Ethnicity: The African Experience," *International Social Science Journal*, Vol.23, No.4, 1971, p.516.

43. Ibid., p.513.

44. Lucian W. Pye, "The Non-Western Political Process," *Journal of Politics*, Vol.20, No.3, August 1958, pp.472—473.

45. W. Arthur Lewis, *Politics in West Africa*, London: Allen and Unwin, 1965, pp.84—85.

46. Clifford Geertz, "The Integrative Revolution: Primordial Sentiments and Civil Politics in the New States," in Clifford Geertz(ed.), *Old Societies and New States: The Quest for Modernity in Asia and Africa*, New York: Free Press, 1963, pp.115—116.

47. Karl W. Deutsch, "Nation-Building and National Development: Some Issues for Political Research," in Karl W. Deutsch, and William J. Foltz(eds.), *Nation-Building*, New York: Atherton, 1963, pp.5—6.

48. Samuel P. Huntington, *Political Order in Changing Societies*, New Haven: Yale University Press, 1968, pp.38—39.

49. Clifford Geertz, "The Integrative Revolution: Primordial Sentiments and Civil Politics in the New States," in Clifford Geertz(ed.), *Old Societies and New States: The Quest for Modernity in Asia and Africa*, New York: Free Press, 1963, pp.153—154.另参见 Richard L. Sklar, "The Contribution of Tribalism to Nationalism in Western Nigeria," *Journal of Human Relations*, Vol.8, No.3—4, Spring-Summer 1960, pp.407—418。

50. Donald L. Horowitz, "Three Dimensions of Ethnic Politics," *World Politics*, Vol.23, No.2, January 1971, pp.236—237.

51. Pierre L. Van den Berghe, "Ethnicity: The African Experience," *International Social Science Journal*, Vol.23, No.4, 1971, pp.510, 154.

52. Eric A. Nordlinger, *Conflict Regulation in Divided Societies*, Occasional Papers in International Affairs, No.29, Cambridge, Mass.: Center for International Affairs, Harvard University, 1972, p.112.

53. Ibid., pp.81—82, 86.

54. Pierre L. Van den Berghe, "Ethnicity: The African Experience," *International Social Science Journal*, Vol.23, No.4, 1971, p.514.

55. Raoul Naroll, "A Holonational Bibliography," *Comparative Political Studies*, Vol.5, No.2, July 1972, p.212.另参见 William B. Moul, "On Getting Something for Nothing: A Note on Causal Models of Political Development," *Comparative Political Studies*, Vol.7, No.2, July 1974, pp.150—152。

第六章 作为殖民遗产的协合民主案例

殖民主义极其不民主的制度，可能会成为埃默森所言的一个“民主的学校”。这涉及一个双重悖论。首先，在现代世界，最主要和最有效率的殖民者是民主国家，如英国、法国、美国、荷兰和比利时。其次，殖民地政治领袖所向往的独立民主政府的标准，却矛盾地出自殖民者之手。这一过程是通过殖民者在国内的政治作为来实现的，而非他们介绍给殖民地的民主代表制元素，虽然后者的影响也不应被完全忽视。[1]殖民地的本土领袖出于对民族独立的向往，最终往往会倾向于选择建立一个民主政府。这一目标，正如 J. M. 麦肯齐（J. M. Mackenzie）指出的那样，与在欧洲人中普遍存在的观念结合在一起，即如果他们不得不卸任，“那必须是带着荣耀离开，这种荣耀就是确立了以欧洲人标准定义的优良政府和民主”[2]。

一、殖民者的民主模型

抽象出一个普遍的“欧洲”或是“西方”的民主模式也许是可能的，但对于新兴的独立国家而言，最直接相关的典范则是那些拥有特定殖民势力的国家的民主模式：英国式民主、法国式民主、美国式民主、荷兰式民主或比利时式民主。英国式民主的影响力最大，因为迄今为止大英殖民帝国是最庞大的，它使荷兰和比利时的殖民地相形见绌。此外，虽然法国模式和美国模式与英国模式不同，但与协合式的典范相比，它们都更接近于英国模式。正如本书第四章所言，法国属于离心民主，而美国则是向心民主，两者均以相互冲突的精英类型为特征。与英国模式不同的是，法国模式包括一个多党制度；但和英国模式相似，它的特征在于：冲突的而非联合的精英行为，单一而非联邦的政府，类似英国的相对多数决而非协合民主的比例代表制（虽然法国在第四共和国时期曾短暂地试验过比例代表制的形式）。美国在拉丁美洲被当做参照样板而产生巨大影响，但却未对非洲和除菲律宾以外的亚洲地区产生大的影响。美国模式区别于英国模式，主要因为它是联邦制。正是由于这个原因，刘易斯认为，如果西非的新兴国家继承了美国而非英法的宪政体制，它们将有可能表现得更好：那么，“他们会将联邦的观念视为理所当然，集权主义者追求权力的高度集中就会成为不受欢迎的事情”。[3]但是在其他大多数方面，美国模式与英国模式是相似的。虽然，可以从美国的政治历史中发现一些协合式的制度安排，但美国模式主要还是一种冲突性的民主模式。事实上，总统制的政体将很大的权力集中在一人之手，因此无论在理论上还是实践上，这对大联盟政府都是无益的——除非作出非同寻常的制度设计，比如哥伦比亚规定总统的人选变换只能在两个主要政党中产生；或者是黎巴嫩规定由总统、总理和其他最高官员组成一个“大联盟”的方法。

在非西方的政治家和学术观察家的头脑中，民主制度被等同于英国模式——或者更普遍地说，与这种对抗性的模式等同起来的程度，在希尔斯以下的评论中可以显示出来：“在亚洲或非洲，并没有新国家……在那里，精英们对国家独立的需求并未优先于其对个人事业成功的渴望，他们认为自治政府和民主政府是一回事。”并且，这些精英基本相信“民主的自治政府需要现代政体的一切繁文缛节”，包括“一个在主要政党支配下的立法机构”。[4]将以前的殖民统治和独立后采用的民主类型，以及新民主体制的成败联系起来的完整假设，是由刘易斯提出的。在回顾了一系列关于西非民主制度失败和产生一党制的合理解释后，他总结出“民主倒退……主要是因为从欧洲继承的民主观念和制度不适合于”这些多元社会。刘易斯指出，这些领导们需要更多的“反洗脑”，才能认识到存在一个适合他们自己的民主模式。[5]这样说无疑是一种夸大其词：欧洲模式，即对抗性的英法民主模式，是主要的罪魁祸首；而且，用“洗脑”一词去描述由这种模式所强加的认知偏差可能言重了。毕竟，在第三世界，相对成功的协合主义典范的两个国家出自英国和法国的控制：马来半岛，沙巴州和沙捞越州是英国殖民地，黎巴嫩则由法国委任统治。值得注意的是，虽然英国人曾经直接或间接地在其殖民地起草宪法的过程中起到过帮助作用，但他们并没有坚定不移地要求殖民地采用自己的民主模式：他们曾试图在北爱尔兰实行协合模式，并鼓励和允许在他们的前殖民地塞浦路斯进行注定会失败的协合民主试验。

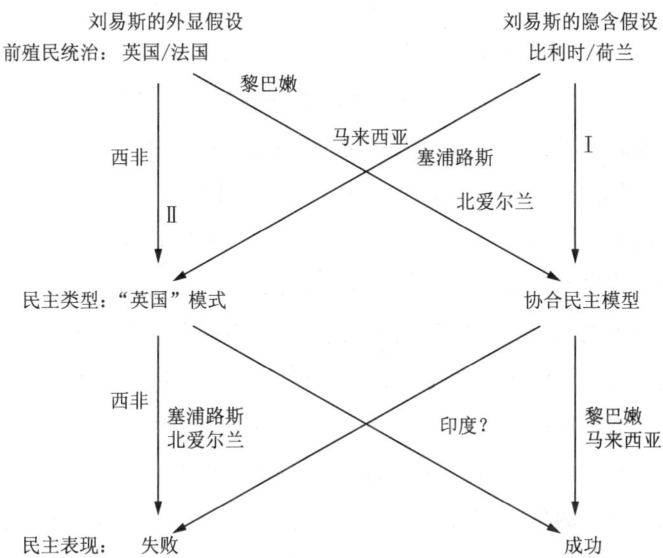

图 6.1 多元社会的前殖民统治、民主类型与民主表现

图 6.1 显示了四个例子，将刘易斯的假设及合乎其逻辑的补充并列起来。补充的假设只是隐含在刘易斯的研究中，因为刘易斯并没有提到任何关于他更推崇的民主模式的西方或非西方的实例，而这基本上等同于协合模式。西非各国证实了刘易斯的外显假设，并且还可以找到许多其他的例子来支撑该假设。实际上，多数英国和法国其他的多元社会殖民地都符合该假设。在假设的关系中，第一部分唯一明确的例外是黎巴嫩、马来西亚、塞浦路斯和北爱尔兰：之所以包括最后一个案例是为了保持完整性，即使北爱尔兰和其他案例不属于同样的前殖民地类型。刘易

斯假设的第二部分中最主要的反例似乎是印度，一个有着至少在 1975 年前相对稳定和成功的民主制度的多元社会。但是，有人可能会提出一些合理的质疑，那就是，印度的民主可以原汁原味地适用英国模式至何种程度：新德里的政策制定并没有按照大联合的原则进行——国大党支配着政治过程一直到 1977 年的选举，它是一个具有广泛整合性而不是种族代表性的政党。但拉吉尼·柯萨里(Rajni Kothari)却认为，印度的制度"不仅仅提供竞争和冲突的手段，还提供一个联合的舞台。在这里，执政集团和反对集团都可以输入他们多元的诉求……"[6]此外，印度的联邦结构为了向使用不同语言的区域提供自治权，而进行了特殊的设计，尽管采用简单多数的选举方法，它们在地理上的集中还是确保了它们在联邦立法机构中合理的代表性。迄今为止，刘易斯的假设很好地保持了有效性。唯一完全的例外是塞浦路斯和北爱尔兰：在这些案例中英国传统和民主的失败存在一定的联系，但是缺少一个假设的只适用于英国民主模式的中介因素。黎巴嫩和马来西亚同样也不符合该假设的第一部分，但却与其隐含的第二部分一致。这个残酷的试验，需要对刘易斯假设的全部合乎逻辑而又隐含的补充条件进行考察，而且，这些残酷的案例是那些有联合协商传统而非英国、法国或美国的殖民传统的案例：前荷兰殖民地——印度尼西亚、苏里南和荷属安的列斯群岛；前比利时殖民地——比属刚果*、卢旺达、布隆迪，曾经组成比利时托管的卢安达—乌隆迪地区。瑞士和奥地利并不是殖民国家，但应该引起关注的是，瑞士的民主制度曾经两度在乌拉圭的政治历史中充当典范的角色。这些案例在多大程度上显示出在图 6.1 中被标记为关系Ⅰ或者是关系Ⅱ？在民主成功或是失败方面，它们的命运又是哪一个呢？

二、六个新兴国中的比利时与荷兰模型

这里将首先回答后一个问题：作为殖民传统的一部分，这六个国家享

---

* 今扎伊尔。——译者注

受到协合模式带来的好处，但只在两个国家收集到相对成功的民主的数据。在刚果，民主制度几乎在独立后立刻瓦解。临时宪法在比利时政府和几个刚果代表团的商讨咨询后被匆忙制定出来。依据该宪法，1960 年 5 月举行了议会选举，任命了首相和内阁，并选举了总统。刚果在这个新的民主政体下于 7 月 1 日独立，然后迅速陷入混乱。在 7 月，刚果军队发生兵变，加丹加省脱离刚果独立，比利时出动军队进行干预，联合国也开始介入刚果的事务。八月，巴卢巴族部落的要塞南开赛省脱离刚果独立，想要强制性地重新征服该地的努力演变成对当地平民的屠杀。据联合国秘书长达格·哈马舍尔德(Dag Hammarskjold)* 称，这个屠杀具有种族灭绝罪行的特征。[7] 9 月初，因总统免去总理的职位而引发了一次宪政危机，军队决定夺走这两位最高执政者手中的权力，并任命一个非议会的看守政府。最初的这个多少有点试验性的军事政变，终结了刚果的民主试验。在接下来骚乱的几年中，曾有一些试图回到民主和议会制度下的举措，但是 1965 年最后的一次军事接管使得在很长一段时间内，刚果处于约瑟夫·蒙博托(Joseph Mobutu)将军的非民主统治下。

卢旺达和布隆迪在 1962 年实现了独立，晚于刚果两年。卢旺达的去殖民化过程与一场社会革命同时发生，占多数的胡图族(Hutu)打倒传统占统治地位的图西(Tutsi)少数民族。联合国卢安达—乌隆迪委员会将 1961 年早期的情况描述为一个胡图族的种族独裁。[8] 不久后于同年举行的全国大选，结果不出意外地是胡图族的主要政党获得了压倒性胜利。两年后，一些已经逃亡邻国的图西族人企图入侵卢旺达。因为，超过一万名居住在卢旺达的图西族人在勒玛全德称之为“史无前例的暴力和谋杀的狂欢中”被杀害，梵蒂冈电台将此次屠杀描述为“希特勒对犹太人的种族灭绝后最可怕和组织化的种族灭绝”。[9] 更多的图西族人成为难民。1960 年，图西族的部落中只有一小部分人，约占卢旺达 300 万人口的 15%，在境内存活下来。当时，卢旺达成为一个毫不掩饰的由胡图族控制的一党独裁国家。

---

* 哈马舍尔德，瑞士人。于 1961 年赴非洲执行联合国维和任务时殉职。本来是要去南非执行任务，中途在刚果停留时因飞机失事而遇难。——译者注

布隆迪的地理情况、人口，以及胡图人和图西人的人口比，都与卢旺达非常接近。虽然两国发生的具体事件不同，但却都转向了非民主。布隆迪建立了君主立宪制，虽然在1961年以普选的方式产生了立法机关，但实际上图西族的国王仍保留了相当大的政治实权。在1965年，胡图族获得选举的胜利，随后政体就向王室专制的方向摆动。胡图族的军官在2 500名到5 000名胡图族人被杀害后，发动了一场失败的对抗君主制的政变。后来，又发生了主要由图西族官员发起的两次政变，最终废止了君主制并建立起由图西族支配的一党专政。

民主制度在印度尼西亚也同样失败了，但是其持续的时间相较于前比利时从属国要更长一些。在1945年单方面宣布独立和历经四年反抗荷兰的革命斗争后，1949年印度尼西亚联邦政府终于正式获得了转交过来的主权。联邦制度在一个插曲后被废除，1950年见证了一段相对稳定的宪政治理时期，内阁先是向一个非经选举但具有广泛代表性的议会负责，1955年后向一个普选的立法机构负责。但是从1957年开始，苏加诺(Soekarno)总统和军队以牺牲议会政体为代价迅速获得了权力。1957年实行军事管制；1958年，印尼外岛居民反抗爪哇人统治的叛乱爆发；1959年，废除了1950年的宪法，1960年，选举的议会被迫解散。宪政民主被一个非民主政体取代。后者被委婉地称为“指导下的民主”。

民主政体在南美洲两个小的前荷兰殖民地——苏里南和荷属安的列斯群岛，被证实是更加可行的，两地的人口分别只有不到50万和约25万。1949年，当这两个国家被作为殖民地统治时，第一次全国性的议会选举举行了。五年后，他们在荷兰王国内获得了完全自治的对内政府，并作为和欧洲尼德兰平起平坐的伙伴。联合国大会通过非自治领地信息委员会，全面考察了这个一分为三的王国的新宪法条款，并予以正式承认。这之后，苏里南与荷属安的列斯的殖民地历史结束了。[10]苏里南种族部落间的关系在20世纪60年代恶化，其中一个使他们分裂的问题就是是否要脱离荷兰王国。尽管，在1975年苏里南切断了和荷兰的联系并建立起一个主权共和国，这一进程的实现不仅受到了同为荷兰殖民地的荷属安的列斯群岛的帮助和支持，而且在其国内就保留了民主与和平的传统。荷属安的列斯群岛至今也一样保留了民主体制和团结联合，但后者因为两个大的岛屿——库拉索岛(Curacao)和阿鲁巴岛(Aruba)之间的激烈竞争而更具不确定性,并且存在这种可能性,那就是阿鲁巴一直企图成为一个独立的主权国家。

这六个比利时和荷兰的前殖民地民主体制的命运轨迹表明,在这些新兴的独立国家中,协合的殖民传统和成功的民主体制之间的联系是很弱的——与图 6.1 显示的刘易斯隐含的假设相反。因此,研究所采用的民主类型的中介变量尤为重要:于独立之初协合民主在多大的程度上被采用?我们应该看得出,刘易斯的论断考虑到不同的治理模式施加的巨大影响力——如果殖民统治仍保持有效的话,测试了这里正在讨论的六个实证案例,但同时也应指出这个影响存在明显的缺陷:协合模式以不同程度的忠实度被移植,并未完美地从比利时和荷兰移植到其附属国。

造成这些移植不成功的原因,主要有四个方面:首先,正如之前指出的,具体的比利时和荷兰案例只是有缺点的协合民主实例,它们并没有像瑞士和奥地利那样更接近于理想的协合决策类型。尤其是在大联盟原则和相互否决权方面,比利时和荷兰模式是薄弱的,因为在这两个国家中大联盟的方法都不能持续地在内阁中应用。其次,比利时和荷兰的政治体系是协合民主模式的特殊实践,因此也被作为典范输送到殖民地。有时代表着适合比利时、荷兰但并不适合殖民地的协合原则的实践,而不是基本原则本身。特别是,区域自治在母国基本上已经有了非领土的形式,呈现给殖民附属国的模式——其中的一些显然是联邦安排的选项,因为他们的种族部落在地理上的集中性——是单一集中而非联邦的体制。比利时为解决不同语言集团间的问题而采取向准联邦制转变的办法,要充当非洲殖民地的学习样板已经太迟了。第三,模仿从前的宪法和法律规定,显然要比模仿非正式的政治行为容易很多。例如,作为一种选举方法,比例原则与联合风格的决策制定相比,是一个更加显而易见和直截了当的学习样板,而后者则没有任何一部宪法和法律对其作固定的说明;直到1970 年后,比利时才在宪法中添加了不同的语言集团在内阁中地位平等的条款。第四,在五个拥有重要殖民主义势力的西方民主国家当中,比利时在训练其属地进行自治方面做的是最少的,而荷兰在印度尼西亚的表现却相当出色。这些移植协合民主的案例所遭遇的困难,我将在本章的后续部分进行详细分析。

三、协合主义与正式宪政规则

就正式的成文宪法设计而言，比利时和荷兰的宪法在所有的案例中具有压倒性的力量。许多分析比利时和荷兰殖民地的独立或自治转型的研究者，都强调了这些地区的新宪法和比利时、荷兰宪法的高度相似性。1960 年的刚果宪法被描述为“几乎是比利时宪法的翻版”，该宪法建立了一套“在外在形式上高度类似于宗主国模式”的体制。[11] 布隆迪 1961 年的临时宪法“极大地受到了比利时宪法的启发”，以“几乎没有修改地复制了比利时宪法”为特征。在 1962 年独立以后采用的新宪法，又一次借鉴了“比利时宪法中大部分的规定”。[12] 印度尼西亚的 1950 年宪法很大部分是“一部对荷兰宪法缺乏创造性的僵化而教条地改编”[13]。荷属安的列斯群岛的 1955 年宪法与同一年的苏里南宪法很难区分开来——两者都“明显地模仿荷兰宪法”，安的列斯群岛 1951 年的岛政府基本法“极大地将荷兰的市政府法律作为参考”。[14]

当然，正式的宪法规定在协合民主中只扮演一个有限的角色。从比利时和荷兰的宪法中借鉴而来的诸多条文，与协合主义并没有直接关联，并且它们在协合模式与英国模式中保持中立。其他的规定可以被视为间接地有助于协合民主，尤其是比利时和荷兰实行的议会制，可以使大联盟政府的安排比在总统制下更加轻松和灵活——这一事实就是一个有利因素。唯一一个没有采用议会制典范的例外是卢旺达。它的 1961 年临时宪法规定了一个议会制的政体，但在 1962 年宪法中——与比利时模式不同，引入了某种总统制的政体，并且在其他方面也与比利时不同。[15] 但我们之后便可以看到，毫无改编地在书面上采纳适用于比利时和荷兰君主制的宪法规定，对于国家元首地位与君主立宪制相似但又不尽相同的刚果和印度尼西亚共和国而言，却妨碍了这两个新兴国家的议会制和协合制的制度设计。

借鉴他国的宪法对协合民主的一个直接而积极的贡献，就是对政党列举比例代表制的采纳。比利时和荷兰宪法均对此作出了规定，除苏里南以外的所有前殖民地均采用了政党列举选举制。荷兰议会为苏里南立法机构引进的普选选举法，仅规定苏里南的首都也是唯一的大城市帕拉马里博选举十名代表，而其他地区一共选举十一名代表。这个席次的约定涉及帕拉马里博的过度代表问题：在 1949 年第一次全国普选中，只有刚刚超出三分之一的合格选民，但他们却选出了近一半的席位。这一偏差出现的主要原因，是将教育水平高的城市人口的选票看得比农村人口的选票更重要的愿望。法律中并未明文规定比例代表制，但是将国家划分成一个或更多个帕拉马里博以及一些农村地区，就可以保证比例代表制的实现。根据荷兰政府“使席位均衡分配并充分代表所有团体”的要求，假定不同的宗教团体在地理上是高度集中的。[16]

克里奥尔人（他们的祖先在一定程度上是黑人，但又包括一些早年政治领袖中的白人）最初的统治在这些方面获得了成功：他们采取了英国的相对多数决，使这些有利于其自身的选举规定生效，并使帕拉马里博成为一个单一选区。这样，主要的克里奥尔政党才获得了帕拉马里奥所有的十个席位，而东印度（印度斯坦）党原本按照比例分配法可以获得至少两个席位，但这样一来他们连一个席位都无法拿到。帕拉马里博选民的过度代表性和对其他十个选区相对多数票制的利用，使克里奥尔人——最大的但并不占多数的种族群体——在立法机构中占据了十三个席位的绝对多数；印度斯坦人赢得了六个席位，而爪哇人只获得了两个席位。[17]一个完全的比例制会在苏里南的三个主要族群中进行这样的席次分配：大约是 9∶8∶4，而不是 13∶6∶2。

在 1963 年和 1966 年，在克里奥尔人和印度斯坦人密切合作的一段时期内，他们对选举法作出了三处根本性的改变：(1)消除了帕拉马里博的过度代表性；(2)在帕拉马里博和另一个大的选举区采用比例代表制；(3)赋予选民们二轮投票的机会，在单一的全国选区范围内，以比例代表制来选举扩大的有三十九个席位的立法机关中约三分之一的席位。这些修正使选举办法变得相当复杂，但究其效果而言却是非常均衡的。同样值得关注的，是新的比例代表制规定的细节——政党列举比例代表制，最大均数法，一个等同于当选商数的选举门槛，以及向名单上的特定候选人投优先票的可能性——全部是从荷兰选举法中未作任何修改地借鉴过来的。[18]在同一时期，公职人员的构成也变得更加均衡，政府雇佣了更多印度斯坦人，因而克里奥尔人的优势得以削弱。

在比利时和荷兰的其他前殖民地中，比例代表制也成功地实现了它的目标，即产生能忠实反映不同组织实力的立法机关。1960 年刚果的选举从而成为，正如克劳福德·扬(Crawford Young)所写，“基本上是一次民族人口普查”[19]。乔治·M. 卡欣(George M. Kahin)批评在 1955 年印度尼西亚选举中运用的经荷兰授意的比例代表制，并总结道：“选举若建立在单一选区之上，不同的政治机器也许已经能够很好地运转，这样，选举过程才可能令人信服地缩小而不是扩大差异，就像在英国那样。”[20]当然，这个结论完全与协合理论不符。此外，应该指出，尽管印度尼西亚极端的比例代表制像荷兰模式一样对小党派非常有利，也尽管印度尼西亚的人口众多且富有多元性，1955 年的选举并没有导致政党数量的失控性激增；事实上，选举出来的议会比未经选举的上届议会碎片化程度更低。一个更加显著的结果是，代表印度尼西亚的四个主要文化区块或艾里兰(alirans)的四个政党——马斯优米党(Musjumi)和穆斯林联合会(Nahdatul Ulama)这两个政党分别代表的是改革派桑粹(santris，即虔诚的穆斯林)和正统派桑粹，民族主义政党(Nationalist)和共产党则分别代表传统主义者和不信教的现代主义者及世俗的人们——合起来拥有了超过四分之三的选票和议席。[21]

这里几个正被讨论的多元社会——卢旺达、布隆迪、荷属安的列斯群岛，以及在一个很重要的方面也可包括进去的印度尼西亚，都不幸面临区块间权力失衡的困境。在这种情况下，均衡可能并不是一个充分的回应，并且保护少数派的利益可能需要刻意安排对少数群体的过度代表，或等同的代表。在卢旺达和布隆迪，胡图族和图西族之间的严重失衡，使像这样的解决方法很难成功，并且人们也不希望采取这样的办法。在印度尼西亚，约占全国人口三分之二、人口稠密的爪哇族和印尼外岛之间的不平等，并没有因为 1955 年的比例选举法而有所抑制：爪哇族人获得了约四分之三的议席。外岛对这一结局的不满因如下事实而加剧：在四个大的政党当中，有三个主要受爪哇族人支配，而只有马斯优米党这个在爪哇族控制之外的政党在投票中表现良好。相反，在 1950 年到 1955 年期间未经选举产生的议会中，外岛反而得以拥有超额代表。

只有荷属安的列斯群岛坦然地应对了这个问题。这些岛屿中存在的人口不均等与印度尼西亚很接近，但人口规模要小很多。在二战结束后的几年中，接近三分之二的安的列斯人口生活在库拉索岛上。阿鲁巴岛的人口只有约库拉索岛的一半。就合格选民而言，阿鲁巴岛所占的比例更小。剩下的少数人口，分布在博奈尔岛和三个向风群岛(Windward Islands，又称温德华群岛)上。库拉索岛和阿鲁巴岛这两个主要岛屿间的敌对，部分源于分歧的传统和历史事件——在殖民时期，阿鲁巴岛民对向他们实行霸道管理的库拉索岛的憎恨超过了对荷兰殖民者的憎恨——此外，也源于这样一个事实：虽然两个岛上不同种族的人口混居在一起，但他们在外表上就有很明显的区别：一般的库拉索人皮肤颜色要比阿鲁巴人深。

当安的列斯群岛制定出首次普选的计划时，不同岛屿席次的提名成为一个争论点。为了制止阿鲁巴岛愈演愈烈的分裂倾向和维持安的列斯群岛的团结统一，库拉索人不仅同意与阿鲁巴人有同等的代表性，还同意让小岛屿享有过度的代表性。荷兰政府勉强同意在 1949 年将要选举出的有二十一个席位的立法机关中，分配给库拉索岛和阿鲁巴岛各八个席位，博奈尔岛两个席位，向风群岛的每个岛屿各一个席位。选举办法并不存在争议：每个岛屿均为一个选区，在多成员选区(分配了多个议席)内运用荷兰的政党列举比例代表制。

库拉索人马上就为他们的慷慨感到后悔，荷兰政府也认为 1949 年议席的分配因考虑比例代表制而产生了太大分歧。它建议对安的列斯政府实施高度分权——因而进一步满足了阿鲁巴岛想要独立的愿望——并重新分配国会席位，这样仍旧会有其他岛屿过度代表的问题，但不足以使库拉索岛和阿鲁巴岛之间拥有平等代表权，甚至也不足以使库拉索岛和其他所有岛屿间拥有平等代表权：在一个新的有二十二个席位的立法机关中，库拉索岛占十二席，阿鲁巴岛占八席，博奈尔岛一席，向风群岛的三个岛屿共一席。但是，这个 1949 年选举出来的不是以库拉索人为主体的安的列斯议会拒绝考虑任何关于议席分配的变化。他们的反对最终被荷兰政府否决，荷兰政府将他们的提议描述为唯一可接受的“在完全的均衡原则和对等原则之间的中间道路”，并质疑1949年安的列斯议会“30%合格选民的代表可以将他们的意愿强加于他人之上”的民主合法性。[22] 1950年，选举在这样的新安排下举行。这显然不是一次前殖民地对宗主国范例的复制，而是在殖民母国施加影响下的一次对协合民主一般原则的应用，它适合正在进行去殖民化过程的地区的要求。这是一个切实可行的妥协办法，被未经任何修改地加入了荷属安的列斯群岛自治政府的1955年宪法中。

四、自治原则的调整

比利时和荷兰协合民主中的区块自治原则，主要是采取非领土联邦制的具体形式。直到1970年，比利时才采用了一个明确的领土性质的准联邦制。尤其从长远看，这需要比利时人遵循自己固定下来的亚文化群体自治的做法，并将它应用于调整地理上的佛兰芒—瓦龙的语言问题。值得注意的是，比利时和荷兰政府并没有阻止，相反还鼓励那些区块在地理上集中的社会多元化的殖民地采用联邦或准联邦制度，如：印度尼西亚、刚果和荷属安的列斯群岛。但是，这些联邦和准联邦的解决方案，只得到成败相杂的结果。

1949年，荷兰正式承认新印度尼西亚独立，它是一个联邦共和的印度尼西亚合众国，但是这个联邦持续了不到一年的时间就被1950年单一制的印度尼西亚共和国所取代。刚果的1960年宪法在形式上是单一制，但却高度分权——扬描述其实质精神是“内隐的联邦制”，它所创立的国家是“联邦制”，因为“对省份的重新划分将按照政治结构来进行，而不是过去的行政管理结构”，它还被描述为一个“不敢讲出它名字的联邦制度”。[23]刚果的民主实验没有持续足够长的时间，以能为其至少部分是联邦的构架提供一个很好的检验。只有荷属安的列斯群岛高度分权的制度——该制度接近于联邦制，在 1951 年引进以后，起到了令人满意的作用。

印度尼西亚的联邦制有两个严重的缺陷，注定了它从一开始就会失败的命运。同样的缺陷也在刚果内隐的联邦制中显现出来，但安的列斯群岛并没有这样的问题。第一个也是主要的缺陷，是对联邦和省份的无计划划分。他们的边界与社会集团的边界并不一致，从而使多元社会中联邦制的基本原理无法实现。联邦印度尼西亚的多数州是由荷兰在他们的控制区域内创建的，那时印度尼西亚正在争取独立，荷兰建立这些联邦作为和民族主义者控制下的共和国的抗衡力量。特别是在爪哇，赫伯特·费思(Herbert Feith)声明"荷兰建立的省几乎不具备任何社会现实性，而只是按照便于荷兰扩张军事占领的界线建立"。革命的共和国成为一个由爪哇岛和苏门答腊岛上不相邻的领土组成的单一制国家。在这里，新的地方边界与先前州的分界线不同，但是他们也"很少留意到地区或宗教集团的情绪"[24]。

在独立后，组成刚果的六个省份与以前比利时殖民统治时期的行政省份是一样的，所有省份在种族上都是异质的。1962 年，这六个省份被划分为二十一个更小但同质的单位：多数新省份是"完全同质的"或是"局部同质的"，据扬所说[25]，这一因素极大地巩固了这些单位。蒙博托政府回到了殖民时期的单一制和集中管理的模式，数量较少的省份几乎和以前殖民时的省份一致。只有荷属安的列斯群岛按照地理构成来划分省份的方法没有出现问题。但在这里，正确的解决方案是那么明显，以至于它很难被忽略：这些岛屿构成了安的列斯多元社会的不同社会集团，同时也是一个联邦或准联邦组织的自然地理单位。相应地，1951 年基本法律成立了四个岛屿领土。因为人口过少，迎风群岛的三个岛屿合并为一个岛屿领土，但是更为重要的岛屿，尤其是克里奥尔岛和阿鲁巴岛在准联邦的体制中成为单独的自治单位。

将自治原则修改以满足印度尼西亚和刚果的联邦需求的第二个困难，是怀疑宗主国势力对联邦制或准联邦制的提倡，是因为他们希望前殖民地保持衰弱和分裂，从而继续受制于即便是间接的殖民控制。这个怀疑的一个主要根据是比利时和荷兰本身不是联邦国家。在印度尼西亚的案例中,对荷兰动机的怀疑有大量充分的根据。卡欣恰当地描述短暂的印度尼西亚联邦为“古怪地不平衡和扭曲的组织”,并声称,荷兰政府在支持它的过程中“更关心的是,在一个他们可以间接控制的政治秩序中,推广分而治之的战略并促使其实现,而不是建立一个致力于满足印度尼西亚真实需求——一个与基本地理、经济和文化因素一致的政治分权——的联邦制度”。[26] F. G. 卡内尔(F. G. Carnell)也认为,印度尼西亚需要某种联邦制度:“鉴于这个国家广阔的领土和极大的地域差异,这种政府形式看起来尤其合适”[27],尤其是,联邦制可以并且应该在爪哇人的支配中赋予印度尼西亚外岛自治权,并使之成为与爪哇人相抗衡的力量。穆罕默德·哈达(Mohammad Hatta),是独立后的印度尼西亚主要的非爪哇利益代表,就强烈赞同联邦制:“联邦制事实上适合于像印度尼西亚一样的广泛分布的群岛,并有希望加强岛内团结的情感。”但是,他还认为“荷属东印度群岛*府向联邦制转变的方式和时机,激起了对联邦制概念那样的反感”,乃致联邦制不得不被废止。[28] 正是哈达在任首相时领导内阁,使国家于 1950 年完成了向单一制的转型。

对于比利时在刚果的诉求,同样也有诸多怀疑。例如,托玛斯·坎扎(Thomas Kanza),以帕特赖斯·卢蒙巴(Patrice Lumumba)为首相的第一届刚果内阁的一位大臣就曾写道,比利时政府劝说刚果领导人接受“一系列规则,由此他们的民主将会完全模仿比利时的模式”,然后又相当不一致地声称,这种借鉴需要对中央政府权力进行严格的限制,这就允许地方省份“可以违背国家利益进行决策”,但却维护了外国大企业的利益。[29] 类似的,1960 年卢蒙巴政党会议通过了一项决议,控诉联邦制是一个“新殖民主义——刚刚被葬送的反动形式的同伙”的设置。[30] 这些怀疑没有像荷兰—印度尼西亚的案例那样被充分证实。比利时政府最初甚至赞成一个单一的刚果,它逐渐转向一个准联邦主义的方法,以在刚果各区块的争执中保持中立。约瑟夫·卡萨武布(Joseph Kasavubu),刚果的第一任总统,强烈赞成联邦制,他认为,这种联邦制需要刻意背离比利时的宪政蓝图:比利时范例“倾向于给刚果人一个比利时的自主,而不是非洲人的自

* 即今天的印度尼西亚。——译者注

主……我们需要……一个瑞士模式的联邦政府”。有趣的是，比利时在这方面竟然扮演一个负面案例的角色。卡萨武布建立在种族基础上的政党作出的一项声明，对此进行了以下敏锐的分析：

> 观察到佛兰芒人与瓦龙人之间长久的不信任和误解，足以令人相信将不同出身的人混合在一起的危险。我们不想干预比利时朋友的内政，但是我们不得不说，如果佛兰芒人和瓦龙人的联合是建立在联邦制的基础上，那么就可能避免在这两个族群间几乎永无止境、经常爆发的争论。比利时本身为我们提供了一个例证：将不同出身的人联合在一起是危险的。[31]

在荷属安的列斯群岛，荷兰实行联邦制的动机未被怀疑。这部分是因为安的列斯人对某种形式岛屿自治的需求在此并没有强劲的反对者，而且因为采用的制度正好建立在荷兰模式——荷兰的市民治理法上。因此，1951 年关于岛上行政长官和立法机关的基本法，基本上是荷兰模式的市长、高级市政官和城市委员会的复制。对荷兰当地政府模式的应用，也表明安的列斯群岛缺乏某些往往和联邦制相关的重要特征，比如岛屿单独的宪法。[32]另一方面，一些联邦的设计被植入荷兰模式当中：界限明确的权力划分保证了高度的分权。有一项规定是，基本法只有获得安的列斯议会全体成员三分之二的多数通过才能修改。这样，八名阿鲁巴岛议员就有了完全否决权；值得注意的是，安的列斯宪法的修改要更加容易，只需三分之二多数的出席议员投票赞成即可。

在另外一个重要的方面，如果安的列斯采取彻底的联邦制、而不是修改后的荷兰模式，可能会表现得更好：传统的两院制立法机关的联邦观念——一个议院在相等的基础上、或是对较小的联邦过度代表的基础上，代表其组成联邦——包含了一个吸引人的解决方法，以满足在多元社会中，数量上占多数的社会集团对均衡比例与平等竞争的诉求。在印度尼西亚，第二个议院对印度尼西亚外岛实行过度代表，与按比例组成的议院相并列，可能为缓解地域间的紧张情绪作出了贡献。联邦印度尼西亚本来有一个由十六个州每州选出两名代表组成的议院——这表示共和国全体人口中的绝大多数未被充分代表——但它在 1950 年就被废止了。一个联邦式的两院制立法机关，是对库拉索的多数人口和阿鲁巴要求平等地位所提出的"安的列斯困境"作出的一个逻辑妥协。在安的列斯议会进行议席分配的协商过程中，荷兰政府提议了一个两院制的立法机关，其中一个议院完全由比例代表制产生，另一个议院则是联邦委员会，它建立的基础是库拉索岛和阿鲁巴岛之间的平等，以及对其他小岛的过度代表。[33]提出这个建议明显很牵强，它在安的列斯仅得到冷淡的回应，于是很快就被放弃了。

五、非正式的协合民主实践：印度尼西亚

最重要的协合原则——大联盟政府，以及与其相近的推论——少数否决权，若从比利时和荷兰移植到它们在第三世界的殖民地，这也是最为困难的。因为，比利时和荷兰大联盟政府的实例，体现出非正式的超出宪法并在很大程度上超出议会原则的应用：任何宪法和法律都没有关于大联盟政府的规定，荷兰从来没有在内阁层面完全实行过大联盟，而比利时则只是偶尔实践过。很难发现大联盟政府的案例，有强有力的证据显示存在故意模仿的事实，就证明了这一点。在我们的六个案例中，只有印度尼西亚是大联盟政府。据鲁思·T. 迈克维伊(Ruth T. McVey)所言，荷兰的例子极大地影响了苏加诺和其他印度尼西亚领导人的思想："因为荷兰(式民主)是作为西方民主的典范在殖民时期引入印度尼西亚，很多荷兰式的政治手段被印度尼西亚的民族主义者吸纳，即便是在他们反抗殖民统治和欧洲方式的过程中，他们也会采取这些手段。"[34]荷兰在宗教和意识形态多元化的社会中的协合决策方式，看上去很适合印度尼西亚的国情。在印度尼西亚独立前的时期，最主要的分歧主要产生于那些艾里兰——也就是那些宗教和意识形态区块之间，这些区块在本质上和荷兰的垂直群聚非常相近。独立后，这些艾里兰极大地扩张了它们的组织规模，并在四个建立在艾里兰基础上的大政党的领导下，提高了政治参与的有效性。格尔茨如此描述这种状况："印度尼西亚除了得当的政治组织外，每一个团体都与政治组织有着正式或非正式的联系，如妇女俱乐

部、青年和学生联合会、工会、农民组织、慈善协会、私立学校、宗教或哲学社团、退伍军人团体、储蓄联社，等等。”每一个团体及其辅助联盟的复杂性，提供了“一个大体的框架，在这个框架内可以组织大规模的社会团体，同时存在一个全面而理想的基本原则来为那些活动指明起点和方向”。[35]

苏加诺在1926年出版的政治小册子《民族主义，伊斯兰教和马克思主义》，在当时就是对艾里兰领导们的一次呼吁，恳请他们能够超越各自的分歧，为了印度尼西亚独立的共同目标而一道努力。迈克维伊声称，在以后的几年，苏加诺一直以这样的理念来思考：“社会中恒定的垂直隔阂，可以在顶层进行仲裁”，他视政治精英为“社会垂直隔阂的代表与和平代理人”——与大联盟政府的原则完全一致。在1950年到1957年之间，这一时段的协合民主或类似民主体制，在精英层面的政治合作有两种形式。第一种是双领导制，由苏加诺这样一个爪哇人而非桑粹人任总统；哈达(Hatta)，一个苏门答腊族的桑粹人任副总统。如格尔茨写到的，这两位领导“不仅在政治上而且在先天属性上互补”，哈达在1956年末的辞职“在很多印尼外岛主要的军队、财政、政治和宗教团体的范围内，收回了中央政府合法性的标志”。[36]第二个供精英合作的场所，经常广泛地建立在内阁的基础之上。1950年到1957年的六个内阁，马斯优米党参加了其中的五个，民族主义政党参加了其中的四个；在1952年穆斯林联合会脱离马斯优米党后，在每一届内阁中都获得了代表席位；在四个大型政党中，只有印度尼西亚共产党始终没有进入内阁。

在印度尼西亚的政治中，对印度尼西亚共产党执政这一问题的意见分歧，为苏加诺和哈达二人的联合执政埋下了隐患。特别是在1955年的选举后，苏加诺再三要求将印度尼西亚共产党纳入政府当中。在新选出的议会开幕式上，他告诉议员们要为“真正的印度尼西亚民主”而努力，而不是在“半数以上再加一票总是对的”这样的绝对多数基础上的民主。[37]大约一年后，他提议大联盟内阁的构成，并用印尼语 Gotong Rojong 或 Mutual assistance(“互助协助”)来表示这种架构：“我专门使用 Gotong Rojong 这个词是因为，这是一个真正的印度尼西亚的表述，它为我们提供最纯洁的对印度尼西亚精神的热爱……现在，我们有一个包括部分政党和团体的内阁。让我们尝试去构造一个由所有政党团体共同组成的内阁。”他也引用一句荷兰的俗语——“所有的家庭成员都(应该)在餐桌和工作台前”[38]支持这个观念。

哈达的反应则是坚决反对。值得注意的是,他并不是反对大联盟政府这一观念本身:“当我们检验苏加诺的大联合(Gotong Rojong)内阁时,我们面对的是一个本质上很好且富于理想性,但在实践中却不能执行的概念……尤其是当共产党与宗教团体及一些民族主义团体并存的时候,他们之间在最根本的理想和目标上存在分歧,因此很难将两者同时纳入同一个联合内阁里。”他认为,共产主义者致力于实现非民主的理想和奴性的亲苏外交政策。因而,一个联合政府不得不失败:“这就像试图混合水和油一样。”[39]在20世纪50年代,印度尼西亚和世界的其他地方一样,意识形态氛围十分紧张。哈达提出,如果不能缓解共产主义者和非共产主义者间不相容的状态,那么形势会相当严峻。最终,苏加诺的观点获得了胜利,他坚持要在民族主义、宗教和共产党艾里兰领导们之间展开合作的观念,即便他(后来)反对多党制和议会制民主。

六、苏里南与荷属安的列斯群岛的跨区块联盟

考虑到另外两个前荷兰殖民地的领导,荷兰的精英合作范例并没有给它们施加很大的直接影响。但这些国家都从跨区块联合的构架中受益——这种联合虽然不完全是大联盟政府,但与其中的协合原则非常接近。苏里南在最初的克里奥尔统治时期后,发展出一种变化的联盟,给所有重要的种族团体一个参与内阁的机会。在1949年第一次议会选举后,苏里南的荷兰统治者没能促成一个基础尽可能广泛的内阁形成。但六年后,克里奥尔和爪哇的政党代表都组成了一个跨种族的内阁。在1958年到1973年这段很长的时期,内阁更能作为一个有价值的跨种族合作的案例,因为内阁是代表全国最大的两个族群的克里奥尔政党和东印度政党的联合。克里奥尔—东印度的合作在1958年到1967年间尤为亲密,成

果也颇丰，克里奥尔两个主要的政党和庞大的东印度政党共同组成了联合内阁。爱德华·迪尤(Edward Dew)称后一阶段是“苏里南经历的最平稳、进步的发展时期”[40]。

荷兰范例看上去并不是这些联合形成的影响因素，除非是以一种间接的方式：他们并不反对内阁近乎宏伟的联合规模，以及在立法机关中面对的微弱的反对势力，但若受英国的标准模式影响，则可能会批评这种做法。影响了苏里南精英的外国实例，是在20世纪60年代邻国圭亚那克里奥尔人和东印度人之间的种族冲突的负面案例。[41]有趣的是，1963年成为首相的克里奥尔领袖J. A. 彭杰尔(J. A. Pengel)，在他首次对议会的公开发言中，并未承认任何外国实例启示了他那近乎是“大联盟”的内阁。他高度推崇苏里南的跨种族合作，并将它作为一个极好的例子向其他国家推广：“苏里南建立了一座丰碑，成为全世界的典范。”[42]

安的列斯联合内阁与苏里南相比，其基础并没有那么广泛，但却更加连贯地实现了跨区块。从1950年起，所有的议会都是跨岛屿的联合。正如表6.1所示，在安的列斯议会中，总会有库拉索岛的政党和阿鲁巴岛的政党。此外，它也一直包含了博奈尔岛和向风群岛的代表。但该表也显示出，这些跨岛联合的基础通常都很狭窄。直到1966年，政府中的主要党派从未控制过超过半数的分配给库拉索岛和阿鲁巴岛的二十个席位。因此，内阁需要依靠两位来自其他岛屿的议员，或有时是来自小党的议员以获得议会中的多数。库拉索岛和阿鲁巴岛的领导们在所有内阁中的合作，对于安的列斯群岛的统一而言，都具有不可估量的重要性。

这种跨岛联合模式的出现，是1950年安的列斯内部无法达成妥协后荷兰政府为安的列斯选定的议会重组方案的副产品。因为库拉索岛占安的列斯人口的大多数，荷兰政府认为分配给库拉索岛超过半数的议席是必要的，但他们将这种多数地位称为“最彻底的调和”。当然，库拉索岛获得的十二个席位，使其在理论上有可能将占八个席位的阿鲁巴岛和只占两席的其他岛屿排除在统治之外，但是荷兰政府指出，库拉索岛和阿鲁巴岛拥有的几个政党使得“所有库拉索岛议员团结起来对抗阿鲁巴岛议员”的情形几乎不可能发生。荷兰人认为，自己的提议不仅是“最平等的解决方法”，而且还能“提供让不同岛屿继续为公共利益合作并获得成功的最佳保证”。[43]这个保证被证实是非常有效的，维顿对1950年后的发展进行了调查，声称跨岛合作实际上是由议会中的席位分配决定的。[44]如先前指出的，这个使人受益的安排并不是安的列斯人自发地从荷兰范例中借鉴过来的，而是将荷兰的法令强加于安的列斯群岛的荷兰人提出的解决方法。但在接下来的几年，按照荷兰的设计开始运转的跨岛合作模式，因安的列斯对该模式价值的认同和逐渐向合法性传统的发展而得到加强。

直到20世纪70年代前期，库拉索岛的政治都是由民主党（Democratic party）和国民党（The National People's party）支配。虽然竞争异常激烈，但两党并没有纲领性的差别。国民党更吸引农村选民和本土岛民，而民主党则更吸引城市选民和外来移民——其他岛的岛民和被石油工业吸引过来的苏里南人，但两党在各自的政党基础上并没有明显差别。[45]阿鲁巴有一个类似的实用主义的两党制：阿鲁巴人民党（Aruba People's party）——主要得到本土阿鲁巴人的支持，与由移民支持的阿鲁巴爱国党（Aruban Patriotic party）相对抗。他们政见的主要差别是，在阿鲁巴独立的问题上，爱国党的立场更为温和保守。在国家层面，四个党派以稳定的跨岛联盟方式展开相互的竞争：民主党与爱国党的联盟，对抗国民党与人民党的联盟。这种模式让人联想到加拿大联邦中保守党与蓝党间，以及改革派与红党之间的稳定联合。

安的列斯执政联盟的跨岛特征，达成了在决策过程中涵盖所有区块代表的目标，这与大联盟的目的是一致的。但是，就纳入内阁的政党而非区块而言，联合内阁的狭窄性有一个严重缺陷：在安的列斯中央内阁中的政党，并不总是与各岛的执政党相同——这一现象会导致两个级别的政府间严重的紧张关系。如表6.1所示，在20世纪60年代的很长一段时间里，就有这种不一致的现象：1963年至1967年，库拉索岛的执政党并没有进入安的列斯中央内阁；1967年至1969年，阿鲁巴岛也遇到了同样的问题。官方委员会对1969年震动库拉索岛的严重骚乱和暴力事件的调查报告，将主要的责任归咎于库拉索岛的内部因素，但也提到了1963年至1967年间中央政府与岛区政府的冲突关系。[46]从1969年起，联合政府的基础变得更加广泛。1971年至1973年，在岛和中央层级，均采取了包括所有之前竞争的四个政党的巨型联盟。但这个合作，导致阿鲁巴人民

表 6.1　1950—1977 年荷属安的列斯政府以及库拉索与阿鲁巴政府的主要政党(1)

年　份	荷属安的列斯政府			库拉索政府	阿鲁巴政府
	库拉索政党	阿鲁巴政党	席次分配(2)		
1950—1954(3)	国民党	阿鲁巴人民政党	45%	国民党、民主党	阿鲁巴人民政党
1954—1955	民主党	阿鲁巴爱国党	50	国民党、民主党	阿鲁巴人民政党
1955—1959	民主党	阿鲁巴爱国党	50	国民党、民主党	阿鲁巴爱国党
1959—1961	民主党	阿鲁巴爱国党	50	国民党(4)	阿鲁巴爱国党
1961—1963	民主党	阿鲁巴爱国党	50	民主党	阿鲁巴爱国党
1963—1967	民主党	阿鲁巴爱国党	50(5)	国民党	阿鲁巴爱国党
1967—1969	国民党	阿鲁巴爱国党	55	民主党	阿鲁巴人民政党
1969—1971	民主党、国民党、工人阵线	阿鲁巴爱国党	80	民主党	阿鲁巴爱国党、阿鲁巴人民政党
1971—1973	民主党、国民党	阿鲁巴爱国党、阿鲁巴人民党	85	民主党、国民党	阿鲁巴爱国党、阿鲁巴人民党
1973—1975	国民党、社会民主党	国民选举运动党	65	国民党、社会民主党	阿鲁巴爱国党、阿鲁巴人民党
1975—1976	国民党、工人阵线	国民选举运动党	65	工人阵线、社会民主党	国民选举运动党
1976—1977	国民党、工人阵线	阿鲁巴爱国党	55	工人阵线、社会民主党	国民选举运动党

(1) 主要的库索拉政党为 NVP(国民党)、DP(民主党),以及更近期的 FO(工人阵线)、PSD(社会民主党)。主要的阿鲁巴政党为 AVP(阿鲁巴人民党)、PPA(阿鲁巴爱国党)、与 MEP(国民选举运动党)。

(2) 分配给库拉索与阿鲁巴的 20 个席位中,在全国性立法选举中由主要执政党赢得的百分比。由于受到博奈尔岛与向风群岛以及小党的支持,政府在国会中的真正实力通常要更为广泛。

(3) 第一次的岛区选举以及第一个岛区政府的形成,都在 1951 年。

(4) 从 1960 年至 1961 年,在库索拉的政党政府暂时被中止。

(5) 在 1966 年的选举中,民主党与阿鲁巴爱国党获得的席位上升到 55%。

资料来源:根据 A.J.布伊(A.J.Booi)和 B.菲基杰(B.Fijnje)以及 E.蒙特(E.Monte)提供的资料计算而来。对于他们的帮助,尤其应予说明。

党的分裂和更为激进的分裂主义的"国民选举运动党"(People's Electoral Movement)的建立。这个新政党在1973年的全国选举中获得了阿鲁巴的多数席位,并在1975年阿鲁巴岛的选举中获得了压倒性胜利,这给了他们强大的政治地位以竭力要求进一步分权和实行联邦制,否则他们将准备使阿鲁巴岛脱离安的列斯群岛而独立。1975年末安的列斯内阁的危机,以及1976年初国民选举运动党被逐出议会,加大了阿鲁巴独立的可能性。

七、前比利时殖民地中的联盟

比利时亚文化群体间的大联盟典范,在其前附属国并没有产生明显的影响。无论是通过殖民地自发地借鉴宗主国模式,还是通过比利时的直接施压,这个范例看上去似乎都没有被传播开来。就刚果而言,有两个细微的例外应引起特别注意。其一是,1960年刚果宪法规定内阁必须"在每个省中至少包含一名成员"——与比利时的一条不成文的政治惯例类似。[47]尽管包含了所有六个省的多种族构成,对于支持一个拥有广泛种族基础的刚果内阁来说,这则宪法规定还是起到了间接作用。其二是,在刚果的比利时居民部长在1960年的选举后,坚持第一届刚果内阁组建的"唯一可接受的方案"是"一个代表尽可能多的趋向的广泛联合"。卢蒙巴和卡萨武布依次被赋予组建政府的责任,他们偏好有限联合。至少部分是因为比利时的压力,卢蒙巴内阁最终形成的是一个大联盟:它建立在占下议院88%席位的政党基础之上。但它并不是按照比例代表制组成的——卡萨武布的政党尤其未被充分代表——当它向议会提出信任案时,只获得了微弱优势的54%的信任票。[48]这个内阁只持续了几个月的时间,而刚果的民主也并没有幸存更久。

在卢旺达,曾有过一段短暂的胡图族人和图西族人共同参与的联合政府,但它是在卢旺达向联合国发出紧急援助请求后,由联合国发起而非在比利时的迫使下产生的。尤其是在卢旺达,比利时政府不幸被夹在胡图族与图西族的不同需求之间。比利时人曾利用少数图西族的精英来管理他们的托管领土，图西族领导们在 20 世纪 50 年代提出了卢旺达独立的要求。但是，胡图族害怕在独立后的卢旺达，图西族会获得永久的统治地位，于是便赞成比利时的继续托管，直到他们的地位有所改善。1960 年，欢迎联合国访问团的是截然不同的标语："马上独立——为了我们自己摆脱比利时人"（图西族的要求）以及"打倒图西族封建主义——比利时托管万岁"（胡图族的观点）。[49]

比利时最终选择了占多数的胡图族的立场。勒玛全德描述这一政策是"公然的偏袒"，它释放了一股胡图"种族至高无上"观念的潮流。他指责说，是比利时的行政帮助胡图族人"摆脱了图西族首长和副官的管理，不停地谴责封建主义的罪恶，却对自己的'门生'（胡图族）所犯下的谋杀、盗窃和挑衅视而不见；最后与胡图族的共和主义者联手推翻了图西族王朝"[50]。而另一方面，联合国却果敢地力求推进胡图—图西族之间的合作。在 1961 年初，联合国大会要求建立一个有广泛基础的接管政府，直到能够举办全国性的选举为止。一年后的 1962 年 2 月，联合国帮助图西族人在选举后的卢旺达政府中获得了两个部长的职位。这个大联盟只持续了一年：1963 年 2 月，内阁中的两位图西族部长被罢免，作为让图西族人从卢旺达政治中完全消失的第一步。[51]

在布隆迪，优先于独立的种族隔阂问题，比在卢旺达的政治重要性要小。在 1961 年的第一次选举中，由路易斯·罗加索（Louis Rwagasore）领导的非种族政党赢得压倒性胜利，这个政党还包括胡图族和图西族的领袖及其追随者。罗加索的个人特质使他成为非种族政党的理想领袖：他是图西族国王的儿子，但并不是王位继承人，并与一位胡图族女性结婚。在赢得竞选后，他组建了一个种族平衡的内阁，但在几周后他就被暗杀了，于是他的政党分裂成不同的种族派别。接下来的几年，权力逐渐增大的图西国王继续将胡图族和图西族都纳入政府："不是选择一边……国王选择了一个复杂的'种族算数'，使每个派系都能分到相同的——政府剩下的无论什么权力。"特别是在 1963 年至 1965 年，内阁基本上演变为向国王负责，而不是原先的向议会负责，勒玛全德指出，"王宫为确保政府中平等的代表性而不遗余力。"此外，首相职位也在两个族群间轮换："每个由图西族人领导的内阁一旦失去了皇室的信任，就会自动地被胡图族人领导的内阁取代。”[52]这个政策是经过审慎地规划出台的，旨在保护而非强化君主制。比利时的压迫，以及比利时典范的影响力，都未在其中扮演任何角色。在1965年的选举中，胡图族以其人口数量上的优势最终在选举中大幅胜出，这一种族间的均势也就被破坏了。首先，国王的反制措施宣布胡图族的选举结果无效，然后在胡图族的一次失败政变后，实行了残酷镇压：几乎所有的胡图族政治领袖都被逮捕，其中的很多人被处决。据国际法学会派遣的观察员报告，这其中还包括议会两个议院的所有议员。[53]

八、比利时与荷兰案例中的反协合民主因素

前面这些受益于荷兰和比利时的大联盟政府范例，建立在大联合或有限联合基础上的政府的发展状况显示，这些范例只起到了非常有限的作用。主要的原因，之前提到过，是比利时和荷兰大联盟政府中超宪法和超议会的特征，这些因素使它们难以清晰、直接和简单地模仿荷兰和比利时的范例。在荷属安的列斯群岛的案例中，荷兰直接施加的压力大幅增强了宗主国范例的影响作用，但这是唯一的例外。在比利时和荷兰，基本上没有明确认可殖民地在政治制度上与它们存在特殊的关联。

下面一则关于这方面的披露性言论，由雷蒙德·沙耶文（Raymond Scheyven）在刚果独立前不久作出。作为比利时的刚果经济事务部长，他参加了与刚果领导人的协商：

> 我不认为发展中国家已经为民主方案——与我们所知的完全一致的民主方案，做好了准备……我们为刚果介绍了一个类似于我们自己的政治制度……有社区，省级议会，一个两院制的议会，一个国家首脑不向议会负责的政治制度。但是大多数年轻的国家需要单一的执行机关，我们建立起一个可以通过立法机关推翻它的政府，但对处于建设中的国家而言，保持政治执行的一致性是必需的。我们设计了一个代表权分化的选举制度。[54]

在沙耶文的评论中，有四个显著特征。第一，他强调了发达的比利时和发展中的刚果之间的差距，但却没能注意到它们作为多元社会的相似之处。第二，在他列举的比利时模式的典型要素中，明显缺少大联盟政府和族群自治的协合民主要素。第三，他反对比例选举的办法，这是他提到的唯一的协合民主手段。第四，他介绍的单一的执行机关——对于多元社会的协合民主而言是一个障碍。

实际上，宗主国范例中有两个具体方面，明显阻碍了大联盟原则的成功移植。一个是比利时和荷兰政体的君主制形式，以及因考虑到君主制，它们的宪法中存在诸多模棱两可的规定。尤其是，当转换到刚果和印尼的宪法中时，这些宪法规定赋予总统介入议会和内阁的权力。刚果宪法中有一项条款规定："国家元首任命和罢免首相及大臣"，这几乎是从1831年比利时宪法中照搬过来的一项条款——虽然一直没有改动过，但它显然不再赋予比利时国王任何实质性的政治权力。[55]卡萨武布总统利用这条规定罢免了卢蒙巴总理，结果引发宪政危机——虽然卢蒙巴仍受议会的信任，这成为蒙博托发动第一次军事政变的口实。对于这条规定，对其逐字照搬的1962年布隆迪王国宪法是一个更为恰当的模仿。在这里，它的影响并不是那么的"反协合"，因为布隆迪国王刚开始采取种族中立的行为，尽管这种行为是反民主的。缺乏比利时不成文宪法传统对君主权力的严格限制，这项条款以牺牲议会政体为代价，维护了布隆迪国王逐渐增长的权力。[56]

一个不那么严重，但同样引发混乱的对宪法进行表面模仿的例子，是1950年印度尼西亚宪法中的一项规定："总统和副总统是不可侵犯的。"这一措辞是从荷兰宪法关于内阁政治责任的部分规定复制过来的，原文本暗示国王的作用非常有限。但苏加诺总统以牺牲联合内阁为代价，利用这一条款加强自身权力，并最后终止了议会民主："苏加诺在宪法中的地位不容置疑，且无需向任何人或机关负责，对宪法中诸多模糊的规定，他可以任意地进行解释，以使他扮演一个远远超出宪法精神实质和原本意图的角色。"[57]

宗主国范例直接施加负面影响的第二个案例，是始于20世纪60年代后期，荷兰对苏里南政治作出的反协合民主反应所产生的影响。克里奥尔和东印度政党间密切合作的模式于1973年走向失败，随后的选举几乎成为克里奥尔党和大东印度党之间的直接对抗，虽然这两个政党也都与新的执政伙伴——爪哇人进行联盟。在竞选期间，迪尤写道，“让人感觉一个北爱尔兰正在形成。”其中一个给他留下深刻印象的“预兆的标志”，是各个主要敌对党所用的象征性颜色：其一是橙色——荷兰众议院的颜色，东印度人希望在荷兰王国的统治下维持团结；其二是绿色——主要的克里奥尔政党的代表色。[58]克里奥尔人赢得了胜利，并组建了一个基础较狭隘的内阁：在这么多年里，政府和执政党中第一次没有东印度人，而且克里奥尔人中也没有反对者。

新内阁坚持要求迅速断绝与荷兰、安的列斯群岛的联系，而罔顾东印度人明确表达的意向。一件尤为敏感的事情是，按照现行宪法，要采用新宪法须达到议会三分之二多数的同意。由克里奥尔人主导的政府——在议会中只占很小的比例，远不足三分之二的下限，宣称修改宪法只要达到一般的过半数就足够了。这不仅仅是一个在宪法上有问题的政策；而且也是一种非常危险的做法，因为这是在一个多元社会中讨论国家的根本性问题。重要的是，顾全大局的荷兰政府没有表达任何公开的反对。但是，最终新宪法的文本——根据一位荷兰的公法专家说，“就很多方面而言是比荷兰宪法更好的宪法”。因为它受到一些正式提出，但未被纳入荷兰宪法的修改条款的深刻影响[59]——在1975年末独立前的最后几天中一次奇迹般的和解后，获得了苏里南议会的一致通过，结果充分支持了克里奥尔—东印度联合政府的恢复。

九、乌拉圭的瑞士模型

考虑到移植大联盟政府模式的诸多困难，简要回顾一下乌拉圭进行的瑞士式多元行政试验——宪法规定了两个主要政党的大联合，可能会很有启发。但首先应予说明的是，乌拉圭的案例并不能提供额外证据来验证刘易斯在图6.1中所展现的假设，因为瑞士和乌拉圭之间缺乏殖民关系，并且乌拉圭也不是多元社会，而是一个相当同质的社会。所以，我们分析的意义限于三个方面：首先，这是一个有趣的大联盟案例，它不是一次非正式的实践，而是正式宪法中的一个要求；其次，它证明了人为偏离业已形成的政治惯例是有可能的；第三，它或许可以阐明，将政府制度移植到社会环境和文化环境差异都很大的一个地方的可行性。

从 1919 年到 1933 年，以及从 1952 年到 1967 年，乌拉圭由一个共同负责的执政机构统治——"科吉艾多"(colegiado，国务会议制)，它由来自两个主要政党的九名代表组成，仿照由七名成员组成的瑞士联邦委员会。主张以瑞士式行政机构取代总统制政府的主要倡导者，是何塞·巴特列·奥多涅斯(José Batlley Ordónez)。他曾在 20 世纪前期两度当选为乌拉圭总统，在两届总统任期之间也曾周游欧洲各国，并成为瑞士政治制度的一名崇拜者。因为他的热情和不懈努力，"科吉艾多"在 1917 年宪法中得到了具体表达。但巴特列的胜利是不完整的，因为共同负责的委员会还需与民选的总统一起分享权力。总统任命和监督负责内政、外交和军事方面的"政治"部门，而将剩下的管理性更强的部门留给了委员会。1933 年总统发动的一次军事政变废除了委员会和立法机关，并终止了对瑞士联邦委员会的第一次有限而缺乏热情的试验。[60]

20 世纪 50 年代重新实施"科吉艾多"，由总统安德雷斯·马丁内斯·特鲁埃瓦(Andrés Martínez Trueba)——巴特列的一位忠实追随者发起(巴特列于 1929 年去世)。他提供了一个更好的实验，因为它现在以一种原汁原味的形式重新出现。和前一个委员会一样，它由六名多数党的代表和三名少数党的代表组成，但它无需和单独选举产生的总统共同行使行政权。尽管如此，在很多重要方面它和瑞士模式仍有所不同。第一，乌拉圭包含九位成员的委员会比瑞士委员会的规模稍大，但它局限于两个主要政党的代表，不像瑞士委员会包含了多个政党。第二，乌拉圭委员会是由民选而非议会选举产生。第三，委员在四年任期后不具备在短期内连任的资格，与瑞士现任委员可以连任的浓厚传统相反。第四，总统职位由委员会中六名来自多数党的代表每年轮流担任，而瑞士联邦总统则是在所有成员中轮流担任。第五，九位委员不掌管行政部门，而是为此任命了由民众选举产生的各部部长；瑞士并不存在这种在委员会监督之下的分裂内阁。最后，乌拉圭委员会是在单一制下运行的，这与瑞士的联邦制不同。[61]

大多数这些与瑞士模式不同的地方，在很大程度上并没有影响到乌拉圭模式的协合民主方面。因为乌拉圭实行两党制——尽管它长期以来一直青睐比例代表制的选举办法，委员会只由红党（Colorado）和白党（Blanco）成员组成，毫无疑问可以被视作一个大联盟政府。只有这一事实，即限定委员会的总统职位只能由多数党成员担任，违背了大联盟政府的原则。比例代表制的议会选举制度先于委员会的建立。对于委员会自身而言，六比三的比例不是一个严格的均衡比例，因为两个政党在选民支持上常常不相上下。一个在某种意义上更为严重的对比例制原则的违反，是比例制的应用没有扩展到委员会对内阁部长的任命。对其他事务，委员会以多数决的方式进行决策，并且没有少数否决权。

然而，乌拉圭单一制政府的组织形式引起人们注意这样一个事实：虽然这个国家曾屡经民众纠纷的磨难，特别是在 19 世纪，但乌拉圭社会不能真正被认为是多元的。因为协合民主被定义为多元社会中一种特殊的民主体制，乌拉圭在 1952 年到 1967 年间实行的瑞士式政府体制尚不能贴上“协合”的标签。还应指出，这个体制的聚合性特征是一个巧合，而不是其主要目的。巴特列的目的是将行政权分散到几个人手中，从而防止总统的支配性地位和独裁——他认为这是一个不可避免的趋势。他在瑞士写给一位蒙特维德奥（Montevideo）的朋友的信，可以显示瑞士政府给他印象最深的方面：“你能相信这里的人不知道谁是总统吗?”他写道，当他在伯尔尼乘坐一辆出租车让司机带他去“政府”时，他首先被带到了市政厅，然后是议会大楼——而在拉美地区，“政府”只有一个含义。[62]巴特列考察的瑞士联邦委员会由多数党以 6 比 1 的比例主导，直到 1943 年，它才成为由四个主要政党大联合的政府。巴特列倾向于一个只由多数党成员组成的“科吉艾多”，共同参与的想法则是对少数派的战略性让步，以使提案获得采纳。

我们很难评估乌拉圭对瑞士模式的成功应用。其表现唯一令人不满的，是政府的优柔寡断和效率低下。当然，正如菲利普 · B. 泰勒（Philip B. Taylor）指出的，这部分是刻意设计的结果：“巴特列对执行委员会的设想，就是要刻意降低其效率。”[63]事实上，这个委员会最初运转的情况相当好。亚历山大·T.埃德尔曼(Alexander T. Edelmann)评论道：“有一个很好的开端，有效地解决国内外事务。”但大约从1956年起，政府的表现变得疲软，结果证实了如下结论：“在最后十年里，就一个有效可行的执行机关而言，它在很多方面都是失败的。”[64]很多人把这次失败归咎于白党人。当白党处于少数地位时，他们勉强接受了“科吉艾多”制度，但当他们在1958年竞选中成为多数党后，就立刻开始破坏委员会制度——我们会产生一种倾向，就是将它与北爱尔兰占多数的新教徒，塞浦路斯占多数的希腊人，以及卢旺达占多数的胡图族人反对分享权力的诸多案例进行比较。在20世纪50年代末和60年代初，关于总统制政体是否会更适合乌拉圭，成为了一个有待讨论的问题。但乌拉圭的政治领袖和选民都认为，总统制对乌拉圭而言是一个更好的制度。于是，在1966年的全民公决中，废除了“科吉艾多”，并恢复了总统制。总统制政体很快就被证实，它存在巴特列曾经担心的弱点：它于1973年演变为个人独裁。

十、协合民主遗产的价值

在本章所提供的证据的基础上，我们现在应该可以把在本章开头只完成了一部分的图6.1补充完整。第七个案例乌拉圭不是多元社会，故不在该图中——那么以上检视的六个案例应该怎样在图6.1中分类：它们是否符合关系Ⅰ，与刘易斯内隐的逻辑一致，还是符合关系Ⅱ？图6.2以图的形式展示了我们的总体结论。这种两分法涉及一个过于简单化的处理，它要求必须考虑部分案例。所有的六个案例至少包括一些协合民主的要素，但并不总是那么容易确定这些要素合起来是否能达到一个足够的程度，以使它们可能归入协合民主。

有两个案例——苏里南(至少在1973年以前)和荷属安的列斯群岛，可以毫不费力地划分到一类：已采用协合民主模式的前殖民地的协合民主。迪尤在1955年苏里南实现对内完全自治后不久，曾总结道：“它标志

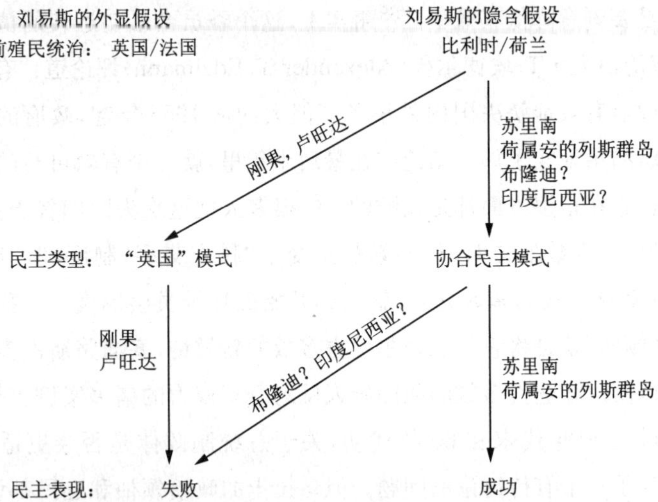

图 6.2 比利时与荷兰的前殖民地的民主类型与民主表现

着符合利普哈特界定的真正意义上成熟的协合民主的出现。”[65]如果我们认为安的列斯的跨岛联合与大联盟政府的功能等同，那么安的列斯就可以归入同一类。另一方面，卢旺达毫无疑问符合另一种分类；卢旺达内阁曾短暂而勉强地包容过图西族人，但这不能掩盖其采用的政体模式大体上的多数与对抗性特征。虽然刚果那持续时间极其短暂的民主制度很难作为一个强有力的证据，但它很有可能也应该被归在同样的类型里。卢蒙巴内阁至少在表面上是一个大联盟政府，而且两位最高国家元首在种族上均衡分配，可能会使一个类似于印度尼西亚的苏加诺—哈达双人领导的两人联合执政模式定型。但是，内阁得到的微弱的议会支持，两位最高领导人间的对抗性和在宪法上混乱不清的关系，以及有限而不合时宜的联邦制原则的应用，都消解了那些潜在的协合民主特征。印度尼西亚和布隆迪也被包含在第一类——但加上一个问号，是为了表示，为它们创造一个中间过渡的类型也许会更令人满意。虽然印度尼西亚在 1950 年到 1957 年之间的民主制度，包含了协合民主的几个浓郁特征，但存在两个严重的缺陷：一是缺乏一个适当的联邦制度；二是系统地将代表全国四大区块之一的印度尼西亚共产党排除在联合政府之外。如果不是因为主要负责布隆迪联合内阁的国王不民主的本质——他扮演着一位强有力而又仁慈公正的仲裁者的角色——布隆迪从1961年到1965年的一系列大联盟内阁，或许可以使其作为协合民主的类型。

图6.2中概括的证据，只为刘易斯的假设增加了微弱而矛盾的支持：两个案例符合该假设，两个案例部分符合，还有两个与其相矛盾。但考虑到宗主国发挥力量的影响程度，这个理论被极大地加强了。有意义的是，两个明确的协合民主案例，也是仅有的两个案例，它们从殖民状态向自治和主权独立的转化是一个渐进的过程，并且这个去殖民化的过程受到和殖民母国保持和谐友好关系的精神的影响。为了结束它们的依附状态，苏里南和安的列斯群岛都没有被迫采取暴力手段。这种做法很容易遭到殖民势力的反对，不仅是政治权威反对，文化权威和道德权威也反对。另外一个极端是刚果。比利时政府当时对刚果的独立毫无准备，如扬所说，使它们和世界的其他部分“几乎完全隔绝”：直到1958年，“只有少量的受过教育的刚果人出过国”。[66]在第一次革命实践后不久，刚果的完全独立就获得承认。独立后两周，新的刚果政府就和比利时断绝了外交关系。

图6.2中描述的刘易斯假设的第二步，很大程度上被我们讨论的这六个案例所证实。只有两个明确的协合民主案例可以夸口说，它们有令人满意的民主表现。在图6.1中检验含有三个变量的整个关系时，可以清楚地发现，比利时或荷兰的殖民传统既不是成功的协合民主的一个必要条件——就像黎巴嫩和马来西亚证明的那样；也不是一个充分条件——正如本章考察的六个案例中的四个显示的那样。可以归纳的唯一确定的结论是：这样的（殖民）遗产是一个有利因素，因此在其影响上，和在第三章探讨的其他对协合民主有利的条件相似。实际上，虽然不是很充分，这些协合民主因素还是极大地加强了印度尼西亚和布隆迪这两个案例的民主或近似民主的特征：它们继承了比利时—荷兰传统，采用了一个部分协合民主的政府制度，并且最终让民主失败了。例如，格尔茨提出，印度尼西亚的区域紧张局势一直持续到1957年（才得到缓解），不仅是因为在争取独立的过程中产生的团结，而且还因为“广泛代表的多党制”——应当包括内阁中广泛参与的模式，和苏加诺—哈达的双领导制。[67]勒玛全德表示，尽管布隆迪在1962年到1965年间曾出现严重的种

族紧张局势，其政治气候却“出人意外的包容，令人耳目一新地免于这些年人们在非洲其他国家所见到的‘动员’特征”，他还将这种积极的事态归功于大联盟政府的实行：“权威在每一个集团的代表中扩散，意味着没有任何一方会感觉受到制度的直接威胁。”[68]

最后一个尚待回答的问题是：一个良好殖民传统所带来的有益作用，能否归结于其他的有利条件？因为必须考虑很多可变因素，故很难建立起严格的科学对照组。但如果确定其他所有或大多数有利因素也极大地促进了苏里南和荷属安的列斯群岛协合民主的成功，我们暂定的结论就会被严重削弱，甚至会被证明是不成立的。但是，这两个国家与另外四个民主试验没有那么成功的国家之间的对照，显示出前者未享有不成比例的有利条件。

苏里南除了殖民传统以外，唯一强有力的有利条件，是族群间力量适度多元的平衡。在这方面，它比荷属安的列斯群岛的状况好多了。安的列斯饱受一种非常接近于最为不利的“双重失衡”模式的权力分配的折磨。在爪哇岛—外岛的关系上，印度尼西亚也具有相似的双重失衡特征，但从各艾里兰间关系的角度看就不是这样；此外，卢旺达和布隆迪的这种特征也达到了极端的程度。荷属安的列斯群岛最重要的有利因素是其近乎完美的族群隔离，因为它是由不同岛屿的族群构成的。苏里南和安的列斯群岛共有的一个特点是，它们的人口非常少，均不超过 50 万。但根据我们先前的分析，这样少的人口数量——甚至比黎巴嫩、塞浦路斯和北爱尔兰的人口还要少——并没有为协合民主提供最理想的（人口）条件。卢旺达和布隆迪各自约 300 万的人口，和刚果在独立时约 1 500 万的人口，更接近于最佳的人口规模。但作为 20 世纪 50 年代世界第六的人口大国印度尼西亚——那时其人口已接近 1 亿——的人口状况是最为不利的。一个往往和小规模相关联的因素，是相对轻松的外交政策负担。苏里南和安的列斯群岛也享有这一优势。作为荷兰王国的成员，它们和人口更多也更加富裕的荷兰相比根本不值一提，因此它们几乎无需制定外交政策。[69]

同样应当指出的是，苏里南和安的列斯群岛毫无疑问是多元社会，而且它们的多元特征并没有被横跨性忠诚消解。苏里南的族群被互相强化的文化、宗教、语言和种族隔阂区分开来，并且几乎不存在任何全面综合的民族特征。研究苏里南社会和政治的社会科学家们几乎一致同意，苏里南“很可能是多元社会的最佳范例之一”，它是“毫无疑问，……加勒比地区最多分裂族群的社会”，并且“大概是阐释西半球多元文化的最好实例”。[70]安的列斯群岛被地理差异和人们肤色的差异所区分，但两个主要岛屿和博奈尔岛，都统一在罗马天主教信仰和帕彼曼多语(Papiamento)(只存在于这些岛上的语言)下面。值得注意的是，克里奥尔岛和阿鲁巴岛所使用的语言，与这一语言的正式拼写形式不同。总体来看，他们的差异远甚于他们的共同纽带。而且，就像艾伯特·L. 盖斯特曼(Albert L. Gastmann)所讲的，这些差异“抑制了对整个安的列斯群岛的任何忠诚感”。[71]

再有，经济上的不平等也强化了这两个国家中的区块隔阂。在苏里南，不仅各民族之间存在着实质性的劳务纠纷，而且在经济发展方面也存在民族差异；最有优势的克里奥尔区块，直到最近才受到东印度人的挑战。在安的列斯群岛，小岛在经济上不得不依赖大岛，但最重要的分歧原因却在于，阿鲁巴岛远比库拉索岛繁荣。安的列斯也未曾因受到外国威胁而强化了统一。所有安的列斯人都清楚地知道，委内瑞拉的逼近(库拉索岛，阿鲁巴岛以及博奈尔岛，都位于毗邻委内瑞拉海岸的大陆架内)所引致的挑战，但这一点却并未构成安的列斯人的共同关联。因为，阿鲁巴人认为，与肤色较浅的委内瑞拉人保持密切关系的可能性，比与库拉索维持密切关系，可以获得更大的安宁。苏里南唯一具有争议性的外交政策议题，就是与圭亚那的边界争端。但这也不足以构成严重的威胁。

本章的结论，不是明确强调可作为第三世界多元社会的标准模式的协合民主。从本章所作的讨论中，能够发现一个积极的结果。即我们找到了两个额外的实证例子，可以用来展示协合民主在第三世界条件下的可行性。当然，我们的研究也内含着一个附加因素，那就是有利的殖民遗产。这个因素以前很少被提出来，而它的影响力也日渐衰微。所以，尤其重要的就是，通过其他方式推广协合民主，比如，通过刘易斯所作的有力论证，也可以通过本书所作的比较来探究。

注　释

1. Rupert Emerson, *From Empire to Nation: The Rise to Self-Assertion of Asian and African Peoples*, Cambridge, Mass.: Harvard University Press, 1960, pp.227—228.

2. W.J.M. Mackenzie, "Some Conclusions", in W.J.M. Mackenzie, and Kenneth Robinson(eds.), *Five Elections in Africa: A Group of Electoral Studies*, Oxford: Clarendon Press, 1960, p.465.

3. W. Arthur Lewis, *Politics in West Africa*, London: Allen and Unwin, 1965, p.55.

4. Edward Shils, "The Fortunes of Constitutional Government in the Political Development of the New States," in John H. Hallowell(ed.), *Development: For What?* Durham: Duke University Press, 1964, p.103.

5. W. Arthur Lewis, *Politics in West Africa*, London: Allen and Unwin, 1965, pp.55, 86.

6. Rajni Kothari: *Politics in India*, Boston: Little, Brown, 1970, p.421.

7. J.Gérard-Libois, and Benoit Verhaegen, *Congo 1960*, 2 vols., Brussels: Centre de Recherche et d'Information Socio-Politiques, 1961, Vol.2, p.806.

8. René Lemarchand, *Rwanda and Burundi*, London: Pall Mall Press, 1970, p.194.

9. Ibid., pp.216, 224.也可参见 Aaron Segal, *Massacre in Rwanda*, Fabian Research Series, No.240, London: Fabian Society, 1964。

10. Albert L.Gastmann, *The Politics of Surinam and the Netherlands Antilles*, RioPiedras: Institute of Caribbean Studies, University of Puerto Rico, 1968, pp.100—104.

11. Crawford Young, *Politics in the Congo: Decolonization and Independence*, Princeton: Princeton University Press, 1957, pp. 56, 182.也可参见 René Lemarchand, *Political Awakening in the Belgian Congo*, Berkeley: University of California Press, 1964, pp. 214—215;以及 Walter Geerts, *Binza 10: De eerse tien onafhankelijkheidsjaren van de Democratische Republiek Kongo*, Ghent: Story-Scientia, 1970, p.57。

12. Gabriel Mpozagara, *La République du Burundi*, Paris: Berger-Levrault, 1971, p.27; and Raymond Rozier, *Le Burundi: Pays de la vache et du tambour*, Paris: Presses du Palais Royal, 1973, pp.318, 374.

13. George McT. Kahin, "Indonesia," in George McT. Kahin(ed.), *Major Governments of Asia*(2d ed.), Ithaca: Cornell University Press, 1963, p.627.

14. A.J.M. Kunst, *Receptie en concordantie van recht: De invloed van het Nederlandse recht op dat van de Nederlandse Antillen*, Willemstad: Rechtshoge-

school van de Nederlandse Antillen, 1973, p.21.

15. 参见 F. Nkundabagenzi, *Rwanda Politique, 1958—1960*, Brussels: Centre de Recherche et d'Information Socio-Politiques, 1961, pp. 391—397; 以及 J. Vanderlinden, *La République Rwandaise*, Paris: Berger-Levrault, 1970, pp.28—56。

16. W.H. van Helsdingen, *De Staatsregeling van Suriname van 1955: Historische toelichting en praktijk*, The Hague: Staatsdrukkerij-en Uitgeverijbedrijf, 1957, pp.178, 186.

17. F.E.M. Mitrasing, *Tien jaar Suriname: Van afhankelijkheid tot gelijkgerechtigdheid*, Leiden: Luctor et Emergo, 1959, pp. 152—153, 159, 169—170, 176.

18. 参见 C.D. Ooft, *Kort begrip van de Staatsinrichting van Suriname*, Paramaribo, 1967, pp.31—48。些许的例外是,在第二轮全国性选举中,没有选择投票制。

19. Crawford Young, *Politics in the Congo: Decolonization and Independence*, Princeton: Princeton University Press, 1957, p.271.

20. George McT. Kahin, "Indonesia," in George McT. Kahin(ed.), *Major Governments of Asia*(2d ed.), Ithaca: Cornell University Press, 1963, pp.627—628.

21. 对艾里兰的一个简短而系统性的介绍,参见 Donald Hindley, "Dilemmas of Consensus and Division: Indonesia's Search for a Political Format," *Government and Opposition*, Vol.4, No.1, Winter 1969, pp.70—73。

22. W.H. van Helsdingen, *De Staatsregeling van de Nederlandse Antillen van 1955: Historische toelichting en praktijk*, The Hague: Staatsdrukkerij-en Uitgeverijbedrijf, 1956, pp.156, 173.

23. Crawford Young, *Politics in the Congo: Decolonization and Independence*, Princeton: Princeton University Press, 1957, pp.512, 515; Walter Geerts, *Binza 10: De eerse tien onafhankelijkheidsjaren van de Democratische Republiek Kongo*, Ghent: Story-Scientia, 1970, p.282.

24. Herbert Feith, *The Decline of Constitutional Democracy in Indonesia*, Ithaca: Cornell University Press, 1962, pp. 77, 99;也可参见 A. Arthur Schiller, *The Formation of Federal Indonesia: 1945—1949*, The Hague: Van Hoeve, 1955。

25. Crawford Young, *Politics in the Congo: Decolonization and Independence*, Princeton: Princeton University Press, 1957, pp.529, 551—553.

26. George McT. Kahin, "Indonesia," in George McT. Kahin(ed.), *Major Governments of Asia*(2d ed.), Ithaca: Cornell University Press, 1963, p.591.

27. F.G. Carnell, "Political Implications of Federalism in New States," in Ursula K.Hicks et al., *Federalism and Economic Growth in Underdeveloped Countries*, London: Allen and Unwin, 1961, p.27.

28. Mohammad Hatta, "Indonesia's Foreign Policy," *Foreign Affairs*, Vol.31, No.3, April 1953, p.449.

29. Thomas Kanza, *Conflict in the Congo: The Rise and Fall of Lumumba*, Harmondsworth: Penguin Books, 1972, p.89.

30. 引自 Gérard-Libois, and Verhaegen, *Congo 1960*, Vol.1, p.176。

31. 引自 Crawford Young, *Politics in the Congo: Decolonization and Independence*, Princeton: Princeton University Press, 1957, pp.165—166, 267—268。

32. 参见 J. W. Ellis, M. P. Gorsira, and F. C. J. Nuyten, *De zelfstandigheid der eilandgebieden: Een bijdrage tot herziening van de Eilandenregeling Nederlandse Antillen*, Willemstad: Eilandgebied Curaçao, 1954, pp. 13—14;以及 W. C. J. van Leeuwen, *Verslag aan de Parlementaire Statuutcommissie uit de Staten van de Nederlandse Antillen met betrekking tot onze toekomstige staatkundige structuur*, Willemstad: Staten van de Nederlandse Antillen, 1970, pp.68—73。

33. M. P. Gorsira, *De staatkundige emancipatie van de Nederlandse Antillen*, The Hague: Staatsdrukkerij-en Uitgeverijbedrijf, 1950, pp.27—34.

34. Ruth T. McVey, "Nationalism, Islam and Marxism: The Management of Ideological Conflict in Indonesia," in *Nationalism, Islam and Marxism*, Karel H. Warouw, and Peter D. Weldon (trans.), Ithaca: Modern Indonesia Project, Cornell University, 1969, p.19.

35. Clifford Geertz, *Peddlers and Princes: Social Change and Ecomomic Modernization in Two Indonesian Towns*, Chicago: University of Chicago Press, 1963, p.14;另参见 Basuki Gunawan, and O. D. van den Muijzenberg, "Verzuilingstendenties en sociale stratificatie in Indonesië," *Sociologische Gids*, Vol. 14, No.3, May-June 1967, pp.146—158;以及 B. Gunawan, "Aliran en sociale structuur," in C. Baks et al., *Buiten de grenzen: Sociologische opstellen*, Meppel: Boom, 1971, pp.69—85。

36. Clifford Geertz, "The Integrative Revolution: Primordial Sentiments and Civil Politics in The New States," in Clifford Geertz (ed.), *Old Societies and New States: The Quest for Modernity in Asia and Africa*, New York: Free Press, 1963, p.132.

37. 引自 Herbert Feith, *The Decline of Constitutional Democracy in Indonesia*, Ithaca: Cornell University Press, 1962, p.515。

38. Soekarno, "Saving the Republic of the Proclamation," in Herbert Feith, and Lance Castles (eds.), *Indonesian Political Thinking: 1945—1965*, Ithaca: Cornell University Press, 1970, pp.85—86.

39. Mohammad Hatta, "Oil and Water Do Not Mix," in Herbert Feith, and Lance Castles (eds.), *Indonesian Political Thinking: 1945—1965*, Ithaca: Cornell University Press, 1970, pp.365—367.

40. Edward Dew, "Surinam: The Struggle for Ethnic Balance and Identity," *Plural Societies*, Vol. 5, No. 3, Autumn 1974, p. 7. 另参见 R. A. J. van Lier, *Frontier Society: A Social Analysis of the History of Surinam*, The Hague: Nijhoff, 1971, p.391。

41. Edward Dew, "De beheersing van raciale en culturele polarisatie in een onafhankelijk Suriname," *Beleid en Maatschappij*, Vol. 2, No. 9, September 1975, p.227.

42. J.A. Pengel, *Regeringsverklaring op 7 juni 1963 in de Staten van Suriname uitgesproken door J. A. Pengel, Minister-President van Suriname*, Paramaribo, 1963, p.6.

43. Van Helsdingen, *De Staatsregeling van de Nederlandse Antillen*, pp.174, 176, 184.

44. Peter Verton, *Kiezers en politieke partijen in de Nederlandse Antillen*, Aruba: De Wit, 1973, p.15.

45. 殖民时期的库拉索岛是由少数荷兰新教徒、西班牙(或葡萄牙)裔犹太人和大量黑人族群组成的,但这些种族差异在民主的库拉索岛已经变得模糊,和政党政治的关联也越来越弱。参见 H. Hoetink, *De gespleten samenleving in het Caribisch gebied: Bijdrage tot de sociologie der rasrelaties in gesegmenteerde maatschappijen*, Assen: Van Gorcum, 1962, pp.191—197;另参见 R.A. Römer, *Naar de voltooiing van de emancipatie: Beschouwingen naar aanleiding van het verschijnsel 30 mei*, Willemstad: Hogeschool van de Nederlandse Antillien, 1974, pp.10—11。

46. R.A. Römer et al., *De Meidagen van Curaçao*, Curaçao: Ruku, 1970, pp.84—85, 105—106, 164.

47. Gérard-Libois, and Verhaegen, *Congo 1960*, Vol. 1, p. 111; André Mast, *Les pays du Benelux*, Paris: Librairie Générale de Droit et de Jurisprudence, 1960, pp.94—95.

48. René Lemarchand, *Political Awakening in the Belgian Congo*, Berkeley: University of California Press, 1964, pp.229—231; Gerard-Libois, and Verhaegen, *Congo 1960*, Vol.1, p.299.

49. Richard F. Nyrop et al., *Area Handbook for Rwanda*, Washington: U.S.Government Printing Office, 1969, p.18.

50. René Lemarchand, *Rwanda and Burundi*, London: Pall Mall Press, 1970, p.197.

51. J. Verderlinden, *La République Rwandaise*, Paris: Berger-Lev-rault, 1970, pp.25—26.

52. René Lemarchand, *Rwanda and Burundi*, London: Pall Mall Press, 1970, pp.296, 368.

53. Ibid., p.419.

54. 引自 Crawford Young, *Politics in the Congo*: *Decolonization and Independence*, Princeton: Princeton University Press, 1957, pp.176—177。

55. Gérard-Libois, and Verhaegen, *Congo 1960*, Vol. 1, p. 110; Godelieve Craenen, Wilfried Dewachter, and Edith Lismont, *De Belgische Grondwet van 1831 tot heden*: *Nederlandse en Franse teksten*, Louvain: Acco, 1971, pp.74—75.

56. "Constitution définitive du Royaume du Burundi, en date du 16 octobre 1962," *Chronique de polique étrangère*, Vol.16, No.4—6, July-November 1963, p. 638; René Lemarchand, *Rwanda and Burundi*, London: Pall Mall Press, 1970, p.364n.

57. George McT. Kahin, "Indonesia," in George McT. Kahin(ed.), *Major Government of Asia*(2d ed.), Ithaca: Cornell Univeisity Press, 1963, p.602.

58. Edward Dew, "Surinam: The Struggle for Ethnic Balance and Identity," *Plural Societies*, Vol.5, No.3, Autumn 1974, p.5.

59. D. Roemers, "Ontwerp Surinaamse grondwet dichtbij ontwerp CalsDonner," *NRC-Handelsblad*, October 13, 1975;另参见 H. T. J. F. van Maarseveen, "De Grondwet van Suriname," *Nederlands Juristenblad*, Vol.50, No.43, December 13, 1975。

60. Göran G. Lindahl, *Uruguay's New Path*: *A Study in Politics during the First Colegiado*, *1919—1933*, Stockholm: Library and Institute of Ibero-American Studies, 1962.

61. 参见 Russell H. Fitzgibbon, "Adoption of a Collegiate Executive in Uruguay," *Journal of Politics*, Vol. 14, No. 4, November 1952, pp. 620—622, 633—638。

62. Ibid., p.617.

63. Philip B. Taylor, Jr., "Interests and Institutional Dysfunction in Uruguay," *American Political Science Review*, Vol.57, No.1, March 1963, p.72.

64. Alexander T. Edelmann, "The Rise and Demise of Uruguay's Second Plural Executive," *Journal of Politics*, Vol. 31, No. 1, February 1969, pp. 126, 128.也参见 Martin Weinstein, *Uruguay*: *The Politics of Failure*, Westport, Conn.: Greenwood Press, 1975, pp.113—139。

65. Edward Dew, "Surinam: The Test of Consociationalism", *Plural Societies*, Vol.3, No. 3, Autumn 1972, p. 45.相似的结论也见于 R. Hoppe, "Het Politiek systeem van Suriname: Elite-kartel demokratie," *Acta Polica*, Vol. 11, No. 2, April 1976, p. 163;以及 Christopher Bagley, *The Dutch Plural Society*: *A Comparative Study in Race Relations*, London: Oxford University Press, 1973, pp.233—234。

66. Crawford Young, *Politics in the Congo*: *Decolonization and Independ-*

ence，Princeton：Princeton University Press，1957，p.279.

67. Clifford Geertz，“The Integrative Revolution：Primordial Sentiments and Civil Politics in the New States，” in Clifford Geertz(ed.)，*Old Societies and New States：The Quest for Modernity in Asia and Africa*，New York：Free Press，1963，p.130.

68. René Lemarchand，*Rwanda and Burundi*，London：Pall Mall Press，1970，p.296.

69. 荷兰王国的成员需要在该地驻守少量的主要起象征作用的荷兰军队，他们有时能起到安定作用。

70. R.A.J. van Lier，*Frontier Society：A Social Analysis of the History of Surinam*，The Hague：Nijhoff，1971，p.11.；J.D.Speckmann，“De plurale Surinaamse samenleving，” in A.N.J. den Hollander et al.，*De plurale samenleving：Begrip zonder toekomst*? Mepple：Egel Reeks，1966，p. 52；以及 Edward Dew，“Surinam：The Test of Consociationalism，” *Plural Societies*，Vol. 3，No. 3，Autumn 1972，p.36。

71. Albert L. Gastmann，*The Politics of Surinam and the Netherlands Antilles*，RioPiedras：Institute of Caribbean Studies，University of Puerto Rico，1968，p.3.

第七章
协合民主工程

对于多元社会的政治领袖而言，本书的信息将鼓励他们从事一项政治工程：如果他们想在自己的国家建立或巩固民主制，他们就必须成为协合民主工程师。政治科学家一般很不情愿提出宏观方面的政策建议。特别是在发展问题上，与他们的经济学同行相比，这个差别就是明显的证明。正如萨托利所讲的，"关于经济发展，经济学家是设计者，而关于政治发展的问题，政治科学家则是旁观者。经济学家是介入，他们的知识是应用型的知识。政治科学家则等待，他们解释已经发生的事情，但并不促成它们的发生。"[1]然而，我们发现自己真的左右为难。一方面，如果我们设想政治的发展变化而构思引导政治发展朝既定目标迈进，例如稳定的民主制，这就需要依据将要实现的目标来制定建立稳定民主制的方式，这一点是不言而喻的。另一方面，当我们的知识理论并不充分的时候，我们从事政治工程或给政治工程师提建议是否合理？尤其是，在我们的理论不能充分证明有关协合民主实现途径的建议——该建议是为了在多元社会建立持久有效的民主政体的目标而提出的——是否合理的时候。

完全自信地提出这些建议的理想要件如下：第一，政治工程师必须接受民主是一个基本目标的理念。第二，必须清楚地描述已经建立的协合结构和程序。第三，运用协合模式应该成为实现稳定的民主所必需的手段。或者，如果有其他的方法能够实现同样的目标，那么协合方法一定在其他的一些方面更为适用。第四，协合方法一定是实现稳定民主目标的充分条件。第五，根据政治工程师的准则，人们必须知道协合民主的其他后果，正确地接受这些产品的优缺点。[2]前两个标准主要涉及相关的政策制定建议。第四个标准确保建议是万无一失的。总的来说，第三个和第五个标准确保以最小的代价达到预期的结果。

这些条件不能得到完全的满足。因此，在没有充分的信心时建议实施协合民主工程是不可能的。相对而言，这两条标准没有造成什么问题。两条标准的缺陷是协合民主的副产品，这已经在第二章中讨论过了。若只对特定的多元社会提出关于协合民主的机构和程序的明确而详尽的建议，这些建议将取决于那些多元社会各自的特征，特别是不同区块权力的平衡和它们在地理上的集中程度。在本书中可以看到，各种具体的实例说明了这种形式，在这种形式中大联盟的基本原则、相互否决、均衡和自治能够实施。一个可以提出的普通建议，涉及协合民主工程的传统种类。然而，协合民主并不与总统制、多数或复数选举制、单一制政府冲突，一个更好的制度框架将由反对派提供：议会制度（或半议会制，以及多元行政机构如瑞士那样的制度），比例代表制，在社会由一些地理上集中的区块组成的情况下实施的联邦制。

在关于协合民主的建议基于什么的论证链条中，最薄弱的一个环节是，它不能声称其是实现稳定的民主的一个充分必要的条件。非协合民主的印度的相对成功和协合民主的塞浦路斯的失败，正强化了这一缺陷。而且，怀疑者可能认为，第三世界适度成功的四个协合民主案例中，两个国家（黎巴嫩和马来西亚）维系了该政体很多年，但并不是绝对的成功，另外两个国家（苏里南和荷属安的列斯）在完全独立的条件下还不能实现稳定。这种怀疑提出的另外一种批评是：被视为有利于实施协合民主的因素，首先缘自对欧洲范例的经验分析，随后在一些非欧洲案例中应用和检验。但是这种分析程序掩盖了这两组设定的案例之间的一些重要差别：当这些差别被揭露时，将严重破坏协合民主工程在第三世界的可行性。这种差别特别明显，即经济发展水平不同，区块隔阂的深度与强度也不同。对第三世界国家来说是一种规范模式的协合民主，难道这些差别造成了不可挽回的伤害？

一、替代方案还是优选目标?

在检讨和试图缓解这些对协合民主在西方世界之外可行性的最终疑虑之前,有必要简要地看看上文列出的第一个条件:相信民主是一个值得奋斗的目标。[3]一个能够令人信服的民主主义,必然也倾向于同意埃默森的观点,即单一政党的制度或另一非民主的政权,在多元和不发达的社会里有着"明显的优势",在那里"统一是必须的,一个新的……社会必定会产生,发展的困难和纪律优先于私人的偏好"。[4]这部分地是价值观的问题:在我们价值观的范围内,比起民主,经济发展和国家建设应该被视作更高吗?但是这又是一个经验问题:一个非民主的政权,能够用比民主政权更高的速度和效果来实现这些目标吗?

后一问题要得到肯定的回答是很值得怀疑的:多元社会的非民主政权的绩效通常不突出。回顾了这些政权记录的多数观察家,果断地得出了不利的结论。阿里斯蒂德·R.佐尔伯格(Aristide R. Zolberg)认为,非洲的领导人被如下观点误导了:对于维持秩序和促进政治、经济和其他领域的现代化,独裁的措施是必须的。在非洲,这种模仿的威权体制"注定要失败"[5]。刘易斯,一位研究经济增长条件的著名学者,认为单一政党制度声称能够加快经济发展是假的,这种政权类型与西非经济问题的解决"总的来说是不得要领的"[6]。一个民主的政府可能不会促进经济的快速发展,因为大众的要求可能促使资源向私人消费和福利服务转移,但是非民主政权会在其他方面消耗一国的资源。有时候,独裁政权能够刺激生产率的提高;有时候,独裁政权也能决然地妨碍生产率的提高。[7]

有人声称在多元社会建立完整的国家,就需要实行非民主政体。这个观点的正确性同样值得怀疑。正如阿若德·里夫金(Arnold Rivkin)所说,它们尚未证明能够有效地整合不同种族的人群,因为强加的统一的效果是很有限的。[8]这个基本的问题是,原初忠诚有极深和强大的根基;独裁领导人或寡头政治几乎不可避免地是特定阶层的代表,因此不可能接受其他的阶层。苏加诺的案例是一个好例子，他常常以其作为一个真正全国性的、拥有超凡魅力的领导人，而被国外的观察家关注。事实上，他只是一名爪哇人和印度尼西亚的一个亚文化群体的代表。因此，利德尔认为，在他的种族和国家整合的案例研究中，苏加诺的魅力和他的思想观念仅仅对印度尼西亚族群的某一区块(受到了其他区块明确地排斥)具有深刻的意义。利德尔得出结论：至少在印度尼西亚，威权主义和中央集权作为国家建构的工具没有一点儿效果。[9]唯一能够避免这个问题的非民主政权，是可能叫作“联合寡头政体”的，例如那些所有重要区块都能实现真正广泛联合的一党制。

在多元社会，非民主政权不仅不能够成为好的国家建设者，而且还没有取得维持不同种族间秩序与和平的好成绩。值得注意的是，多元社会最坏的不同种族间的暴力，发生在印度尼西亚和布隆迪，这些国家的民主规则已经停止了多年。1965 年和 1966 年，在把苏加诺赶下台的军事政变的余波中，至少有 50 万人被杀害。1972 年在布隆迪至少有 10 万人，主要是胡图族人被屠杀，这代表了一个很令人恐惧的有选择性的种族灭绝，因为它专门针对受过教育和受过部分教育的胡图族的部分阶层。同时也因这个国家的人口较少，大约占总人口的 3.5%在几周内就被杀害了。[10]

实际上，或许能够更可信地认为民主，特别是协合民主，是一个比非民主政权更好的国家建构者。尽管，从短期看，协合民主倾向于巩固多元社会的多元特征，然而，一段长时期成功的联合政府或能解决不同区块间的一些主要分歧，因此使区块间的分歧非政治化。它也能够在精英和大众阶层之间，创造充分的相互信任以使联合政府显得多余。这种一致性的发展，源于成功地解决冲突所累积的经验，它非常类似于阿里 · A. 马兹瑞(Ali A. Mazrui)认为的，国家整合应该发生在非洲国家：在其中，解决冲突是重要的整合途径。“整个过程是在共同寻找一种解决危机的途径，看到相互敌对平息至相互容忍，强烈地意识到彼此的位置，也意识到有必要跨越分歧。在一段时间内，这些经验能够帮助两个群体的人们向前进入更深层次的整合关系。”[11]奥地利人的广泛联合，被设计用来阻止二战后民主的崩溃，为 1966 年政府即“对抗—反对”的政治模式的恢复铺平了道路，而且对民主的稳定没有造成任何威胁。到那个时候，在双方同意下成立的国家,将以协合民主的间接方式充分地建立起来,并能够使协合民主政体的进一步使用变得多余。相比之下,正如布卢姆指出的那样,祖国阵线直接进行的国家建构的努力和1930年的一党专制,均以惨败而告终。[12]

一个有点儿不同的观点是,经济发展和国家整合应该优先于民主化,不是因为它们本质上比民主更重要,而是因为它们构成了民主首要而必备的基础。这个观点受到了政治发展理论和诸多西方民主理论(非协合民主类)的支持,西方民主理论严重依赖于民主的存在与西方国家多元的社会经济特征之间的经验关联。然而,这种关联并未携带政策内涵,因为民主的有利条件应该被非民主的方法创造出来。此外,非民主政权在为民主铺平道路上并没有良好的记录。尽管它们常常用民主的目标来替自己的统治辩护,它们更有可能关心的是维持其非民主权力:"从通常的方式看,政治垄断将变成自我辩解的目标。"[13]里夫金指出,在非洲,没有一例一党制政权不以团结的旗号垄断公共权力,压制实际上或潜在的反对者。无论主导政党指令下的意志与领导是怎样的,它们都已成为此目的的同义语。[14]

二、经济不发达与协合民主工程

上述段落中引用的争论,建立在如下假设上:经济发展和国家建构(或民族建构)是民主的先决条件。因此可以假定,在第三世界经济欠发达的多元社会,协合民主工程是注定要失败的。就经济发展因素而言,这个悲观的论点得到了比较政治学中一个很有名的经验关系即经济发展水平与民主之间的关系的支持。[15]此外,由于民主需要资源按比例分配的制度,因此它要求创造新的资源,以使其零和的再分配效果小于其他形式的民主政体。最终,为了更多地增加这个观点的分量,必须指出黎巴嫩和马来西亚属于亚洲和非洲国家中最发达的类型,根据南美洲国家的标准,苏里南和荷属安的列斯也是很繁荣的。

然而，这些事实并不能改变关系的性质，它仅仅是统计上的，远非完美的理论关系。而且，有许多显著的例外。某种程度上它指出了一种因果关系，其原因很可能是民主而不是经济发展。阅读迈克尔·C.赫德森(Michael C. Hudson)对黎巴嫩政治中这些多变角色的评价就很有趣；他的证词特别有趣，因为赫德森对比较政治中的宏观定量统计分析做出了重要贡献。他提出一个问题，即黎巴嫩较高的生活水平是否支持了黎巴嫩的民主？毫无疑问的是，在世界上财富与民主的稳定性之间，存在着大概的关联。尽管这种关联明显适用于黎巴嫩，但他认为此联系不是一种因果联系：如果在黎巴嫩有因果联系，它将……似乎是另一种相反的因果联系。此外，如果人均收入是该国家原有水平的一半或两倍，那么这个国家将不会变得比它现在更加或更不民主。[16]

至多，经济不发达可视作协合民主工程不利的因素；它并不会导致协合民主工程不能实施。与其完全抹杀经济不发达国家实施协合民主工程的可能性，不如采取更具建设性的作法：当协合民主在一个不发达的国家进行设计时，应考虑经济现代化这一必要条件。阿普特和马丁·R.多恩博斯(Martin R. Doornbos)提出了属于这种性质的有趣建议：设立一个发展中的上议院，该上议院由专业人士组成，对长期的经济计划负责，作为民主建设一部分的该计划，是特别为发展中国家设计的。[17]

三、隔阂强度与协合民主工程

对协合民主工程的理念构成最具威胁性的潜在挑战是：来自西方协合民主经验的启示不能适用于非西方的多元社会，因为第一世界和第三世界的多元社会严格地讲是不同的世界。[18]根据这个反对意见，与西方多元社会的区块间差异相比，非西方多元社会的区块间差异是如此的大，以致用协合民主的方法衔接它们的机会是零或极其少。显而易见的答复可指向马来西亚，马来西亚人口区块之间存在极深的种族、文化和经济隔阂。然而，检视主要批评意见所提论点中的一些细节，也是有意义的。

最极端的观点是阿尔文·拉布什卡(Alvin Rabushka)和肯尼思·A.谢泼斯(Kenneth A. Shepsle)提出的。他们认为,在多元社会,稳定的民主本质上是不可能的,并声称不这样认为的学者将会被他们的民主承诺引入歧途:许多学者显示出对民主政治安排的偏好,我们认为这些偏好已经导致一些期待,以及迄今为止仍不成功的尝试。这些尝试想证明,在面对文化多样性时能够维持稳定的民主。他们在论证(主要是演绎)"多元社会中民主不可能"时的缺失,在于他们依据零和游戏来看待多元社会的政治:种族群体的世界是霍布斯式的,经常意味着所有人反对所有人的战争。具体来说,他们认为广泛的联合是行不通的,因为根据赖克的规模原则,在零和条件下将形成一个勉强过半的联盟,大联盟"本质上还是过于庞大了"。然而,除了多元社会中最极端的实例,这个零和的假设是不真实的。如果至少有一些普遍的忠诚或合理的看法,即政治不是一次游戏而是持续的一系列游戏,以致从长远来看部分的回报是和平关系的优势,那么这个零和的假设就是无效的,这个假设即广泛的联合不能成功地运转也是无效的。[19]

作者也大量引用了民主在多元社会失败的实验性证据。然而,这些证据中的大多数都不涉及协合民主。从协合民主模型的视角看,一些证据不应被看作失败的证据。例如,圭亚那投票给自己同类的政治,与协合民主一点也不相矛盾。在协合民主制中,政党的存在能够清楚地代表特定的种族群体,它是一种优势。同样地,应把佛兰芒—瓦龙人的联邦制看作是朝比利时语言冲突的解决前进了一步,而不是视其为民主失败的证据。[20]零和偏见与倾向于民主的一厢情愿的想法一样不切实际,但后者更是软弱无力的,因为它妨碍了实现民主的创造性努力,尽管条件不利。

拉布什卡和谢泼斯对多元社会民主工程的整体谴责,包含了第一世界和第三世界,但是暗示了它对第三世界更适切。因为第三世界国家出现了大量的多元社会,它们也具有更强烈的多元特征。具体来讲,第三世界的多元社会在两个方面可能被认为比第一世界的多元社会更加多元化:文化差异趋于更大,以及它们往往被高度显见且常常根深蒂固的身体外表差异所强化。

当巴里建议谨慎地向种族分离的社会扩展协合民主的准则时,第二个尺度被他强调，该准则已经成功地解决了欧洲政治上亚文化群体的宗教和意识形态冲突。他认为宗教和阶级冲突是组织冲突。种族冲突是连带团体的冲突，这些团体并不需要组织发动骚乱或大屠杀，而只需要它们有一些能够识别谁属于这个团体的方式。但是高度的显而易见的差别，是否具备物质或文化的性质，也可能起到清楚地划分区块间边界的积极功能，从而限制了区块之间的接触，减少了区块之间冲突的机会。巴里也认为，不像种族区块，宗教和意识形态区块可限定在组织的范畴内，事实上它们追随特定的领导人。因此，这些领导人能依靠这些追随者忠诚的支持与竞争区块的领导人达成协议。这个论点忽视了所有种类的多元社会沿着区块的界限变得有组织的趋势，以及随着区块间差异的增多，区块内的忠诚呈现增长趋势。最后，他断言宗教和意识形态问题相对地更容易受到协合民主方式的影响，因为这个问题是国家应该怎样运转的问题，而不是它是否应该成为一个国家。[21]然而，这不仅仅是不同隔阂类型与强度的问题，而且也是横跨性忠诚存在与否的问题。

巴里的所有论点过多集中在区块内部精英控制的问题，太少关注区块间精英协议达成的问题。宗教与意识形态的差别在后一方面呈现了特殊的障碍：试图改变宗教和意识形态差异，可能会导致紧张，它们不仅在感情上，可能在逻辑上都是相互矛盾的。意大利和印度尼西亚广泛联合的政府，对包容共产主义者的激烈抵制，充分地展示了意识形态隔阂可能的强度。这不是否认种族和民族的隔阂会增强多元社会的多元特征和削弱协合民主的可能性；这个结论仅仅是，不同种类的区块隔阂产生了不同的隔阂强度，但这些强度上的差别也不应被夸大。

文化的差别被范德伯格所强调，他与拉布什卡和谢泼斯一样，倾向于视多元社会本质上是冲突的，但也承认在特定条件下，几个适度多元的社会是相当民主的。他提到的多元而又民主的政治体系的例子是瑞士、比利时、加拿大、印度和以色列。从对这五个实例的检视中，他得出了一组五个的限制性条件，这些条件值得检验，因为它们能够阐明多元社会民主的总体图景。范德伯格所提的两个条件是协合民主的特征。他强调在确定的程序规范上达成一致的重要性，例如精确的生活方式和办事方式，以确保社会权力的分配与群体的大小大致地成比例。民主也取决于，关于如何处理区块隔阂，要取得一致意见。包括接受多元化的合法性，以及更多具体的应对同化的准则，以确保群体持续的整合性。在这方面，最重要的议题是文化和地区自治。这些条件是“限制性的”，其主要意义在于，它们限制了多元社会唯一可行的民主形式，即仅限于协合民主。——这与本书的观点一致。

其他的三个条件关涉社会特征。这些条件中的一个，是不同的隔阂彼此横贯或强化的程度，我们在第三章讨论了这一问题。范德伯格首先列出的决定性条件是，多元社会的民主前景直接“与基本价值观的共识程度成正比，因此与文化的多元化程度成反比”。这个观点，即有不同程度的多元化，且稳定民主的可能性与多元化的程度是相反的，看起来的确很有说服力。更加重要的问题是，在什么节点上民主变得不可能或极不可能。范德伯格认为，比利时人和瑞士人的民主是与这些国家的多元化相兼容的，因为它们的多元化仅仅是中等程度的文化多元。其他中等程度的文化多元的例子，包括南斯拉夫和南非国内布尔人与说英语的白人之间的关系。在南非，最小程度的多元化在布尔人与说通用荷兰语的有色人种之间存在，最大程度的多元化在布尔人与祖鲁人之间存在。范德伯格在最大的文化多元化的实例中说：民主的机会严重地减少。根据这些大致的标准，亚洲和非洲大多数的多元社会属于中等程度的类别。极端程度的多元化，正如布尔人与祖鲁人的关系，是极少发生的。因此，这个限制性的条件也不至引发悲观论。他最后的条件是，民主依赖不同区块的技术和科学水平：民主不太可能在这种情形下运转，即一个团体通过它卓越的科技能够轻易地实现对暴力工具的全面垄断。除了在南非和罗德西亚(Rhodesia)*的白人移民社会，在发展水平上如此极端的差别是很少有的。[22]

因为多元化程度的增加，因为区块间人数变得更加不均衡或严重地碎片化等等原因，协合民主的前景变得越发不利，但是它们依然比实行稳定的英国式民主的前景更为有利。在多元社会的极端例子中，例如南非，任何种类的民主前景都是暗淡的，但它若无论如何都要实行民主，几乎可

* 目前已改为津巴布韦共和国。——译者注

以肯定是协合民主类型。值得注意的是，像艾伦·佩顿(Alan Paton)这样强烈反对种族隔离政策的人，也正在逐步思索南非困境类似于协合民主模式的可能的解决方案。佩顿重申了他对“共同社会”的坚定信仰，“南非这个国家，属于所有人，全体人民都应积极参与政府”，但是他认为“共同社会的目标，现在必须在隔离发展的框架下争取……这些区域(非洲人的故乡)，虽然贫困，却有一种潜在的推动力”。这可能会自然地“加速我们朝向共同社会目标的必然迈进”。其中一种可能的出现方式，将是摒弃完全分离成主权国家，并“创造某种联邦社会，有一个能够代表所有州或省的利益的议会，以及高度自治的州或省”。并且，他强调在这种方向下的演变，应伴随着朝向政治和经济平等的发展。[23]佩顿的解决方式基本上是一种协合民主的方式，尽管他忽略了非领土型或部分领土型的区块自治，以及区块政治代表权的可能性。无论是在道德上还是在实践上，这种方式都可能成为一种更具吸引力的协合民主原则的实施方案。因为，它不需要大规模的重新安置政策。这种协合民主的方式提供了最好的，也即不利条件最小的，向民主和平转型的前景。

在这最后的分析中，再度确认协合民主的建议，无须具备本章开头所论的两个条件：协合民主是实现稳定的民主的必要而充分的条件。但是本书所给出的主张是更加温和的，对于多元社会有着至关重要的实践意义。如图7.1概括的，它用很简略但非操作性的指数来表示社会的多元化程度(假定其他所有因素是相同的)，用同样简略的测量方式表示两种类型民主工程成功的可能性。[24]在同质性社会(介于图7.1中A点和B点之间的区域)中，因为“去政治化”的民主的相对弱点，必须建议采用英国的模式。[25]对于最极端的多元社会(D点到E点)，两个都没有成功的希望。当多元程度从B点增长到D点时，两种模式成功的几率都会下降，但是英国模式以一个比协合民主模式快得多的速率下降。换句话说，在这个区域，与英国模式的前景相比，协合民主模式的相对前景更好。在B点到C点之间，协合民主模式能提供比英国模式更好的机会，但是两种模式都不是充分或必须的方法。然而在B点到D点之间，尽管它成功的几率继续下降，但协合民主模式仍是必须的方法。因此，对大多数非西方多元社会来说，不是在标准的英国民主模式和协合民主模式之间，而是要在协合民主模式和完全的非民主模式之间作出现实的选择。

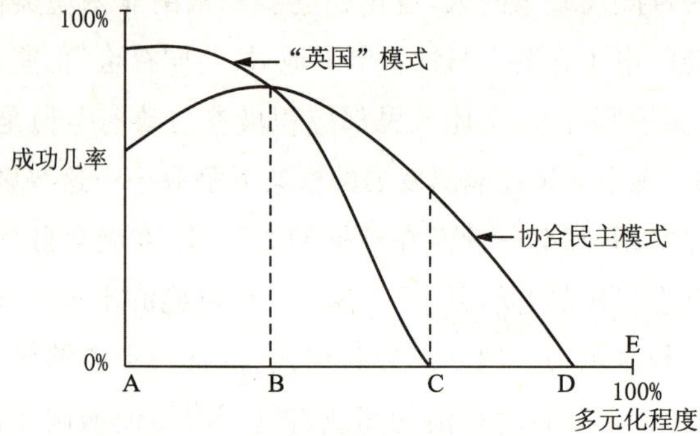

图 7.1　两种规范民主模式的成功率

注　释

1. Giovanni Sartori, "Political Development and Political Engineering," in John D. Montgomery, and Albert O. Hirschman(eds.), *Public Policy*, Vol. 17, Cambridge, Mass.: Harvard University Press, 1968, p. 261.

2. 这一标准受到了 A. 胡格沃夫(A. Hoogerwerf)的启发,参见 A. Hoogerwerf, "Rationalisering en democratisering van beleid," *Bestuurswetenschappen*, Vol. 27, No. 5, September 1973, pp. 306—307。

3. 这里并不适于我们讨论"民主的优点"这样的一般性问题。达尔对此问题曾经作过富有成效的阐述。针对"民主重要吗?"这一问题,他作出了一连串肯定且颇具说服力的回答。比如,与非民主政体相比,民主政体提供了较大范围的古典自由主义的自由主张,提供了更具代表性的政治领导层,也提供了更多的可能性使各种利益通过公共政策来实现。参见 Robert A. Dahl, *Polyarchy: Participation and Opposition*, New Haven: Yale University Press, 1971, pp. 17—32。

4. Rupert Emerson, *Political Modernization: The Single-Party System*, Monograph Series in World Affairs, No. 1, Denver: University of Denver, 1963—1964, p. 30.

5. Aristide R. Zolberg, *Creating Political Order: The Party-States of West Africa*, Chicago: Rand McNally, 1966, p. 158.

6. W. Arthur Lewis, *Politics in West Africa*, London: Allen and Unwin, 1965, p. 44.

7. William McCord, *The Springtime of Freedom: Evolution of Developing Societies*, New York: Oxford University Press, 1965, p. 285.

8. Arnold Rivkin, *Nation-Building in Africa: Problems and Prospects*, New Brunswick: Rutgers University Press, 1969, p. 56.

9. R. William Liddle, *Ethnicity, Party, and National Integration: An Indonesian Case Study*, New Haven: Yale University Press, 1970, pp. 220, 229.

10. René Lemarchand, and David Martin, *Selective Genocide in Burundi*, Report No. 20, London: Minority Rights Group, n. d.; Bernard Aupens, "L'engrenage de la violence au Burundi," *Revue française d'études politiques africaines*, Vol. 8, No. 91, July 1973, pp. 48—69; Thomas Patrick Melady, *Burundi: The Tragic Years*, Maryknoll, N. Y.: Orbis Books, 1974.

11. Ali A. Mazrui, "Pluralism and National Integration," in Leo Kuper, and M. G. Smith(eds.), *Pluralism in Africa*, Berkeley: University of California Press, 1969, p. 335.

12. William T. Bluhm, *Building an Ausrian Nation: The Political Integration of a Western State*, New Haven: Yale University Press, 1973, pp. 38—40. 下面有关罗坎将协合民主的比例代表方式作为欧洲多元社会的国族建构间接机制的评论,也值得一提。"引入比例代表制,在本质上部分属于国家整合的一种策略,一种除影响力独占和内战之外的替代方案。"Stein Rokkan, *Citizens, Elections, Parties: Approaches to the Comparative Study of the Processes of Development*, Olso: Universitetsforlaget, 1970, p. 168.

13. Aristide R. Zolberg, *Creating Political Order: The Party-States of West Africa*, Chicago: Rand McNally, 1966, p. 62. 佐尔伯格同时也要求人们关注"强制和暴力的膨胀循环"所带来的威胁(第 87 页)。

14. Arnold Rivkin, *Nation-Building in Africa: Problems and Prospects*, New Brunswick: Rutgers University Press, 1969, p. 50.

15. 关于这方面文献的批判性评论,见 John D. May, *Of the Conditions and Measures of Democracy*, Morristown, N. J.: General Learning Press, 1973。

16. Michael C. Hudson, "Democracy and Social Mobilization in Lebanese Politics," *Comparative Politics*, Vol. 1, No. 2, January 1969, p. 246n.

17. David E. Apter, and Martin R. Doornbos, "Development and the Political Process: A Plan for a Constitution," in David E. Apter, *Political Change: Collected Essays*, London: Frank Cass, 1973, pp. 118—146; 以及 David E. Apter, *Choice and the Politics of Allocation*, New Haven: Yale University Press, 1971, pp. 167—175。

18. David Nicholls, *Three Varieties of Pluralism*, London: Macmillan, 1974, p. 58.

19. Alvin Rabushka, and Kenneth A. Shepsle, "Political Entrepreneurship and Patterns of Democratic Instability in Plural Societies," *Race*, Vol. 12, No. 4, April 1971, pp. 462, 467, 470.

20. Alvin Rabushka, and Kenneth A. Shepsle, *Politics in Plural Societies: A Theory of Democratic Instability*, Columbus, Ohio: Merrill, 1972,尤其是 pp. 62—92。

21. Brian Barry, "Political Accommodation and Consociational Democracy," *British Journal of Political Science*, Vol.5, No.4, October 1975, pp.502—503.

22. Pierre L. van den Berghe, "Pluralism and the Policy: A Theoretical Exploration," in Leo Kuper, and M. G. Smith (eds.), *Pluralism in Africa*, Berkeley: University of California Press, pp.70, 74—77.

23. Alan Paton, "Some Thoughts on the Common Society," in Peter Randall (ed.), *Directions of Change in South African Politics*, Johannesburg: Study Project on Christianity in Apartheid Society, 1971, pp.46, 49—50.

24. 我们同时也假定,协合民主模式与英国民主模式是可以互换的理想类型,而且到目前为止,尚无未知的第三种模式。

25. 参见上文第 119—123 页。

译 后 记

一

作为美国政治学界重量级的学者,阿伦·利普哈特不仅作品众多,其在比较政治学领域的影响也是标杆性的。但国内对其论著的译介却似乎是比较晚近才逐渐风行的事。2006 年,国内翻译出版了他的最新著作《民主的模式:36 个国家的政府形式和政府绩效》(陈崎译,北京大学出版社 2006 年版),引起了众多政治学者的关注。但除了部分论文,利普哈特的其他著作,国内仍鲜见译本。其中,非常重要的《多元社会中的民主——一项比较研究》一书虽然出版于 1977 年,但却是利普哈特的成名之作,更是一本经典。当时该书一经出版,即为他在比较政治学领域赢得了巨大声望。该书对利普哈特民主理论的形成也具有里程碑的意义,因为它系统地阐述了"协合民主"(Consociational Democracy)思想。虽然在此之前,利普哈特已于《和解的政治:荷兰的多元主义与民主》当中提出了"协合民主"思想,但《多元社会中的民主——一项比较研究》一书显然要系统深入得多,而且是视野开阔、案例众多的比较研究,体现了他高超的比较分析技艺。也正是通过对"协合民主"思想的坚持和不断完善,他才形成了后来的"共识民主"(Consensus Democracy)思想。台湾地区在本世纪初曾出版过该书的中译本(张慧芝译,桂冠图书股份有限公司 2003 年版),但其语言风格和翻译习惯均与大陆多有不同。更遗憾的是,大陆读者难得读到此书。译者完成此书大陆版的翻译任务,希望能够弥补这一遗憾。

关于利普哈特的生平和学术思想脉络，国内已有不少介绍。关于他的民主思想，国内也有若干初步的研究论文。有兴趣的读者可以参考陈崎博士在《民主的模式：36个国家的政府形式和政府绩效》一书的“译者前言”中的相关介绍，以及佟德志博士在《中国社会科学报》(2012年2月24日)上发表的述评性文章《西方多元文化中的政治合作——利普哈特的结盟民主理论述评》。就本书的核心思想看，利普哈特旨在颠覆政治学上的一个传统观念，即认为只有在同质性社会才能建立和维持民主。他则证明，在异质性社会民主同样也是可能的，只不过不应执着于多数民主。适应异质性社会的民主，他将其概括为“协合民主”，这是有别于多数民主的一个新范式。利普哈特通过对相关案例的比较研究发现，在文化上深度分裂的多元社会，协合民主不仅是必要的，也是可能的。重要的不是多数决，而是相关区块的领袖都能以某种合作的方式进入政府或组建政府——即所谓的“大联盟”，以实现权力分享。他甚至列出了协合民主的具体设置：大联盟、区块自治、比例代表制、少数派的否决权。他还通过进一步的案例研究，呈现了协合民主成功和不够成功的图景，并分析了其中的原因。对致力于建构稳定民主的广大后发国家(包括中国)来说，“协合民主”模式乃至在其基础上发展起来的“共识民主”模式，无疑都具有重要的启示意义。

2012年7月，译稿完成，我通过电子邮件联系上已经76岁高龄的利普哈特先生，询问他能否为中译本写作一篇序言，并简要回顾和反思一下自己的这本著作。利普哈特先生欣然应允，并很快将序言发给我。在这篇序言中，他总结了自己关于民主政体的四本书，对《多元社会中的民主——一项比较研究》一书进行了定位，并坦言了自己的民主理论的形成轨迹。在利普哈特看来，协合民主的核心思想并未过时，他后来的理论只是进一步完善而非替代了协合民主理论。在序言的最后，他也明确提到协合民主对中国具有潜在的价值。

需要说明的是，本书的核心概念“Consociational Democracy”的译法，译者采用的是“协合民主”。一方面是考虑到与国内相关译著的已有译法保持一致，另一方面也是考虑到“协合”一词包含的协商与合作之意。

至于有学者将其翻译为“联合民主”或“结盟民主”，自然也无不可。至于“cleavage”，台湾的张慧芝译本将其译为“间隙”，译者考虑再三，还是决定将其译为“隔阂”。当然，对于“隔阂”的理解，不应从该词在汉语环境中的日常内涵上理解，而要放到本书的具体所指中理解。

台湾地区的张慧芝译本虽然存在少许误译，但总体上严谨考究，文字典雅。本人在翻译过程中也曾作参考，在此谨表谢忱。只是译者的追求是，在尊重原文意旨的前提下，努力做到文字的明白晓畅，并尽量符合大陆读者的阅读习惯。但做到这一点又何其之难！有时一句话甚至一个词就要斟酌大半天的时间。从 2010 年初接手此书，到今天定稿，没想到已经过去了近三年的时间。有此经历，方知翻译是一件多么折磨人的事。但翻译中领略到比较政治学研究的典范，也算是一大收获。

在本书的翻译过程中，谭君久教授先是专门指正了本书开头若干段落的翻译，后又时常催促，让我不敢懈怠。唐皇凤博士居间联络，不辞辛劳。在此特别致谢！学生桂晓书和黄炎也曾分别尝试提供第六章和第七章的初译稿——后来我对照原著作了较大改动。徐芳博士制作了本书的相关图表，并输入了部分注释。对于他们的付出，我深怀感激。责任编辑徐晓明先生和金婕女士严格审阅译稿，体现出令人尊敬的职业精神。本人初涉译事，译作定有不尽人意的地方。还望读者诸君和译界前辈不吝指教。

2012 年 11 月 30 日于珞珈山

二

承蒙学界同仁厚爱，本译著自 2013 年 1 月出版以来，在协合民主、多元社会的政治建设和后发国家政治转型的相关讨论中，得到了一定的关注和引用。利普哈特的这本比较政治学经典，探讨的是在多元社会中建立协合民主的理据与路径，其中的思路与观点，至今仍具有启发意义。特别是全球化背景下各国内部的政治整合困局，使本书可以拓展讨论的案例大大增加了。换言之，本书的问题意识、研究方法和基本结论都并未过时。

鉴于译著的第一版已基本售罄，为满足更多读者阅读此书的愿望，出版社决定重版它。借此机会，我又让自己变成普通读者，从汉语表达的角度重新通读了自己的这本译著。译事无止境，虽然我当初翻译时曾多遍推敲和校对，责任编辑更是尽职尽责，但这次仍然发现了若干不甚满意之处，于是又对照原著作了进一步的完善。特此说明。感谢徐晓明先生为本书修订出版所付出的心血，感谢武汉大学政治学博士生黄炎所作的协助。

2017 年 2 月 21 日于珞珈山

图书在版编目(CIP)数据

多元社会中的民主:一项比较研究/(美)阿伦·利普哈特(Arend Lijphart)著;刘伟译.—2版.—上海:上海人民出版社,2017
(政治发展与民主译丛)
书名原文:Democracy in Plural Societies: A Comparative Exploration
ISBN 978-7-208-14366-1

Ⅰ.①多… Ⅱ.①阿… ②刘… Ⅲ.①民主-研究 Ⅳ.①D082

中国版本图书馆CIP数据核字(2017)第038013号

责任编辑 徐晓明
封面设计 小阳工作室

·政治发展与民主译丛·
多元社会中的民主
——一项比较研究
[美]阿伦·利普哈特 著
刘 伟 译
世 纪 出 版 集 团
上海人民出版社出版
(200001 上海福建中路193号 www.ewen.co)
世纪出版集团发行中心发行 上海商务联西印刷有限公司印刷
开本635×965 1/16 印张14 插页2 字数200,000
2017年3月第2版 2017年3月第1次印刷
ISBN 978-7-208-14366-1/D·2995
定价 45.00元

Democracy in Plural Societies:
A Comparative Exploration
By Arend Lijphart

政治发展与民主译丛

多元社会中的民主 ——一项比较研究	[美]阿伦·利普哈特 著 刘伟 译
静悄悄的革命 ——西方民众变动中的价值与政治方式	[美]罗纳德·英格尔哈特 著 叶娟丽 韩瑞波 等译
界定与测量民主	[英]戴维·比瑟姆 主编 陈硕 唐皇凤 汪锡双 钮子钰 译 唐皇凤 校
政党与民主	[美]拉里·戴蒙德 理查德·冈瑟等 著 徐琳 译
发展中地区的政治	[美]加布里埃尔·A.阿尔蒙德 詹姆斯·S.科尔曼等 著 任晓晋 储建国 宋腊梅 译
规模与民主	[美]罗伯特·A.达尔 爱德华·R.塔夫特 著 唐皇凤 刘晔 译 唐皇凤 校